아이디어 기획의 정석

아이디어 기획의 정석

강석태 지음

도서출판 **타래**

차례

감사의 글   8
프롤로그 · 아이디어가 당신의 직장 생활을 바꾼다   12

PART 1
창의력이 돋보이는
업무 아이디어 발상법   17

01 김대리! 어디 좋은 아이디어 없어?   19
02 김대리! 이제 그만 '숙련도'라는 게임의 법칙에서 벗어나시게!   25
03 김대리! 아이디어는 습관과 훈련으로 만들어진다는 것을 명심하게!   30
05 김대리! 아이디어 노트는 왜 써야 할까?   34
04 김대리! 우리 함께 발상에 도움이 되는 '아이디어 노트' 기록 사례를 살펴볼까?   46

PART 2

상품 아이디어는
이렇게 만들어진다
63

01 세계 최초라는 타이틀을 달게 해준 '톡 간편 주문' 서비스	67
02 창업경진대회를 통해 탄생한 출근 직장인을 위한 '비라인(Beeline)'	79
03 LBS Web & App 아이디어 공모전의 특별한 여행을 원하는 이들을 위한 '이들북'	93
04 공간정보 공모전의 '비콘 오픈 플랫폼(Beacon Open Platform)'	98
05 문화데이터 활용 경진대회의 솔로 탈출을 위한 '티켓팅(TickeTing)'	104
06 KIS정보통신 가맹점 플랫폼 공모전의 직장인을 위한 '식권 Code'	111
07 유진로봇 스마트토이 공모전의 칭찬 인형 '토닥(Todak)'	118

PART 3
직장인의 1,000가지
아이디어 노트 작성법
127

01 아이디어 노트를 작성하기 전에 이것을 먼저 체크하자   129
02 아날로그의 감성으로 기록하자   144
03 자신에게 맞는 틀을 만들자   149
04 구체적인 그림으로 표현하자   155
05 자투리 시간을 활용해서 꾸준히 기록하자   171
06 업무에 활용해 성과를 내자   182

PART 4
매력적인 상품
아이디어 개발법
197

01 아이디어에도 패턴이 있다. 아이디어의 패턴을 파악하라   199
02 분해하고, 조합하고, 수시로 바꿔보라   212
03 가지고 있는 것, 잘하는 영역에 집중하라   223
04 응용을 통해 아이디어를 내라   227
05 소비자의 행동과 습관을 고려하라   230

PART 5

구체적인 상품
아이디어 실행법   239

01 간결하고 설득력 있게 아이디어를 표현하라   241
02 고객이 납득할 수 있도록 정량적 가치를 제시하라   244
03 아이디어의 비즈니스 모델을 만들어라   252
04 확신이 있다면 고집을 부려라   266
05 프로토타이핑(Prototyping)에 집중하라   272
06 아이디어 도용을 차단하라   278

에필로그 · 성과는 절실함이 만들어낸다   284

감사의 글

스티브 잡스가 스탠포드대학교 졸업식에서 남긴 명연설 중에서 저는 "Connecting the Dots"라는 메시지가 오래도록 기억에 남았습니다. 인생을 살아가는 동안 스티브 잡스처럼 믿음을 가지고 과거와 현재, 미래를 이을 수 있는 점을 찾을 수 있을까 하는 생각을 하면서요.

책을 마무리 하는 시점에 돌아보니 그의 말처럼 저도 제 직장 경력에 있어서 나름대로의 점을 찍고 그것을 이어온 것 같습니다. '혁신의 아이콘'인 그와는 비교할 수 없을 만큼 작고 소소한 점이긴 하지만, 제 개인의 입장에서는 큰 변화이면서 의미 있었던 점이었습니다.

저의 십여 년 직장 생활을 한 점으로 표현한다면 '기획'이었습니다. 그 일은 아이디어가 필요했기에 아이디어 노트라는 점으로 이어졌습니다. 노트에 적힌 하나의 아이디어는 세상에 유일한 '톡주문'이라는 점을 이었습니다. 아이디어를 비즈니스로 만들어본 경험은 학생들과 함께하는 한이음IT멘토링이라는 의미 있는 점으로 이어졌죠. 멘토링을 하면서 학생들과 창업경진대회라는 점을 이어나갔습니다. 자연스레 강의할 일이 많아졌고 쓰고 싶은 이야기 거리가 많아져서 LG CNS와 LG그룹 블로거라는 점으로 이어졌습니다. 그리고 그 글들은 하나의 창작물이 되어 이렇게 책이라는 점으로 이어졌습니다.

돌아보니 서로 관련성 없던 개별의 점들이 자석에 이끌리듯 서로 선으로 이어졌습니다. 스티브 잡스가 전하려 했던 메시지의 진정한 의미를 알게 되었죠. 만약 아이디어 노트라는 점을 찍지 않았다면 그 어떤 점들도 만들어지지 않았을 것이고, 그 점들은 이어지지 못했겠죠. 선으로 이어진 그 모든 점 하나 하나가 의미가 있었습니다.

그리고 제가 그 점들을 찍는 동안 그것이 선이 될 수 있도록 많은 이들이 도와주었습니다. 제 오랜 바람이 책을 쓰는 것이었기에 작은 공간을 빌려 그분들에게 감사의 마음을 전하고 싶습니다.

집필의 경험도 없던 제게 선뜻 출판 제의를 해주신 이성범 사장님, 집필 기간 동안 살뜰하게 챙겨주신 정경숙 편집장님, 두 분께 진심으로 감사 드립니다.

직장에서 든든한 지원자가 되어주신 원덕주 전무님, 이상헌 상무님, 손준배 상무님, 이영균 담당님, 김경필 팀장님, 김영주 차장님, 최혜정 팀장님, 채성수 부장님, 친구 송준영(치욱), 김만석, 톡 주문을 만들어낸 주역 이상현 부장님, 조솔 과장, 임귀정 과장, 윤순혁 과장, 김정아 과장, 성시찬 대리, 최보혜 대리를 비롯한 톡 주문 프로젝트 팀원들. 톡 주문에 애정을 쏟아주신 GS홈쇼핑 이주환 과장님, CJ오쇼핑 양희영 과장님을 포함한 공동TF 멤버분들. 홍보팀 최효진 차장님, 교육팀 이동민 과장님과 도움을 주신 회사 동료분들. 멘토의 의미와 길을 찾게 해준 장원이, 현진이, 한상이, 승철이를 포함한 한이음IT멘토링 멘티들. 모두 감사 드립니다.

젊은 시절을 행복한 추억으로 가득 채워준 친구 영환이, 영철이, 호성이, 태준이, 미경이, 현정이, 진우. 언제나 다시 돌아가고 싶은 대학원 시절을 만들어준 근형이 형, 광욱이 형, 동선이 형, 영삼 형, 찬국, 년배, 상은이. 제 젊음을 빛나고 값지게 해주어서 고맙습니다.

맞벌이로 바쁜 저희를 위해 두 어린 아들을 사랑으로 보살펴 주시는 고마우신 장모님과 장인어른께 깊은 감사를 드리며, 제 소개로 부부의 연을 맺고 이제 아이까지 갖게 된 처남 부부, 건강한 아이가 태어나길 바라며 행복하길 기원합니다.

아버지를 대신해 부족한 막내를 아버지처럼 키워주신 큰 형님, 작은 형님 진심으로 존경합니다. 가족이란 큰 울타리 안에서 희생하시고 보듬어 주신 큰 매형, 큰 누나, 큰 형수님, 작은 형수님, 둘째 매형, 둘째 누나, 막내 누나, 우리 일곱 조카들 진심으로 사랑합니다. 가난의 어려움 속에서 육남매를 키워내신 어머니 '심난희' 여사님, 사랑하고 존경합니다. 오래도록 건강하세요.

마지막으로 '사랑', '가족', '행복'의 의미를 알게 해준 아내에게 그동안 하지 못했던 말을 전합니다. "아경아! 사랑하고 고마워. 생이 다하는 날까지 하루 하루 행복하게 살아가자.", 글 쓰는 동안 놀아주지 못해 미안했던 우리 두 강아지 "지환아! 서완아! 사랑한다. 아빠가 항상 옆에 있다는 것을 언제나 기억하렴."

인생에 또 다른 점 하나를 찍으며.

강석태

프롤로그

아이디어가 당신의
직장 생활을 바꾼다

책을 쓰고 싶었습니다. 취업이나 이직 할 때 면접관이 꿈이 무엇이냐고 물으면 '내 전문 분야의 책을 써 보는 것'이라고 대답했었죠. 직장을 다니는 동안 몇 번 시도했지만 쉽지 않았습니다. 그땐 전문 분야에 대해 자신이 없었다고 해야 할까요? 그러다 우연히 출판사로부터 집필 제안을 받았습니다.

회사 블로그에 '1,000가지 아이디어 노트'라는 글을 쓴 게 계기가 되었는데요. 오랜 시간 바라왔던 꿈이 이뤄진다는 생각에 마음이 들떴습니다. 우연히 시작된 아이디어 노트가 제 인생을 또 다른 길로 안내하는 순간이었습니다.

그런데 막상 원고를 집필해보니 이 또한 쉽지 않았습니다. 직장에 매인 몸이다 보니 글 쓰는 시간이 절대적으로 부족했기 때문이죠. 퇴근 후 원고를 쓸 수 있는 시간은 많아야 한 두 시간이었습니다. 마음을 다잡고 책상에 앉으면 네 살배기 둘째가 "아빠 아빠~"하며 놀아 달라고 조를 때마다 글을 쓰다 멈추는 일이 잦았습니다. 세상의 모든 일이 그렇듯 글 쓰는 일조차도 결국 '시간의 문제'라는 것을 다시 한번 확인하게 되었죠. 그래도 몇 달 동안 꾸준히 원고를 써서 이렇게 책을 낼 수 있었던 것은 '자투리 시간'을 활용한 덕분입니다. '발상력을 높여주는 1,000가지 아이디어 노트'도 자투리 시간을 활용해서 만들어진 노트인데요. 그 노트를 통해 평범한 직장인이었던 저는 남다른 성과를 낼 수 있었습니다.

개인의 성공을 위해서든 기업의 성장을 위해서든 아이디어가 중요하다는 사실은 우리 모두가 알고 있습니다. 그러다 보니 아이디어로 성공한 이야기는 넘쳐납니다. 그런데 정작 아이디어를 어떻게 발상하고 실행하는지에 대한 이야기는 드뭅니다. 아이디어를 오직 개인의 '창의성' 문제로만 여기는 것이죠. 그래서 회사에서 수많은 아이디어 회의가 진행되어도, 막상 직원들은 아이디어 회의 시간에만 잠시 고민할 뿐 회의가 끝나면 언제 그랬냐는 듯 아이디어에 대한 생각을 접어 버립니다. 대다수의 직원들이 '창의성'을 나와는 별개의 문제라고 생각하는 것이죠.

아이디어도 결국 시간의 문제입니다. 아이디어에 있어서 '고민의 시간', '정리의 시간', '실행의 시간'은 절대적으로 필요합니다. '해야 할 일이 주어지는' 직장인들에게는 그런 시간이 부족할 수밖에 없습니다. 그래서 아이디어를 위해 많은 시간을 단번에 쏟아 부어 결과를 기대하는 것보다 꾸준히 아이디어를 고민하고 정리하고 실행하는 방식이 필요합니다. 제가 아이디어 노트를 만들어내고 책을 쓸 수 있었던 것처럼 단순한 아이디어 발상에도

'자투리 시간'이라는 소소한 시간들이 필요합니다. 그 소소한 시간들이 모이면 많은 시간이 되고, 단순했던 아이디어들이 모이면 놀라운 결과가 나타나게 됩니다.

저는 그래서 아이디어 발상에 어려움을 겪고 있는 독자 여러분께 '1,000가지 아이디어 노트'를 권해 드립니다. 아이디어 노트는 아이디어에 대한 고민의 시간을 만들어줄 뿐만 아니라, 자신의 생각을 기록함으로써 발상 능력이 높아지고 통찰력까지 갖게 해줍니다. 그림을 잘 그리느냐 못 그리느냐, 글씨를 잘 쓰느냐 못쓰느냐는 중요하지 않습니다. 당신의 아이디어가 어떤 형태로 표현이 되든 아이디어의 가치는 사라지지 않는 법이니까요.

제가 3년 전부터 기록했던 이 노트는 특별한 방법론을 토대로 만든 것은 아닙니다. 생활 속에서 불편한 점을 느꼈을 때 그것을 해결하기 위한 아이디어를 적어본 것입니다. 그리고 그 아이디어를 회사에서 신사업이라는 아이템으로 만들어 현실화 시키려고 노력했을 뿐입니다. 미미한 아이디어였지만 꾸준히 아이디어들을 떠올렸고, 멈추지 않고 기록했습니다. 그렇게 해서 450여 가지의 아이디어를 노트에 채웠습니다.

그런데 미미했던 아이디어와 평범했던 아이디어 노트가 만들어낸 결과는 놀라웠습니다. 노트에 적힌 아이디어 중 하나는 창업경진대회에서 '국무총리상'을 수상하게 했고, 어떤 아이디어는 세계 최초라는 타이틀이 달린 '톡 주문 플랫폼 비즈니스'를 회사에서 만들어 낼 수 있었습니다. '아이디어 노트를 기록하는 습관'이 직장 생활을 변화시키는 엄청난 힘을 가진 줄은 저도 전혀 생각하지 못했죠.

혹 직장 생활의 변화를 꿈꾸거나 불안한 미래를 걱정하신다면 자신만의 아이디어 노트를 만들어보세요. 이제 회사의 규모에 상관 없이 직장은 점점 불안정해지고 있습니다. 특히 직급이 높아갈수록 언제 회사를 떠나야 할지 모를 불안함에 사로잡히게 되는데요. 그러기 위해선 무엇인가 미리 준비해야 합니다. 현재의 직장에서 남다른 성과로 인정받기 위해서든 회사를 나간 후 개인 비즈니스를 하든 준비된 무엇인가가 있어야 합니다. 그런데 그 해법은 바로 아이디어에 달려 있습니다.

아이디어는 단순히 기업뿐만 아니라 직장인 개인의 생존을 위한 필수요소가 되었습니다. 고도 성장 시기에나 필요했던 반복된 기계처럼 일하는 숙련형 인재는 이제 더 이상 생존이 어려우며, 제품을 혁신하고 비즈니스를 새롭게 만들어가는 창의적인 인재만이 살아남을 수 있는 시대가 되었습니다. 이제 생존을 위해 자신만의 아이디어를 만들어내야 합니다. 그리고 직장 생활 또는 창업을 위해 아이디어를 실행해서 성과를 내야 합니다.

메모의 경험조차 없었던 제가 아이디어 노트로 성과를 냈던 것처럼, 당신도 '아이디어 노트'를 꾸준히 적다 보면 아이디어를 떠올리는 능력, 아이디어의 옥석을 선별해내는 통찰력, 그리고 아이디어를 실현시키는 역량이 생길 것입니다. 결코 단기간에 이뤄지지는 않지만 꾸준히 당신만의 내공을 쌓게 되면 직장에서 인정을 받거나 개인 비즈니스에서 성공할 수 있을 것입니다.

변화를 꿈꾸신다면 지금 당장 머리 속에 맴도는 아이디어를 메모해 보시기 바랍니다.

아이디어
기획의
정석

PART
1

창의력이 돋보이는 업무 아이디어 발상법

01
김대리! 어디 좋은 아이디어 없어?

직장인에게 아이디어를 내라는 요구만큼 괴로운 일도 없을 텐데요. 직급이 높으면 높은 대로, 낮으면 낮은 대로 아이디어 때문에 머리가 아플 것입니다. 마르지 않는 샘물처럼 늘 새롭고 탁월한 아이디어가 떠오르면 좋으련만, 아이디어 회의가 시작되면 머릿속이 까매지면서 언제 그랬냐는 듯 아이디어가 전혀 떠오르지 않습니다. 간신히 하나 건져 올린 아이디어조차 직장 동료나 상사에게 "그게 현실성이 있는 것이냐.", "제대로 분석이나 해 보고 낸 아이디어냐." 등 질타 아닌 질타를 받게 되면 아이디어 발상에 대한 의욕마저 상실하게 됩니다.

그래도 '직급이 깡패'라고, 아이디어를 내는 것은 언제나 사원과 대리의 몫입니다. 회의 시간이 되면 어김 없이 '젊은 세대의 싱싱한 아이디어'를 원하는 직장 선배들의 떠넘기기가 부담스럽기만 하죠. 그렇다고 해서 아이디어를 적극적으로 수용해주는 것도 아니면서 무조건 아이디어를 내라고 강요합니다. 직장 생활에서 비일비재한 일이죠. 그러다 보니 '참신한 아이디어가 풍부할 것이라 생각되는' 사원이나 대리들은 일만 늘어나는 아이디어 회의가 피하고 싶은 시간이 되는 것입니다.

비록 가상의 시나리오이긴 하지만, 제 경험에 비추어 아이디어 회의에 참석하는 김대리의 고민을 다음과 같이 표현해 보았습니다.

김대리의 고민,
"팀장님은 왜 맨날 아이디어를 내라고 독촉하는 것일까?"

팀장님은 오늘도 어김없이 아이디어 회의를 소집했다. 이번 아이디어 회의의 주제는 팀의 성장을 견인해 줄 신규 사업 아이디어를 내는 것이다. 밀린 업무를 처리하느라 정신이 없기 때문에 이런 회의가 시간 낭비인 것 같아 짜증이 나지만, 팀장님이 호랑이 눈으로 누가 불참했는지 인원 체크를 하니 어떻게 하겠는가! 회의가 시작되자 팀장님의 일장 연설이 시작되었다. 팀의 미래가 불확실하다느니, 회사 분위기가 어떻다느니, 회사 매출이 줄어들어 상황이 안 좋다느니, 온통 위기설에 대한 이야기뿐이다. 팀장님의 위기론 발언과는 무관하게 차장님들과 과장님들은 스마트폰을 들여다보며 딴청을 부리고 있다. 의례적인 회의라 익숙한 풍경이다. 내 머릿속 또한 '일을 제때 처리하지 못하면 또 야근해야 하나? 저녁 약속은 어쩌지?' 하는 현실적인 고민들로 가득 차 있다. 참석한 직원들마다 이유는 제각각이지만 아이디어 회의가 빨리 끝나기만을 바라는 것은 다들 같아 보인다.

그런데 역시나 팀장님은 차장님과 과장님을 제쳐두고 만만한 내 이름을 부른다. "김대리. 좋은 아이디어 없어? 젊은 사람들이 파릇파릇한 아이디어를 많이 내야지. 괜찮으니까, 아무 얘기나 해봐." 나는 결국 망설이다가 "제 생각에는 우리 팀도 투자를 해서 플랫폼 비즈니스를 했으면 좋겠습니다."라는 말을 꺼냈다. 팀장님은 기다렸다는 듯 "그래? 그럼 김대리한테 뭐 좋은 아이디어 있어?"라는 말로 재촉을 한다. 평소 생각해 둔 게 있었지만 딱히 깊이 있게 고민한 것이 아니어서 주저하듯 말을 이어 나갔다. "저희도 간편결제 솔루션을 만드는 겁니다. 요즘 핀테크가 화두인데다가 아시다시피 결제 시장은 확실하고 큰 시장이거든요."

순간 팀장님의 얼굴이 실망감으로 가득 찬다. 그러면서 훈계하듯 말을 꺼낸다. "핀테크는 이미 레드오션이야. 이미 너무 많은 페이로 시장이 포화상태야. 다른 아이디어를 내 봐. 돈 되는 거!". 시종 일관 침묵을 지키고 있는 팀원들 앞에서 무안해진 김대리는 속으로 '내 이럴 줄 알았다니까. 아이디어를 내라고 해서 내니까, 이건 이래서 안되고 저건 저래서 안 된다는 핀잔만 듣게 되잖아.'

김대리의 아이디어에 대한 팀장의 날카로운 평가 한마디에 다들 꿀 먹은 벙어리가 되었고, 조용한 분위기에 답답함을 느꼈는지 팀장님은 숙제를 내듯 "내일 다시 회의할 테니까, 각자 아이디어 5개씩 준비하세요. 특히 대리급은 10개씩 더 내도록 하고."

열띤 토론과 열기로 가득 채워져야 할 아이디어 회의는 초등학생이 숙제를 받듯 각자 또 다른 일거리만 떠안은 채로 끝나 버렸다. 김대리는 동료들과 담배를 피며 '다들 아무 말도 안 하는데 아이디어 회의를 왜 하는지 모르겠어. 매번 일거리만 늘잖아. 그렇게 좋은 아이디어 있으면 회사 나가서 창업하지 여기서 구박 받으면서 일할까?' 하는 불평을 토해 낸다.

그도 그럴 것이 김대리는 평소 자신의 업무가 창의적인 분야라고 생각해 본 적이 없기 때문이다. 비록 입사 지원서에는 창의적인 인재라고 강조했지만, 막상 회사 일을 해보니 빠르고 정확하게 업무를 처리하면 성과로 인정 받을 수 있기 때문에 팀 내에서 창의력을 이야기 할 때마다 자신의 일과는 무관한 일로 받아들였다. 그런데 회사에서 직원들을 대상으로 하는 아이디어 경진대회나 해커톤과 같은 행사가 열리기 시작하더니, 팀 내에서도 상시적으로 아이디

어를 내라는 강요(?)가 늘어나고만 있다. '학교 교육부터 직장까지 지금껏 창의력과는 동떨어지게 살아왔는데 도대체 나보고 아이디어를 어떻게 내라는 거야?'

    당신 회사의 아이디어 회의는 어떤 풍경인가요? 아이디어에 대한 열정과 열띤 토론으로 가득 찬 회의실인가요? 아니면 팀원들의 무관심과 침묵만이 가득한 적막한 회의실인가요? 제 경험에 비추어보면 후자가 더 많았던 것 같습니다. 아이디어 회의 대부분은 참석자들이 열띤 논의를 하는 것이 아니라 소수의 참석자들이 '수다 반 아이디어 반' 섞어 대화를 주도할 뿐 다수의 참석자들은 무관심으로 일관하는 모습, 그것이 직장 내 아이디어 회의의 현실입니다.

    김대리의 사례처럼 아이디어는 개인의 '창의력' 문제이든, 조직 환경의 '수용성' 문제이든 간에 언제나 중요하지 않은 부차적인 일로 받아들이던 게 당연한 일이었습니다. 그래서 마치 아이디어 회의는 수업시간이긴 하지만 각자 알아서 해야 하는 학창 시절의 '자습 시간'과 많이 닮아 있다는 생각이 들었습니다.

학창 시절에는 시험 기간이 다가오면 기다렸던 체육시간이나 음악 시간이 자습 시간으로 바뀌는 경우가 종종 있었는데요. 운동장에서 신나게 뛰어 놀고 싶었는데 칠판에 '자습 시간'이라고 적고 나가시는 담임 선생님을 볼 때면 아쉬움이 가득했던 기억이 납니다. 아이디어 회의 시간은 그냥 몸과 생각을 자유롭게 하는 예체능 수업 시간과도 같아야 하는데, 기다렸던 예체능 수업이 자율성을 보장 받지 못하는 애매한 자습시간으로 바뀌어 버린 것처럼, 회의가 맥 빠지게 진행되다 보니 다들 아이디어 회의는 '개인에게 주어지는 과제'이며 동료의 아이디어를 공격(?)하지 않아야 하는 '암묵적인 침묵'으로 채워져 버립니다. 오로지 숙제를 할당 받듯 의무적으로 무엇인가를 준비해 와야 하고, 누군가 아이디어를 제시해도 참석자들이 아무런 질문도, 관심도 가져주지 않는 회의. 이것이 당신에게 익숙한 회의의 모습이 아닌가요?

아이디어 회의가 왜 이렇게 되었을까요? 많은 이유를 찾아 볼 수 있겠지만, 직장인의 입장에서 본다면 '아이디어가 왜 필요한가!'에 대한 답을 아직 구하지 못하고 있기 때문일 겁니다. 광고나 방송과 같은 특정 분야에나 아이디어가 필요한 것이지, 주어진 일만 해도 시간이 부족한 직장인에게 있어서 아이디어는 발상의 기쁨이 아니라, 일로 느껴지는데요. 김대리 또한 입사를 위한 자기소개서에 창의적인 인재라고 써 넣었겠지만, 정작 일을 해보니 그동안 창의적인 생각을 하거나, 새로운 아이디어를 내는데 익숙하지 않음을 알게 됩니다. 회사에서도 직장 선배가 알려주는 일을 정확하게 익히는 것이 중요했지, 남다른 생각이나 방식은 부차적인 취급을 받는 것을 보면서 그나마 가지고 있던 아이디어 발상 능력도 시간이 지날수록 활용하지 않아 도태되고 맙니다. 그러다 회사에서 갑자기 창의력이나 아이디어를 요구하게 되면 그야말로 멘붕이 오게 되죠.

물론 직원 누구를 막론하고 아이디어에 대한 고민을 하지 않는 것은 아닐 텐데요. 평소 생각해 두었던 아이디어를 내면 여기 저기서 태클을 걸어 오기 때문에 그런 일을 몇 번 겪게 되면 점점 소극적인 자세가 되어 버립니다. 특히 직장 상사들의 훈계하는 듯한 말투나 "그건 해봤는데 안 돼.", "그건 기술적으로 안 되는 일이야.", "그런 건 고객이 좋아하지 않아." 등등, 자신이 낸 아이디어가 가위질 당하는 걸 경험하게 되면 생각 자체를 스스로 검열하는 지경에 이릅니다. 그래서 그냥 일을 벌이는 것보다는 정해진 일만 선호하게 되고, 다른 방식을 시도하는 것보다 지시한 방식으로 일을 처리하는 것이 성과 또는 인정을 받는 것이라고 믿게 되는 겁니다. 그에 따라 주어진 일을 빠르고 능숙하게 해내는 '숙련도' 높은 직장인으로 바뀌어 가는 것이죠.

02
김대리! 이제 그만 '숙련도'라는 게임의 법칙에서 벗어나시게!

성공적인 직장 생활을 위한 필수 항목을 꼽으라면 직무 숙련도, 대인 관계, 전문 지식 등을 꼽을 것입니다. 그 중 직무 숙련도는 개인의 전문성을 결정 짓는 가장 중요한 항목인데요. 입사 후 대부분의 직장 초년생들이 직무 숙련도를 높이기 위해 많은 노력을 기울이게 됩니다. 경우에 따라서는 일의 결과로 인해 성취감을 느끼기도 하고, 또 상황에 따라서는 자존심이 상할 만큼 직장 상사에게 야단을 맞기도 하죠. 그런 과정을 통해 직장인은 직장 내에서 자립할 수 있는 발판을 마련하며, 직무 숙련도를 통해 존재감 있게 일하게 됩니다.

당신 또한 어느 순간 직무 숙련도가 붙었다고 느껴지는 때가 있을 것입 니다. 직장 상사의 지시보다 스스로 계획을 수립하고, 결정하고, 일 처리를 해 나가는 경우가 더 많아지는 시점이죠. 그런 시점이라는 것을 느낀다면

'숙련도 게임의 법칙'에 대해 한번 생각해 보시기 바랍니다. 앞으로의 직장 생활에서 그렇게도 원했던 '직무 숙련도'만 믿고 자신을 내맡겨도 되는지를요. 물론 직무 숙련도는 직장인이 반드시 갖춰야 할 기본 능력입니다. 기획이든 개발이든 특정 분야에서 숙련도를 높이는 과정은 직장인이라면 누구나 반드시 거쳐야 할 과정이니까요. 그런데, 저는 왜 '숙련도'라는 게임의 법칙에서 벗어나라고 말하는 것일까요?

대리 때부터 '숙련도 게임의 법칙'에서 벗어나라

직무 숙련도는 결국 '일을 얼마만큼 능숙하게 잘 하느냐'의 문제입니다. 연차가 오르게 되고 유사한 일을 반복할수록 숙련도는 높아질 수밖에 없습니다. 서비스 기획자라면 스토리보드를 많이 그릴수록, 개발자라면 프로그래밍을 많이 해볼수록 숙련도는 높아지죠. 그리고 시간이 지날수록 숙련도에는 가속도가 붙습니다. 사원에서 대리로 갈 때 습득하는 업무 지식에 비해 대리에서 과장으로 갈 때 습득하게 되는 업무 지식이 훨씬 많습니다. 그리고 다양한 일을 처리할 수 있게 되죠. 그러면서 직장 상사로부터 '일 좀 하는군.'이라는 칭찬을 받게 됩니다. 또한, 소규모 프로젝트나 업무를 혼자서 처리할 수 있게 되면 자신감도 한참 높아집니다.

그런데 문제는 숙련도라는 것이 어느 연차에 올라가게 되면 한계점에 가까워지게 된다는 사실입니다. 저는 그 한계점이 과장에서 차장으로 갈 때 나타나기 시작된다고 봅니다. 경력 10년차 정도가 되는 시점. 즉 '1만 시간의 법칙'이 적용될 때쯤 되면, 동일 직무의 경우 동료들 간에 성과 차이가 별로 나지 않는 상태에 이르게 되죠. 뿐만 아니라, 심지어 후배들과도 숙련도의 차이가 나지 않게 될 수도 있습니다. 그 시점부터 '숙련도'라는 게임의 규칙 안에서 경쟁한다면 하루가 48시간이 되지 않는 이상 직무 간 차별화된 성과가 나오지 않게 되는 것이죠.

제가 일하고 있는 IT서비스 업종에서도 연차가 올라갈수록 성과 차이가 크게 나지 않는 사례는 빈번하게 일어납니다. 부장급(특급) 개발자가 개발한 결과물이 대리급(중급) 개발자가 개발한 결과물과 별반 차이 나지 않는 일이 프로젝트에서 흔하게 발생합니다. 그러다 보니 기업 계약 담당자는 프로젝트 비용 절감을 위해 인건비가 높은 부장급 개발자보다 대리나 과장급 개발자를 원하게 되어 부장급 개발자들이 프로젝트에서 배제됩니다. 업무 숙련도가 비슷할 경우 인건비 절감이라는 비용 관점으로 프로젝트 인력을 선택하게 되는 것이죠. 그래서 차·부장 개발자들은 자의든 타의든 엔지니어에서 프로젝트 매니저와 같은 관리자로 직무를 전환되게 됩니다. 회사에서 명예퇴직 등으로 연차가 높은 직원들을 내보내는 이유도 더 이상 숙련도가 아닌 비용의 관점에서 직원의 가치를 판단하기 때문입니다.

제가 오랜 경험을 가지고 있는 '서비스 기획'이라는 직무를 한번 살펴볼까요? 저는 2002년부터 2016년까지 14년 동안 '모바일 서비스 기획'이라는 직무를 맡아 왔습니다. '서비스 기획'이라는 직무는 서비스 컨셉을 만들고, '스토리보드(Storyboard)'라 불리는 서비스 상세 기획서를 만드는 게 주요 업무입니다. 예를 들어, 카카오톡과 같은 모바일 메신저를 만든다면 회원가입을 하고 친구를 추가하여 메시지를 보내는 일련의 과정을 아주 상세한 화면 흐름까지 파워포인트에 그려내는 것이죠. 스토리보드는 수 십 페이지에서 수백 페이지에 이르는 방대한 문서입니다. 그리고 개발자나 디자이너는 스토리보드를 보면서 실제 서비스로 만들게 됩니다.

사원일 때 스토리보드를 작업하는 것은 보통 어려운 일이 아닙니다. 만들어지지도 않은 서비스를 오로지 상상만으로 서비스 흐름을 파악하고 화면UI(User Interface)를 잡아 나가야 하기 때문인데요. 이렇게 초급 기획자일 때는 경험 부족으로 중요한 UI 화면을 누락하거나 잘못된 정책을 기술해 두는 문제로 인해 동료 개발자나 디자이너로부터 기획자 탓이라는 핀잔을 듣기 일쑤입니다. 그런데 이런 유사한 프로젝트를 몇 년 동안 해보면 스토리보드를 만드는 일이 점점 익숙해지기 시작합니다. 스토리보드가 실제 서비스로 어떻게 구현되는지도 경험해 보았고, 경쟁 서비스나 유사 서비스 사례 분석을 통해 좋은 UI를 차용하여 활용해 본 경험도 쌓이기 때문이죠. 그러다 과장쯤 되면 그렇게 어려웠던 스토리보드가 너무 익숙한 일이 되어 버립니다. 대부분의 기획자가 그런 과정을 거치죠. 그러다 보니 기획자 간에 스토리보드 작업으로 숙련도를 분별해 내기가 점점 어려워지게 됩니다. 이렇게 숙련도가 비슷해지게 되면 저처럼 차장이 되거나 부장이 되면 더 이상 프로젝트에 기획자로 투입되기가 어려워지는데요. 대부분의 직무에서 이런 현상이 나타납니다.

그리고 그 숙련도는 너무 익숙해지면 관성의 법칙이 작용하듯 직무 대상이나 일하는 방식에 변화를 주기가 힘들어집니다. 또한 변화를 시도하면서 본인이 예측하지 못한 결과를 책임져야 할 일이 생길 수도 있습니다. 그러다 보면 대부분 자신이 익숙하고 잘 하는 일을 선호하게 됩니다. 직장 초년에 맡은 일이 익숙하고 잘 하는 일이 될수록 직장 상사로부터 인정을 받기 때문에 직장 내에서 위기가 찾아올 때까지 변화의 필요성을 느끼지 못하게 되죠. 조직 변경 등으로 인해 부득이하게 새로운 직무를 맡지 않는 한 마치 관성처럼 그 일에 매달리게 되는 것입니다. 그리고 그 상황이 직장 생활 내내 지속될 것이라는 순진한 믿음만으로 시간을 보내게 됩니다. 그러나 회사에서는 어느 시점이 되면 본인의 순진한 생각과 달리 당신을 '그 일밖에 하지 못하는' 직원으로 낙인 찍습니다. 그것이 제가 직장 생활을 통해서 본 '숙련도'만을 믿고 달려 온 직원들의 모습입니다.

따라서 이런 상황이 되기 전에 미리 일하는 방식을 변화시켜야 합니다. 물론 숙련도는 기본적으로 가져야 할 역량입니다. 그런데 '숙련도'라는 게임의 법칙은 과장급까지만 유효합니다. 과장급 이상이 되면 직장 내에서 차별화된 성과를 내기 위한 게임의 법칙 자체를 스스로 바꿔야 합니다. 차장이나 부장 직급부터의 업무 성과는 더 이상 숙련도가 아닌 스스로 일을 만들어내는 능력으로 평가 받기 때문입니다.

그런데 차장이나 부장이 되었을 때 게임의 법칙을 쉽게 바꿀 수 있을까요? 안타깝게도 대부분의 직장인들은 이 시점이 되면 일하는 방식이든 게임의 법칙이든 절대 바꾸지 못합니다. 오랜 시간 숙련도를 높이기 위해 일해 왔고, 숙련도로만 인정 받아 왔기 때문에 그 변화를 쉽게 받아들이지 못합니다. 설사 그 변화를 받아 들인다 하더라도 스스로 아무런 준비가 되어 있지 않다는 것을 깨닫게 됩니다. 차장이나 부장이 되었을 때 바꾼다는 것은 이미 늦은 것입니다. 그래서 일하는 방식을 변화시키기 위한 준비는 결국 '숙련도'가 가파르게 올라가는 대리급이나 과장급이 되었을 때 미리 해야 합니다. 자신의 가치가 정점에 달하기 전에 미리 준비해야 하는 것이죠. 저는 그 변화의 시작점이 아이디어를 발상해내는 능력을 키우는 것이며, 그것을 통해 비즈니스 성과를 창출해내는 것이라고 생각합니다.

03
김대리! 아이디어는 습관과 훈련으로 만들어진다는 것을 명심하게!

스스로 한번쯤 생각해 보아야 할 질문이 있습니다. 그것은 바로 '아이디어를 발상하기 위해 얼마나 노력하고 있는가?' 하는 것입니다. 악기 연주자도 악보를 완벽하게 연주하기 위해 연습을 반복하고, 운동 선수도 하나의 기술을 활용하기 위해 끊임없이 같은 동작을 반복적으로 되풀이합니다. 직장인들도 개인의 직무 숙련도를 높이기 위해 반복적으로 연습을 하거나 직장 상사로부터 배우는 노력을 계속합니다. 그런데 탁월한 아이디어 하나가 개인과 조직의 성과, 더 나아가 회사의 존속을 결정짓고 산업에 변화를 일으키는 잠재력을 가지고 있는데, 왜 우리는 아이디어 발상을 위해 꾸준히 노력하거나 연습을 하지 않는 것일까요? 그것은 바로 아이디어에 대한 선입견 때문입니다.

아이디어는
번개처럼 오지 않는다

　목욕탕에서 '유레카(Eureka)'를 외쳤던 아르키메데스나 나무 밑에서 떨어지는 사과를 보고 '만유인력의 법칙'을 만든 아이작 뉴튼(Issac Newton)을 떠올리며 우리는 아이디어가 우연히 영감처럼 다가오는 행운이라는 생각을 많이 하게 됩니다. 물론 그들 모두 번개처럼 떠오르는 발상으로 과학적 진보를 이뤄낸 천재이자 전문가들입니다. 그런데 한번 생각해 봅시다. 아르키메데스가 순금을 알아내는 방법을 뜨뜻한 목욕탕에서만 고민했을까요? 뉴튼이 시원한 나무 그늘 아래에서만 만유인력을 고민했을까요? 그렇지 않았을 것입니다. 천재들은 보통 하나의 문제를 해결하기 위해 끊임없이 고민하고 다양한 방법을 시도합니다. 우리는 아이디어가 떠오른 그 순간만을 신화처럼 이야기하지만, 그들의 평범한 일상 속에는 치열한 고민과 노력이 있었습니다.

　습관과 훈련은 반복성을 기초로 합니다. 처음에는 서툴게 일을 처리하던 신입 사원이 반복적으로 일을 처리하다가 어느 시기가 되면 속도도 빨라지고 업무 정확도가 높아지는 것처럼, 아이디어도 처음에는 어설픈 아이디어로 시작되지만 그것을 실현해보고 검증하는 과정을 몇 번 반복하다 보면 아이디어에 대한 숙련도가 높아지게 됩니다. 아이디어에 대한 숙련도는 또 다른 아이디어를 발상시키는 촉매제 역할을 할 뿐만 아니라, 아이디어를 선별하는 통찰력을 높입니다.

　그런데 대다수의 직장인들은 이런 노력의 필요성을 느끼지 못하고 있습니다. 대부분 아이디어는 '노력'보다 '영감'이며, 우연 같은 행운이라는 인식이 지배적인데요. 직장에서의 버거운 업무 또한 아이디어에 대해 '시간이 남아 도냐?'라는 식의 즐겨서는 안 되는 사치라는 생각을 갖게 합니다. 그렇다고 해서 아이디어에 제대로 투자하기 위해 황금 같은 휴가를 활용하는 것은 너무 아까울 것입니다.

그럼 이렇게 시간이 부족한 직장인들이 어떻게 해야 아이디어를 기획할 수 있을까요?

그것은 제가 아이디어를 내기 위해 활용하는 방식인 '자투리 시간의 활용'입니다. 아이디어에 대한 고민은 하루 24시간 중 20분이면 충분합니다. 며칠 만에 벼락치기 하듯 몰아서 아이디어를 낼 필요는 없습니다. 하루에 10분 정도 아이디어를 생각해보고, 10분간 기록하는 습관을 가지면 됩니다. 아이디어는 육체적인 노동을 필요로 하지 않으며, 시간을 많이 요구하지도 않습니다. 아이디어는 일상에서의 관찰, 짧은 시간의 생각, 간략한 메모 이 세 가지만으로도 충분합니다. 일하는 도중이나 휴식 시간에도 떠올릴 수 있는 게 아이디어입니다. 직장 생활을 하는 동안 한 달에 1개씩만 아이디어를 떠올려도 10년이면 120개의 아이디어를 만들어 낼 수 있습니다. 당신이 사원이나 대리 때부터 아이디어를 고민하기 시작한다면 저처럼 차장쯤 되었을 때 수백 개의 아이디어가 만들어져 있을 것입니다.

저의 경우에는 3년이란 기간 동안 자투리 시간을 활용해서 직무와 일상 생활 속에서 꾸준히 노력한 결과 아이디어를 발상해 내는 능력과 그런 아이디어를 통해 실제 비즈니스 성과를 만들어 냈는데요. 450여 개에 달하는 아이디어 자료가 모아졌습니다. 아이디어가 필요한 순간에 언제든 활용할 수 있는 나만의 아이디어 데이터베이스가 갖춰진 것이죠. 그게 바로 '1,000가지 아이디어 노트'입니다.

메모는 창의력을 위한
저장 공간이다

그런데, 아이디어를 발상만 잘 하면 되지 왜 메모까지 하라는 것일까요?

그것은 바로 메모가 가져오는 강력한 힘 때문입니다. 피뢰침을 개발한 '벤자민 프랭클린'도, 르네상스의 거장인 '레오나르도 다빈치'도 메모의 습관을 가지고 있었다고 합니다. 아이디어처럼 한 순간에 떠오르는 생각들은 시간이 조금만 지나도 잊어버리기가 쉽습니다. 메모는 당신이 가진 기억의 한계를 보완해 주는데요. 특히 직장인들처럼 일과의 대부분이 의무적으로 해야 할 일들로 가득 차 있다면 아이디어를 기억하기 위한 시간이나 공간을 별도로 할애하기가 어렵게 됩니다. 때문에 메모와 기록으로 그것을 보완해 주어야 합니다.

메모를 한 후에는 아이디어를 잊어버려도 됩니다. 아이디어에 대한 간단한 키워드만 남겨두어도 이후에 그 기록을 들춰보면 다시 아이디어를 떠올릴 수 있게 되기 때문이죠. 메모를 해둔 아이디어가 필요한 순간이 오면 메모의 내용을 좀 더 구체화시켜서 업무에 활용할 수 있습니다.

또한 메모는 생각을 연결해주고 확장시켜 주는 기능을 합니다. 이것이 아이디어를 메모해야 하는 가장 중요한 이유입니다. 메모해 둔 아이디어가 다른 아이디어를 촉발하는 경우가 무척 많은데요. 아이디어를 메모했던 관점이나 지식 수준이 시간이 흐름에 따라 변화되거나 발전되어 다른 관점에서 문제를 바라보게 함으로서 또 다른 탁월한 아이디어를 촉발시켜 주죠. 즉, 메모 자체가 발전된 아이디어를 발상시켜 주는 훈련이 되는 셈입니다.

04

김대리!
아이디어 노트는 왜 써야 할까?

과거에 저는 제 글씨체가 마음에 들지 않았기 때문에 일기를 제대로 써 본 적도 없었고, 수업 내용을 노트에 깔끔하게 정리하지도 못했습니다. 노트에 글씨를 쓰면 왠지 지저분하다는 느낌을 지울 수가 없었는데요. 그런 선입견 때문에 사회에 나와서도 노트를 쓰는 대신 노트북을 많이 이용했습니다. 회의록이라든지, 업무와 관련된 중요한 사항들은 워드와 같은 프로그램을 이용해서 정리를 한 다음 출력을 하곤 했죠. 그렇게 하는 것이 왠지 제대로 일한다는 느낌도 들고, IT 기업에 다니는 직원답다는 생각을 했습니다.

그런데 우연한 계기로 아이디어 노트란 것을 만들게 되었는데요. 회의 때 '강과장은 아이디어를 잘 내네!'라는 직장 상사의 칭찬에 우쭐해져서 '이왕 아이디어 내는 거 1,000가지 정도 만들어 내면 어떨까?' 하는 생각으로 만든 것이 1,000가지 아이디어 노트입니다.

1,000가지 아이디어 노트

2013년부터 아이디어 노트에 문득 떠오르는 아이디어를 기록하기 시작해서 현재까지 다섯 권의 아이디어 노트가 완성되었습니다. 노트에는 '아이디어 발상은 훈련과 습관의 결과물이다'라는 메시지가 적혀 있고, 450개가 넘는 아이디어가 정리되어 있죠. 말도 안 되는 엉뚱한 아이디어에서부터 '구현해 본다면 돈이 될 것도 같은' 아이디어에 이르기까지, 이 노트에는 각양각색의 아이디어들이 기록되어 있습니다.

떠오르는 아이디어는
노트에 적어라

그럼 1,000가지 아이디어는 어디에 적어서 관리하는 게 좋을까요? 1,000개라면 천재가 아닌 이상 머리 속에 저장하는 것은 불가능합니다. 아이디어를 정리하는 방법으로 흔히 엑셀 프로그램이나 스마트폰 메모 어플을 생각하는 분들도 계실 텐데요. 되도록이면 노트에 기록하고 관리하는 것이 좋습니다.

아이디어를 노트에 쓴다는 것은 아날로그적인 낙서 방식이라 할 수 있습니다. 아날로그적인 낙서 방식은 아이디어를 상상하는 대로 확장하거나 불필요한 것은 함축해 나갈 수 있습니다. 확장해 나간다는 것은 하나의 아이디어가 다른 아이디어를 발상케 하는 촉매제 역할을 하도록 하는 것이죠. 그것은 문장으로 표현한다면 하나의 키워드가 또 다른 키워드를 떠오르게 하는 것이며, 그림으로 표현한다면 객체의 배치나 변경을 통해 또 다른 유형을 조합해 내는 것입니다.

추상적인 가설에 지나지 않는 아이디어를 노트에 적게 되면 아이디어를 감싸고 있던 곁가지들을 드러낼 수 있고, 아이디어의 본질적인 가치만을 직시할 수 있습니다. 머릿속 관념으로 있던 추상적인 아이디어를 현실화 시키는 첫 관문인 셈이죠.

또한 노트를 쓰는 습관을 들이게 되면 매일 시간과 장소를 가리지 않고 더 좋은 아이디어를 내기 위해 아이디어 발상을 위한 노력을 계속적으로 하게 됩니다. 발상을 위한 두뇌 훈련이 시작되는 것이죠. 처음에는 전혀 떠오르지 않을 것 같은 아이디어가 노트를 쓰기 시작하면서부터는 세수를 하거나 밥을 먹다가도 떠오르고, 때와 장소를 가리지 않고 불현듯 스쳐 지나가는 경험을 하게 되는데요. 동료들과 수다를 떨다가도 번개가 내리치듯 기발한 아이디어가 번뜩이며 떠오르게 됩니다. 제가 회의를 하다가 문득 '카카오톡으로 채팅하듯 홈쇼핑 상품을 주문할 수 없을까?'라는 아이디어를 떠올려 '톡 주문'이라는 성과를 낸 것처럼, 아이디어 노트를 쓰게 되면 당신의 머리 속에 놀라운 아이디어들이 떠오르게 될 겁니다.

아이디어 노트는
어디에 활용하는가?

저는 아이디어 노트를 다음과 같은 3가지 용도로 활용하고 있습니다.

첫째, 현재 맡은 업무의 개선을 위한 방법으로 활용한다

저의 경우 IT서비스 업종에서 '서비스 기획'이라는 직무를 맡고 있는데요. 현재는 제가 아이디어를 발상해서 현실화시킨 서비스 중에서 TV홈쇼핑 상품을 카카오톡 채팅으로 주문 및 결제할 수 있는 '톡 주문' 서비스 기획과 간편결제 서비스인 '카카오페이' 마케팅 전략 업무를 맡고 있습니다. 저는 노트에 틈틈이 적어둔 아이디어를 서비스 사용성 개선을 위해 활용하거나 프로모션과 같은 마케팅 업무에 활용합니다. 아이디어 노트에는 주로 콘셉트를 적어두지만 이를 스토리보드라는 상세 기획서를 통해 구체화해서 실제 업무에 적용하는 것이죠.

둘째, 새로운 서비스 기반의 신사업을 만드는데 활용한다

직장 생활을 하다 보면 팀 회의나 프로젝트 회의, 그리고 사업부 신사업 워크샵 등의 행사를 통해 미래 성장을 이끌 신사업 아이템을 찾는 회의가 많이 진행됩니다. 평소 노트에 적어둔 아이디어는 이때 매우 유용한데요. 평소에 아이디어 준비를 했기 때문에 아이디어의 양이 풍부할 뿐만 아니라, 구체적인 고민이 깃들어 있어 아이디어 회의를 주도할 수도 있습니다. 신사업 회의에는 임원들도 가끔 참석하기 때문에 탁월하고 풍부한 아이디어를 제안할 경우 임원들에게 강한 인상을 심어주게 되죠.

셋째, IT 실무자 그룹 및 학생들을 코칭하는 자료 및 블로그 소재로 활용한다

저는 IT실무자 멘토와 대학생 멘티가 IT 프로젝트를 공동으로 진행하는 한이음IT멘토링의 멘토로 활동하고 있습니다. 대학생들에게 '서비스 및 신사업 기획'이라는 직무를 멘토링하고 있는데요. 직무 교육에는 아이디어가 필수이기 때문에 아이디어 노트에 적힌 아이디어를 많이 활용합니다. 아이디어 발상법이나 메모법, 아이디어를 기획서로 만드는 과정, 그리고 그것을 설득하고 실현하는 일련의 과정을 가르치고 있죠. 그리고 학생들에게 좀 더 실질적인 경험이 되도록 공모전이나 창업경진대회에 도전할 수 있는 아이템과 기회를 제공해 줍니다.

또한 저는 LG그룹 블로그와 LG CNS 블로그의 사내 블로거로 활동 중인데, 아이디어 노트에 관련된 업무 적용 사례나 성과 등을 이야기로 엮어 블로그 글 콘텐츠로 활용합니다. 2년 동안 20건 이상의 글이 아이디어 노트에 관련될 만큼 아이디어 노트는 좋은 소재가 되어 줍니다. 그 글들이 다시 편집 과정을 거쳐 이렇게 책으로 출간될 수 있었죠.

이처럼, 저에게 있어서 아이디어 노트는 여러모로 활용도가 높습니다. 그래서 개인적으로 소중한 자산처럼 관리를 하죠.

아이디어 노트는 성과를 가져온다

아이디어 노트가 가져다 주는 결과는 단연 업무 성과입니다. 제가 재직 중인 회사에서는 연초나 연말에 항상 회사의 중장기적 성장을 견인할 수 있는 다양한 신사업 아이템들이 검토되기 때문에 내부 직원들로부터 다양한 아이디어 제안을 받습니다. 저는 평소 노트에 적어둔 아이디어 중에 회사에서 실행해볼 만한 몇 가지 아이템들을 추려서 신사업 계획서에 넣어 왔는데, 늘 새로운 아이디어를 제안하다 보니 사업부 내에서 아이디어맨이라는 별명까지 얻게 되었습니다.

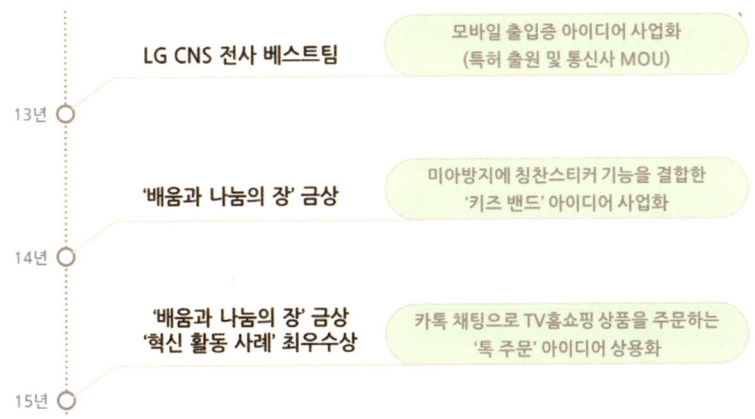

저는 아이디어 노트에 적힌 아이템을 활용하여 신사업 발굴을 진행하면서 3년 연속 포상을 받았는데요. 위의 그림은 제가 아이디어를 통해 2013년부터 2015년까지 회사에서 포상을 받은 사례입니다.

3년 연속 포상을 받게 된 것은 바로 아이디어 노트에 적어둔 아이디어 덕분이었습니다. 실생활에서 떠오른 아이디어를 회사의 신규 사업으로 만들기 위해 노력하다 보니 단연 남다른 성과로 이어지게 된 것이죠.

만약 당신이 발상한 아이디어가 탁월하기는 하지만 회사 업무에 직접 활용할 수 없는 아이디어라면 창업경진대회를 활용해 보시길 바랍니다. 아이디어를 실제 사업화시켜 본다는 가정 하에 상세 기획을 해본다면 아이디어에 대한 사전 검증은 물론, 여러 전문가들로부터 평가를 받을 수 있는 기회를 얻을 수 있습니다. 아이디어로 경진대회에 입상한다면 당신의 커리어에 훌륭한 경력이 쌓이고 더불어 상금까지 받을 수 있으니 일석이조인 셈이죠. 저의 경우 제 1회 공공데이터를 활용한 창업경진대회에 참가하여 '비라인(Beeline)'이란 아이디어로 경쟁률 422대 1을 뚫고 대상(국무총리상)을 수상하며 2,000만원의 포상금을 받았습니다. 3차에 걸친 치열한 경쟁 프레젠테이션을 통해 최종 대상을 수상했을 때의 그 기쁨은 지금도 잊을 수가 없습니다.

　이렇게 아이디어를 회사에서 실현하든 창업경진대회를 통해 검증하든 추상적이고 관념적인 아이디어를 실제 제품 또는 서비스로 만들거나 그것을 시도해보면 수많은 시행 착오를 거치면서 비즈니스에 대해 자연적인 학습을 하게 됩니다. 즉, 궁극적으로 아이디어를 판단하는 통찰력이 길러지는 것이죠. 그래서 아이디어가 떠오르거나 누군가의 아이디어를 듣게 될 때 아이디어의 실현 가능성, 고객 가치, 수익성 등을 어느 정도 판단할 수 있게 됩니다. 그러다 보면 특정 아이디어에 대해 맹목적인 환상을 견제할 수 있게 됩니다. 그 과정을 통해 더욱 정교하고 탁월한 아이디어를 내는 능력이 키워지는 것이죠. 그리고 정말 가능성이 높고 탁월한 아이디어를 떠올리게 되면 그것을 당장 실현해보고 싶은 욕구가 저절로 생길 것입니다. 그러다 보면 '아이디어가 자신의 아이디어인 것처럼', 아이디어가 만들어내는 일이 '자신의 일인 것마냥' 더욱 열정적으로 일하게 되죠. 그것이 1,000가지 아이디어 노트를 쓰면서 체험하게 된 저의 실제 경험입니다.

　이 외에도 아이디어 노트를 작성하게 되면 직무에 긍정적인 효과가 많이 발생합니다. 우선 산업이나 기술과 같은 전문 지식이 쌓이게 됩니다. 더 많은 아이디어를 떠올리거나 떠오른 아이디어를 실현하기 위해서 어떻게 해야 할지 고민을 하게 되는데요. 그러다 보면 자연스레 신문 기사, 현장 인터뷰, 자료 조사 등을 할 수밖에 없기에 새로운 기술이나 산업에 대한 지식이 늘어납니다. 반복적이거나 익숙한 것만 하다가 새로운 지식을 습득하게 되니 뇌 운동이 활발해지고, 아이디어로 인해 끊임 없는 학습이 이루어지게 되는 것입니다.

　TV홈쇼핑 상품을 카카오톡 채팅으로 주문 및 결제할 수 있는 '톡 주문'이라는 아이디어를 떠올렸을 때 저는 홈쇼핑 산업에 대한 지식도 없었고, 심지어 TV홈쇼핑 주문을 이용해 본 적도 없었습니다. 평소 장모님께서 TV홈쇼핑을 시청하시는데 자동주문 ARS를 이용해서 홈쇼핑 상품을 주문하

톡 주문을 비즈니스로 만드는 과정에서 만난 담당자 명함들

시는 것을 어려워하셔서 그것을 해결해볼까 고민했을 뿐이죠. 그런데 그것을 실제 비즈니스로 실현해보려고 하니, 홈쇼핑 시장에 대해 공부를 할 수밖에 없었습니다. 홈쇼핑 업체는 어디가 있는지, 어떻게 주문을 하는지, 주문 절차나 결제 절차는 어떻게 되어 있는지, 산업 구조와 가치 사슬 구조는 어떻게 되어 있는지, 수수료 체계는 어떻게 되어 있는지, 유사한 서비스 모델은 없는지 등 사업화를 위해 필요한 모든 자료를 저절로 찾아보게 된 것입니다. 그리고 현장에 나가 TV홈쇼핑업체, 카카오 담당자, 개발사 등 수많은 사람들을 만나면서 현장의 실제 자료를 얻을 수 있었는데요. 그들과 인적 네트워킹이 형성되었을 뿐만 아니라 그들을 통해 TV홈쇼핑 산업에 대한 많은 지식을 쌓을 수 있었습니다.

'톡 주문' 아이디어를 내고 1년이 가까워진 지금 저는 TV홈쇼핑 업계의 기간계 시스템의 구조, 자동주문 ARS의 흐름, TV홈쇼핑 산업의 가치사슬 구조, 카카오톡의 메신저 API 등 비즈니스 전반과 기술에 대한 해박한 지식이 쌓이게 되었습니다. 이런 지식은 그 어떤 것으로도 대체될 수 없을 것이고, '톡 주문' 아이디어가 아니었다면 저는 결코 이만큼 성장할 수 없었을 겁니다.

아이디어는 최소
1,000개를 만들어야 한다

그런데 아이디어 노트의 목표를 왜 1,000개로 잡게 되었을까요? 우리는 보통 아이디어는 양보다 질이 중요하다고 여기기 때문에 수백 개의 아이디어보다 한두 개의 탁월한 아이디어가 더 중요하다고 생각하기 쉽습니다.

직장 생활을 하다 보면 동료 중에 자신의 아이디어를 설명하면서 "이 아이디어 어때? 대박이지? 이거 빨리 해야 하는데."라고 말하는 이들을 볼 수 있습니다. 아이디어만 실행한다면 정말 대박이 날 것 같고, 그로 인해 자신의 인생이 술술 풀릴 것이란 상상을 하며, 들뜬 기분에 주변 사람들의 의견은 무시하고 자아도취에 빠지기 쉬운데요. 마치 오늘 퇴근 길에 로또를 사기만 하면 1등에 당첨 될 것 같은 마음으로 자신의 아이디어를 자랑합니다. 저도 1,000가지 아이디어 노트를 쓰기 전에는 그랬습니다. 갑자기 떠오른 아이디어를 실제로 상품화 하면 세상과 인생이 바뀔 것 같은 순진한 낙관론에 사로잡히곤 했죠.

그런데 막상 머리 속에 맴돌던 아이디어를 실현해 보려고 하면 전혀 예상하지 못했던 난관에 부닥치게 됩니다. 우선 주변 동료나 직장 상사의 반대에서부터 어려움이 시작되는데요. 그 장벽을 넘어서더라도 기술적인 문제나 법적인 문제, 그리고 수익 모델 확보라는 난관을 맞닥뜨리게 되면 낙관론에 의존했던 아이디어는 대부분 중도에 포기하게 됩니다. 이런 시도를 몇 번 하다 보면 '왜 다들 내 아이디어에 동의해 주지 않는 거지? 내 아이디어를 제대로 이해하지도 못하면서…'라는 말로 아이디어의 가치를 알아주지 못하는 주변 탓을 하게 됩니다. 아이디어 자체의 문제라기보다 아이디어를 실현할 수 없도록 만드는 주변 환경 탓을 하게 되는 것이죠.

그런데 정말 주변에서 아이디어의 가치를 몰라주어서 그런 것일까요? 단언하지만 대부분은 '아이디어에 대한 맹목적인 집착'만으로 비즈니스에 너무 편협하게 접근했기 때문입니다. 물론 정말 혁신적인 아이디어는 기업 내부에서 받아들여지기 어려운 점이 있습니다. 왜냐하면 새로운 아이디어를 받아들이기 위해서는 기존의 것을 포기해야 하는 경우가 많기 때문이죠. 그렇지만 대부분의 아이디어는 아이디어의 실현에 있어서 분명한 한계가 존재합니다. 그것은 기술적인 문제일 수도 있고, 이미 누군가가 만들었지만 치명적인 문제로 인해 실패한 것일 수도 있습니다. 또한 시장에 경쟁자가 만든 유사한 제품이나 서비스가 넘쳐나기 때문일 수도 있고, 고객에게 그다지 큰 가치를 제공해주지 못해서 수익으로 연결시키기 어려운 경우도 있으며, 각종 법적 제재나 규제의 대상이 되어 아예 시도조차 할 수 없는 아이디어들도 많습니다.

아이디어가 현실화 될 때 대다수의 아이디어는 실패에 이르게 됩니다. 아이디어를 수십 개 발상하더라도 제대로 써먹을 수 있는 아이디어는 몇 개 되지 않습니다.

혁신의 아이콘이라 불리는 스티브 잡스(Steve Jobs)가 2011년 더 로스트 인터뷰(The Lost Interview)에서 했던 말은 실제 아이디어가 실현되는 과정이 얼마나 어려운지를 알려줍니다.

"아이디어 구현 과정에서 더 많은 것들을 배우게 되고 동시에 포기해야 하는 것이 수백 가지는 생긴다. 제품을 개발한다는 것은 이런 모든 문제와 부딪히면서 원하는 과정에 도달할 때까지 5,000가지 개념들을 계속 새롭고 다른 방식으로 끼워 맞추는 과정이다."

"훌륭한 아이디어가 훌륭한 제품으로 이어지는 데에는 엄청난 양의 장인적 노력이 포함되며, 그 훌륭한 아이디어를 전개시키는 과정에서 아이디어 자체도 변화하고 성장한다. 처음 떠오른 아이디어는 그대로 구현되지 않는다."

스티브 잡스조차도 아이디어를 실현하는데 이런 어려움을 겪는데 평범한 우리들은 얼마나 더 어려울까요? 때문에 머릿속에 좋은 아이디어가 떠올랐다고 해서 의기양양해서는 안 됩니다. 아이디어는 그저 추상적인 가설일 뿐 그 어떤 것도 저절로 이루어지거나 만들어진 게 아니니까요. 그래서 스티브 잡스 같은 비범한 천재성을 가지지 못한 평범한 직장인들은 아이디어의 절대적인 양을 확보해야 합니다. 아이디어의 양이 아이디어의 질을 낳는 것이죠. 그래서 저는 아이디어의 양을 확보하기 위해 1,000개의 아이디어를 만들어야 한다고 생각합니다.

팀 안에서 아이디어를 적극적으로 내는 사람은 불과 1~2명입니다. 강제적이든 자발적이든 열명 중에 한 명 정도만 아이디어를 냅니다. 그 한 명이 낸 아이디어도 100개 중에 1개 정도만 실제 성과로 이어집니다. 즉, 팀원이 열 명이라고 가정했을 때 그 팀이 아이디어로 성과를 내고 싶다면 최소한 1,000개 정도의 아이디어가 있어야 성과를 올리는 것이 가능해집니다. 그런데 대부분의 팀에서는 몇 십 개 정도의 아이디어를 발굴했다가 쓸만한 아이디어가 없다고 판단되면 아이디어 자료 모으는 것을 중단해 버리고 맙니다.

개인의 경우도 마찬가지입니다. 머리 속에 많은 아이디어가 떠오르더라도 메모해두지 않으면 잊어버리기 쉽고, 몇 개의 특별한 아이디어들만 머리 속에 남아 있게 됩니다. 그리고 그 몇 개의 아이디어조차도 전혀 실행을 위한 노력을 하지 않은 채 시간을 보내 버립니다. 그러다 우연히 신문 기사 등을 통해 자신의 아이디어가 누군가에 의해 실제로 구현되어 제품화된 것을 보면, "아이고 아까워라. 내 아이디어인데." 하며 아쉬워만 합니다. 물론 아쉬움 한 켠에는 언제든 탁월한 아이디어를 낼 수 있다는 자신감이 살아있긴 하죠. 그런데 막상 개인 사업을 해보면 쓸만한 아이디어가 없다는 것을 절실히 느끼게 됩니다. 확신에 찼던 머릿속 아이디어들이 시장이라는 냉혹한 현실을 마주하면 너무 허술했다는 것을 직시하게 되는 것이죠.

아이디어로 뭔가 성과를 이뤄내고자 한다면 아이디어의 절대 수량을 늘려야 합니다. 우연히 머리 속에 번개처럼 떠오른 아이디어 몇 개에만 의존

해서는 안 됩니다. 몇 개에서 몇 십 개로, 몇 십 개에서 몇 백 개로, 몇 백 개에서 몇 천 개로 늘려야 합니다. 노트에 적힌 아이디어가 늘어날수록 탁월한 아이디어가 나올 가능성이 높아지고 실제 성과로 이어지게 됩니다. 그것이 1,000가지 아이디어 노트를 써야 하는 이유입니다.

제 경우를 예로 들어보면 노트에 적힌 아이디어 450여 개 중에서 실제로 상용화된 아이디어는 불과 1개입니다. 바로 TV홈쇼핑 상품을 카카오톡 채팅으로 주문할 수 있는 '톡 주문' 서비스가 그것인데요. 2015년 11월에 GS홈쇼핑을 통해 세계 최초로 서비스 런칭을 한 것이죠. 대부분의 아이디어는 실제 사업적 성과로 이어지진 못했습니다. 창업경진대회에서 좋은 아이디어로 평가 받은 비라인(Beeline) 아이디어가 '국무총리상'을 수상하고, 9개의 아이디어는 경진대회 입상과 함께 포상과 상금을 받는 정도로 끝이 났습니다. 20여 개의 아이디어는 동료, 직장상사, 고객에게 '오! 좋은 아이디어인데요.' 라는 칭찬을 받는 정도에 그치고 말았죠. 나머지 300여 개의 아이디어는 스스로 생각해도 실현가능성이 없거나, 수익 모델이 될 수 없는 아이디어에 불과해서 누군가에게 얘기해 볼 엄두조차 나지 않았습니다.

만약 1,000가지 아이디어를 모두 채운다고 해도 실제 사업적인 성과는 몇 개 되지 않을 것입니다. 1,000가지 아이디어도 이런 상황인데, 머리 속에 몇 가지 아이디어가 있다고 해서 조직 또는 개인에게 큰 성과로 돌아올 것이라고 생각하는 것은 아이디어에 대해 과대 평가하는 것입니다.

아이디어를 내는 것은 누구나 할 수 있습니다. 아이디어 노트도 누구나 만들 수 있습니다. 그렇지만 아무나 하진 않습니다. '누구나 할 수 있는 일을 꾸준히 하면 아무도 할 수 없는 일'이 됩니다. 앞으로 2년이 지나 저의 아이디어 노트에 1,000가지 아이디어가 모두 채워진다면 그때는 저의 아이디어 노트가 아무도 따라올 수 없는 큰 자산이 되리라 생각합니다. 누구도 따라올 수 없는 성과를 만들고 싶다면 아이디어 노트를 작성하십시오. 생각 속에서만 머물렀던 아이디어가 성과라는 행운으로 돌아올 것입니다.

05

김대리! 우리 함께 발상에 도움이 되는 '아이디어 노트' 기록 사례를 살펴볼까?

제가 3년 동안 1,000가지 아이디어 노트에 담은 아이디어는 모두 450개입니다. 1,000개를 목표로 했지만 아직은 많이 부족한 양인데요. 중요한 것은 아이디어 발상이 점점 구체적으로 발전하고 있다는 것입니다. 이번에는 아이디어 노트에 어떤 아이디어들이 메모되어 있으며 어떤 방식으로 정리하는지 사례를 보여드리겠습니다. 사례로 제시한 7가지의 아이디어는 뭔가 부족한 느낌이 드는 것도 사실이고 제가 주관적으로만 필요하다고 생각하는 아이디어일 수도 있습니다. 또 어떤 아이디어는 제가 결코 실현할 수 없는 아이디어도 있겠죠.

저는 다만 당신과 함께 제 아이디어 노트를 공유하면서 아이디어 메모 방법이나 항목들을 보여 드리고, 아이디어를 실현할 수 있는 다양한 방법들을 찾아보고 싶습니다. 개인의 상상력과 발상 능력을 높이는데 있어서 다양

한 예제를 찾아보는 것만큼 좋은 것은 없는데요. 이제 저의 아이디어 노트가 당신의 무궁무진한 발상 능력을 깨우는데 도움이 되기를 바라며, 제 아이디어 노트를 한번 분석해 보도록 하겠습니다.

아이디어 노트 사례 1
소셜 네트워크 서비스(SNS)에 연동되는 '클라우드 액자'

액자는 왜 디지털화에 실패했을까?

아날로그 제품들 대다수가 디지털 기기로 대체되었습니다. LP나 카세트 테이프도 MP3를 거쳐 스마트폰으로 바뀌었고, 카메라도 DSLR을 거쳐 스마트폰의 기능으로 포함되었죠. 그런데 유독 아날로그 액자만은 대체되지 못했습니다. 액자를 디지털 기기로 대체하는 것은 크게 중요하지 않을 수도 있지만, 아무튼 SK텔레콤이나 삼성전자에서도 디지털 액자를 만들었지만 실패하고 말았습니다. 그 제품들을 보면서 왜 실패했는지 원인을 분석해보니 가격도 비싸고, 사용법도 어렵고 매번 사진을 바꿔줘야 하는 등 불편한 점이 많았습니다. 예를 들어 스마트폰이나 카메라로 찍으면 반드시 사용자가 사진을 메모리카드로 디지털 액자에 옮겨 담아야 했죠. 클라우드 저장 공간에 올리는 것도 마찬가지였습니다. 고객들이 디지털액자를 사용하고 싶은 욕구는 명확한데, 디지털 액자가 컴퓨터 못지 않게 어렵다면 결코 성공할 수 없을 것입니다.

소셜서비스에 연동시켜 자동으로 사진을 보여주자!

제가 주목한 것은 페이스북이나 카카오스토리 같은 소셜 서비스였습니다. 스마트폰 사용자들은 보통 사진을 찍어서 보관만 하는 것이 아니라, 주변의 지인들에게 공개를 하게 되는데요. 그 과정에서 포샵과 같은 편집 과정을 거치기도 하죠. 사실 시간이나 노력을 따지자면 액자나 소셜 서비스 모두 큰 차이가 없는데, 왜 액자에는 소극적인 반면 소셜 서비스에는 적극적일까요? 그것은 바로 자신의 생활을 공유하고 자랑하고 싶은 본질적인 욕구 때문입니다.

제가 생각한 아이디어는 바로 소셜 서비스에 올린 사진들이 자동으로 디지털 액자 형태로 보여지는 것입니다. 자신의 사진뿐만 아니라 노출 설정에 따라 친구들의 사진까지도 보여주게 되죠. 저는 이것을 클라우드 액자라고 이름 지었습니다(소셜 액자라고 표현하는 게 맞는 표현이겠네요). 사용자 입장에서는 액자용 사진을 별도로 업로드 할 필요 없이 인스타그램처럼 자주 사용하는 소셜 서비스에 올리면 자동으로 액자용 사진으로 보여지므로 업로드가 매우 편리할 것입니다. 특히 부모님께 액자를 선물해서 SNS에 사진을 올릴 때마다 부모님이 액자 형태의 사진을 볼 수 있도록 하는

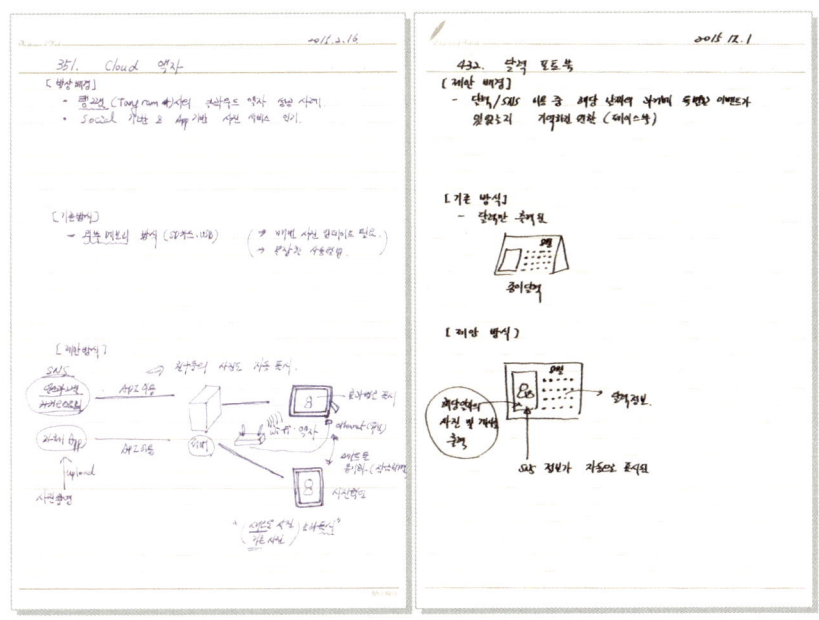

SNS 사진이 자동으로 보여지는 액자 아이디어

것도 좋겠죠.

클라우드 액자는 Wi-Fi 통신으로 소셜 서비스에 연결되고, 스마트폰 어플로 클라우드 액자를 셋팅합니다. 만약 기술적으로 가능하다면 꼭 제품화하고 싶은 아이디어입니다.

아이디어 노트 사례 2
실시간으로 사진을 받아보는 '원격 자동인화 포켓 포토' 아이디어

아날로그 세대에게 디지털 사진을 인화해서 보낼 수는 없을까?
스마트폰은 사진과 관련된 생활을 혁신적으로 바꾸었죠. 특히 디지털

세대는 인화된 사진보다는 소셜 서비스에 올리는 것을 선호하며, 있는 그대로의 사진보다 가공된 사진을 원하죠. 하지만 종이 사진에 익숙한 아날로그 세대에게는 여전히 낯선 변화입니다. 아날로그만이 줄 수 있는 독특한 감성 경험은 사진에서도 예외일 수 없는데요. 그래서 LG전자의 포켓포토나 폴라로이드 같은 즉석 인화기가 여전히 인기를 끄는 것이죠.

그런데 아날로그 사진을 만들어주는 포켓포토도 사실 아날로그 세대에게는 어려운 기기입니다. 자녀들의 사진을 휴대폰이 아닌 종이 사진으로 보고 싶을 때는 자녀들이 인화해서 보내줄 때까지 기다릴 수밖에 없는데요. 저도 고향에 계신 어머니께 아이들 사진을 명절 때에나 보여드릴 수밖에 없습니다. 아이들이 커가는 모습을 보지 못해 아쉬워하시는 어머니를 보면서 저는 안타까운 생각이 들었습니다. 만약 멀리 떨어져 사는 부모님께 실시간으로 인화된 사진을 보낼 수 있다면 얼마나 좋을까요? 또한 거기에 간단하게 쓴 편지를 담아낼 수 있다면 풍부한 아날로그의 감성을 그대로 전달해드릴 수 있을 것입니다.

실시간으로 사진을 전송해서 포켓 포토를 통해 자동 인화되게 하자!

'자동 인화 포켓 포토'는 LG전자에서 판매 중인 포켓 포토를 응용해 본 것입니다. 포켓포토는 스마트폰과 블루투스 통신 방식으로 사진을 전송 받아 종이 인화지에 인화를 하는 것이죠. 즉, 근거리에 위치해 있을 때에만 스마트폰 사진을 인화할 수 있습니다. 만약 이 기기가 원격으로 스마트폰과 통신할 수 있다면 원격 인화도 가능하지 않을까요?

그러므로 이 아이디어는 포켓 포토라는 즉석 인화기기를 변경할 필요가 있습니다. 기존의 근거리통신인 블루투스가 아닌, 인터넷 접속이 가능한 Wi-Fi 통신 방식으로 네트워크에 자동 연결하는 것이죠. 자녀의 스마트폰 어플에서 사진에 대한 등록, 편집, 인화 설정을 하면 원격에 위치한 '자동 인화 포켓 포토'가 지정된 사진을 실시간으로 자동 인화합니다. 마치 사진

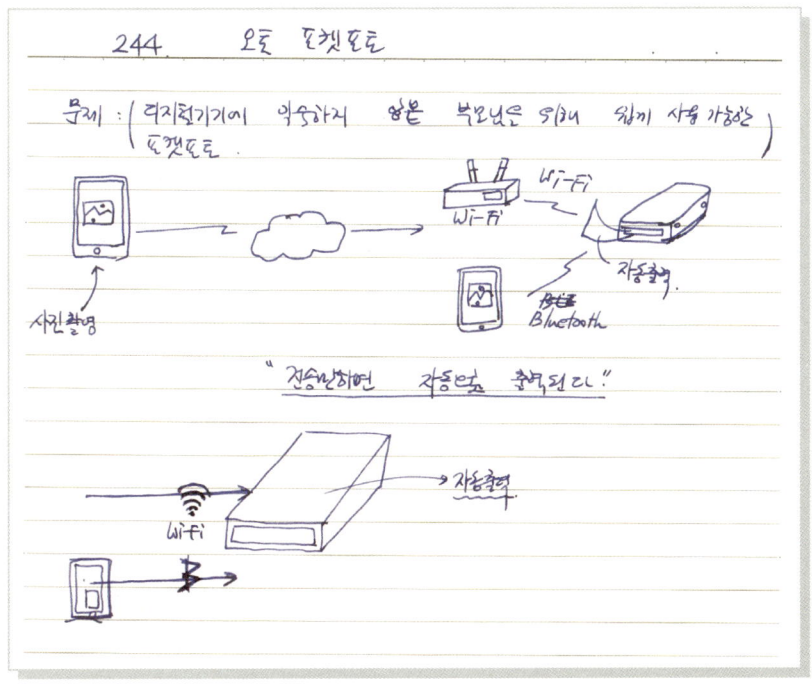

원격에서 자동 인화되는 포켓포토 아이디어

인화기가 팩스(Fax)처럼 사진이 전송되었을 때 자동으로 작동하는 것이죠.

> 아이디어 노트 사례 3
> ## 어깨에 스피커가 달린 '톤 플러스'

블루투스 이어폰과 스피커의 중간 제품은 없을까?

LG전자에서 출시된 블루투스 이어폰 제품인 '톤 플러스'가 인기를 끌고 있는데요. 기존 이어폰에 비해 사용이 편리할 뿐만 아니라 음질도 좋기 때문에 요즘 지하철과 같은 곳에서 흔하게 볼 수 있는 제품입니다. 게다가 캠핑과 레저 문화의 발달로 휴대용 스피커 또한 인기를 끌고 있습니다. 저의 경우에는 음악을 스피커로 즐겨 듣는 편인데요. 이어폰을 쓰게 되면 귀가

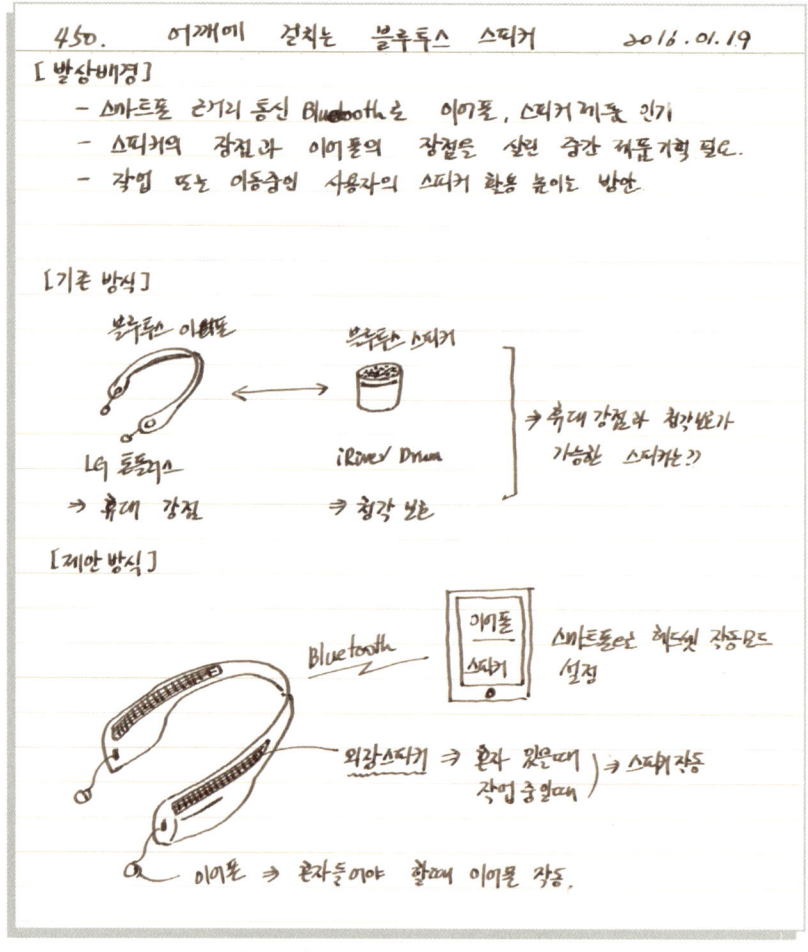

어깨에 걸칠 수 있는 블루투스 스피커 아이디어

아프기도 해서 가급적이면 스피커를 이용합니다. 그런데 스피커의 문제는 공간 이동이 어렵다는 점입니다. 예를 들어 집안에서 일을 하다가 다른 장소로 이동을 하게 되면 노랫소리가 작아지기 때문에 스피커를 옮기지 않는 한 제대로 들을 수 없게 되죠. 그렇다고 혼자 있는 공간에서 이어폰을 끼고 음악을 듣는 것은 좀 그렇죠?

블루투스 이어폰에 스피커를 달아보자!

이어폰으로 듣기는 싫고 스피커로 듣고 싶은데 계속 이동하면서 일을 해야 한다면 어떻게 음악을 즐기는 것이 좋을까요? 아마도 스피커가 사람을 따라 함께 움직여 준다면 그보다 더 좋은 방법은 없을 것입니다. 그래서 제가 생각해낸 아이디어는 블루투스 이어폰처럼 목에 걸 수 있는 블루투스 스피커를 만드는 것이었는데요. 그것은 마치 톤 플러스 제품에 이어폰이 아닌 휴대용 스피커가 달려 있는 형태의 것입니다. 물론 배터리 용량이 좀 더 커야 할 것이고 스피커의 출력도 좀 커야 할 것입니다. 기술적으로 풀어야 할 문제들도 많이 있겠지만, 귓구멍을 콱 틀어막는 이어폰보다는 스피커로 음악을 즐기길 원하는 저 같은 사람들은 이동 중에도 음악을 들을 수 있는 이와 같은 제품이 있다면 반드시 구매할 겁니다.

> 아이디어 노트 사례 4

셔츠를 씌우기만 하면 자동으로 옷이 다려지는 '자동 옷 다리미'

주름진 옷을 고압 스팀으로 펼 수 없을까?

저의 경우 항상 정장을 입고 다녀야 해서 주말이 되면 시간을 내서 다림질을 해야 합니다. 직장인들에게 셔츠 다리는 일은 참 피곤한 일이죠. 특히 맞벌이를 하는 경우 셔츠 정도는 남편들이 직접 다려야 하는데요. 개그콘서트를 보며 옷을 다리다가 '옷이 저절로 다려지는 방법은 없을까?' 하는 생각에 정리한 메모입니다. 꼭 옷을 다린다기보다는 구겨진 것을 펴는 정도라든지 건조 후에 주름진 것을 펴는 정도만 되어도 옷을 다릴 필요 없이 입고 나갈 수 있을 거란 생각이 들더군요.

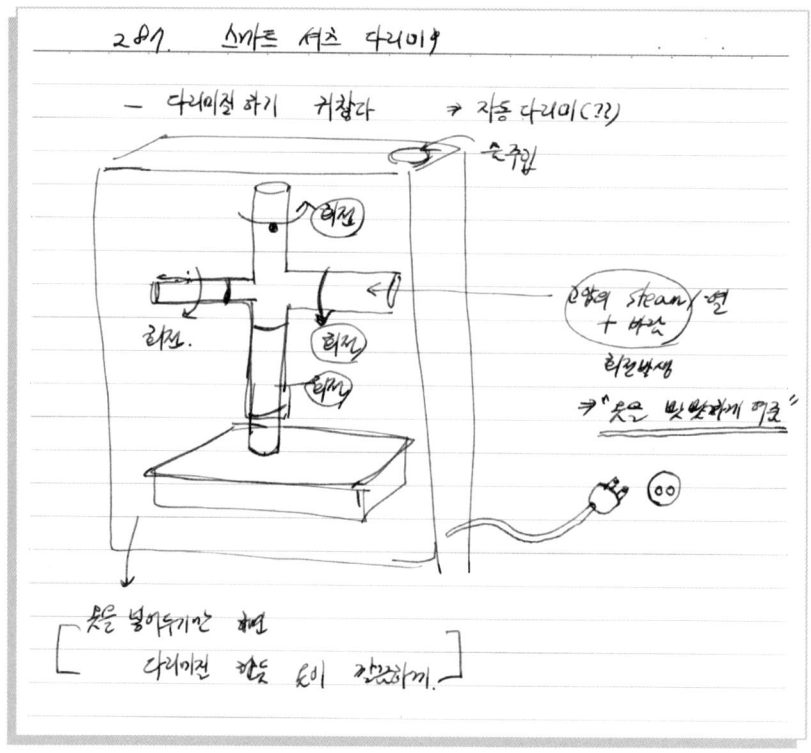

옷걸이 모양으로 옷을 걸어두면 자동으로 옷이 다려지는 아이디어

옷걸이에 걸어놓기만 해도 자동으로 구김이 사라진다?

이 아이디어의 원리는 옷걸이 모양으로 생긴 틀에 구겨진 옷을 걸어 놓고 전원을 켜면 고온의 스팀과 강한 건조 바람이 주기적으로 발생하여 옷의 주름을 펴는 것입니다. 스팀청소기와 드라이기가 결합된 장치라고나 할까요? 셔츠가 쉽게 걸리고 건조 바람이 나왔을 때 옷이 날아가지 않도록 고정을 해주는 것이 필요할 것입니다. 스팀과 건조를 반복적으로 하게 되면 옷의 주름이 자연스럽게 펴지지 않을까요?

좀 엉뚱한 상상이긴 하지만 다리미처럼 일일이 다릴 필요 없이 옷을 걸어두는 것만으로 자동으로 다림질이 된다면 참 편리하겠죠? 솔직히 기술적으로 가능한 것인지는 잘 모르겠습니다.

아이디어 노트 사례 5
아파트에서 자동차를 공유할 수 있는 '전기차 카 쉐어링'

카 쉐어링 대여 장소는 아파트에서 왜 이리도 먼 것일까?

제가 다니는 회사는 자회사인 에버온을 통해 '씨티 카'라는 전기차 카 쉐어링 서비스를 제공하고 있습니다. 기존 렌터카와 달리 필요한 시간만큼 전기차를 빌려 쓰는 것이죠. 스마트폰으로 예약하고 차량 대여 위치를 찾아가 차를 빌린 후 반납하는 모델입니다. 자가용을 보유하지 않은 이들에게 꼭 필요한 서비스죠. 그런데 저는 차량을 빌리거나 반납할 때 지정된 장소까지 가는 일이 불편하다는 생각이 들었습니다. 카 쉐어링 장소가 집 근처에 있다면 접근성이 더 좋을 텐데 도심지 위주로 대여소가 있어서 불편함이 있는 것이죠. 만약 국내 주거 환경의 대표격인 아파트 주차장에서 카 쉐어링을 할 수 있다면 얼마나 좋을까요? 대규모 아파트 단지에는 충분한 수요자가 있기도 하고, 경우에 따라서는 아파트 내 세컨드 차량도 줄일 수 있는 방법이 될 것입니다. 문제는 아파트 관리사무소나 입주자협회에서 어떻게 하면 간편하게 전기차를 도입할 수 있도록 하느냐는 것입니다.

아파트 주민 중심으로 카 쉐어링을 운영하자!

우선은 아파트 주민이나 인근 주민들 중심으로 카 쉐어링 회원을 모집합니다. 연간 회원권 제도를 운영해서 연간 회비를 징수하고, 이렇게 징수된 회비는 관리사무소에서 전기차를 유지보수 관리하는 인건비로 사용을 하는 것이죠. 당연히 차량의 사용량은 사용 시간 또는 사용 전기에 비례해서 비용을 지불하게 됩니다. 순수하게 차량에 드는 비용인 셈이죠. 추가적으로

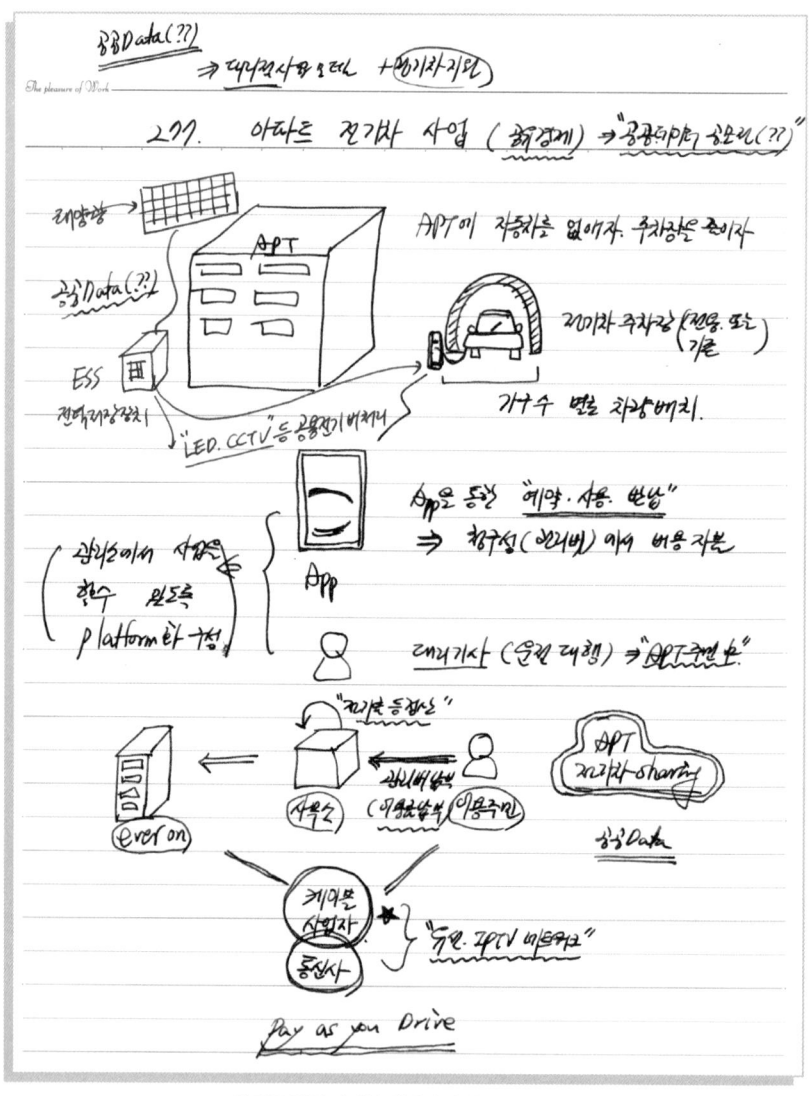

아파트 중심 전기차 쉐어링 서비스 아이디어

전기 충전을 용이하게 할 수 있게 태양광 이용 설비를 둔다거나 전력저장장치를 둬서 남은 전기를 세대주나 공공 전기에 활용할 수 있도록 하면 일석이조가 될 것입니다. 또 같은 아파트 주민이 차량을 대신 운전해주는 대리기사 서비스도 만들어서 이용할 수 있겠죠.

> 아이디어 노트 사례 6
> **자전거 도난 방지를 위한 'T 자형 자전거 보관함'**

아파트 계단에는 왜 자전거가 즐비할까?

아파트 계단을 보면 집집마다 자전거가 보관되어 있습니다. 분명 자전거를 세울 수 있는 보관소가 아파트 단지 내 곳곳에 있는데도 왜 이렇게 이용이 불편한 계단에 자전거를 보관하는 것일까요? 아마도 자전거를 분실할 위험이 높기 때문일 것입니다. 자전거가 고가인 경우 바퀴에만 잠금 장치를 해두는 것은 큰 의미가 없습니다. 자전거의 바퀴만 떼어 간다던가, 안장만 떼어가는 경우도 많이 발생하기 때문이죠. 그래서 자전거 보관소에는 의자가 뜯겨나간 채 방치된 자전거가 자주 눈에 띕니다. 계단에 자전거를 세워 둘 경우 소방법 상 벌금까지 부과될 수 있는데도 대부분의 자전거를 계단에 둘 수밖에 없는 상황은 정말 큰 고민거리입니다. 집안에 자전거를 두기도 쉽지 않기 때문이죠.

그렇다고 해서 자전거 보관을 위해 큰 보관소를 만들게 되면 비용이 더 많이 발생하게 됩니다. 지하철역에 자전거 보관장소가 있지만 너무 크게 운영하기 때문에 비용이 많이 발생하고 있는데요. 가정집이나 아파트의 공공장소에 맞는 크기의 보관소가 필요하다고 생각합니다.

T자형 보관대를 만들어 자전거를 효율적으로 보관할 수 없을까?

제가 생각하는 보관소의 모습은 자전거의 형태와 유사한 T자형 보관함입니다. 높이 1.3m에 좌우 길이 60cm 정도가 되는, 말 그대로 T자형 모양

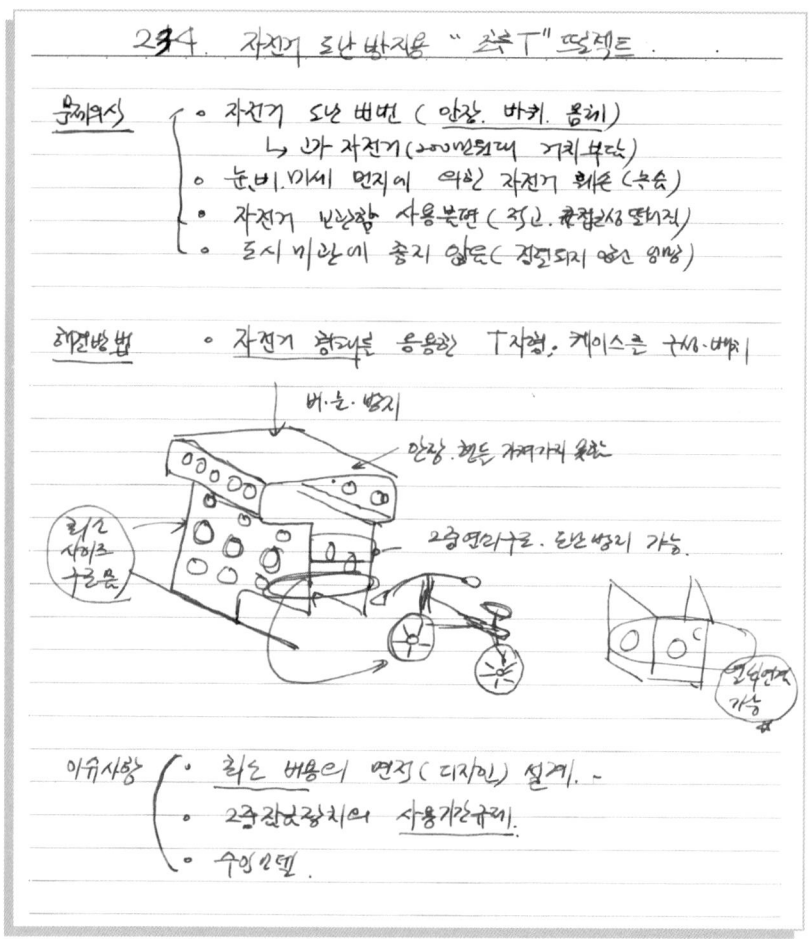

자전거 도난을 방지하는 T자형 보관함 아이디어

으로 자전거를 쏙 집어 넣고 문을 닫아 자물쇠로 잠그는 것이죠. 도둑이 자전거 바퀴나 안장을 떼어갈 수 없도록 자전거 크기에 맞는 보관함에 자전거를 집어 넣는 것입니다. 다만 T자 모양으로 만들어 공간을 더욱 효율적으로 쓸 수 있게 하는 것이죠. 이런 형태의 보관함에 집어 넣는다면 먼지나 비바람으로 인해 자전거가 녹슬거나 지저분해지는 것도 방지할 수 있을 것입니다. 물론 개인이 구매하기에는 무리가 있으므로 공공기관이나 아파트 관리사무소에서 도입하는 것이 좋겠죠.

> **아이디어 노트 사례 7**
> ### 자주 틀리는 문제의 답만 알려주는 '오답 패턴 노트 어플'

틀린 문제만 쉽게 모을 수 없을까?

학창 시절 때 시험을 치르고 나면 틀린 문제만 따로 모아서 서브노트라는 것을 만들었던 기억이 납니다. 틀린 문제들만 집중적으로 공부할 수 있게 모아둔 것이죠. 시험지를 오려서 노트에 붙이던 기억이 새록새록 나는데요. 그렇게 한 이유는 유사한 패턴의 문제를 틀리지 않기 위해서죠. 이제 시험지도 디지털화가 진행되면서 시험 문제를 훨씬 많이 낼 수도 있고 다양한 시험문제 유형을 풀 수도 있습니다. 특히 영어의 경우 여러 학원에서 새로운 시험 문제를 쏟아내고 있죠. 그런데 만약 자주 틀리는 문제의 패턴만을 자동으로 찾아내서 반복적으로 문제를 풀게 할 수 있다면 수험자에게 큰 도움이 되지 않을까요? 저는 해당 패턴의 문제를 완벽하게 암기할 수 있도록 도와주는 어플이 있으면 좋겠다는 생각 속에서 이 아이디어를 떠올렸습니다.

오답 문제 패턴을 파악해서 집중적으로 풀게 하자!

제가 생각한 아이디어 어플은 몇 가지 시험 문제를 제시했을 때 틀리는 문제 유형만 골라내서 반복적으로 유사 패턴의 문제를 풀도록 하는 것입니다. 특히 영어 TOEIC과 같이 문법이나 어휘 등에서 유용하게 쓰일 수 있는 어플이라 생각합니다.

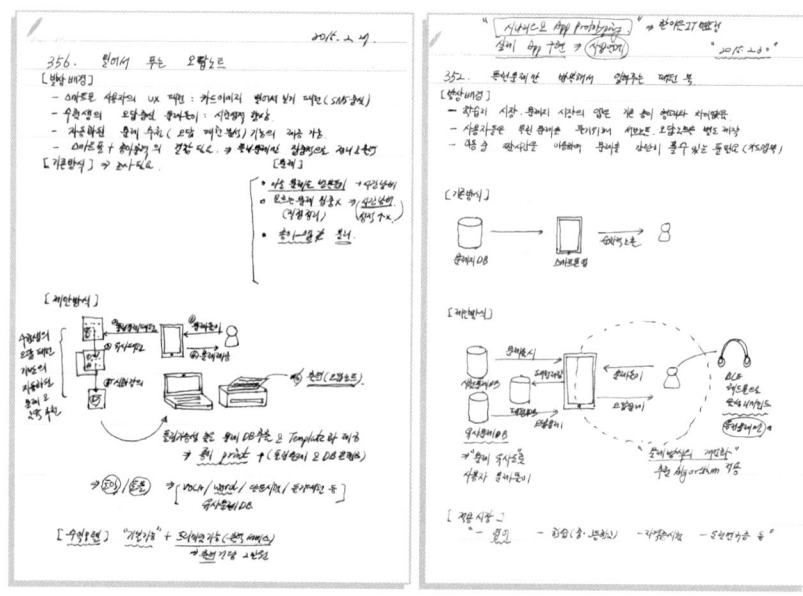

오답 문제만 반복적으로 보여주는 오답 패턴 노트 아이디어

아이디어
기획의
정석

PART
2

상품 아이디어는 이렇게 만들어진다

Part 1에서 보여드린 저의 아이디어 노트를 보면서 '아이디어 별거 아니네.' 라고 생각하시는 분도 계시겠죠. 저 역시도 아이디어를 떠올리는 시점에는 정말 기발한 아이디어라고 생각했지만, 시간이 흘러 다시 그 아이디어를 보면 역시나 제품화 하기에는 뭔가 부족한 점이 많이 있는 것 같습니다. 이렇게 아이디어 노트를 적어가면서 아이디어의 발상과 아이디어의 가치는 별개의 문제임을 피부로 느끼고 있는데요. 그럼에도 불구하고 제가 아이디어 노트를 멈추지 않고 꾸준히 작성하는 이유는 Part 2에서 보듯 우연히 찾아온 아이디어 하나가 놀라운 성과를 가져다 주는 것을 실제 경험해 보았기 때문입니다. 만약 제가 꾸준히 아이디어 메모를 하지 않았다면 결코 일어날 수 없는 일들이라고 생각하는데요. '우연'처럼 보이는 아이디어도 결국 '필연'이라는 과정을 거쳐 만들어지게 됩니다.

이번 Part 2에서는 아이디어 노트에 적힌 7개의 아이디어 상품 사례를 통해 아이디어의 발상 단계에서부터 제품화 단계에 이르기까지의 과정을 상세하게 살펴보기로 하겠습니다.

아이디어는 현재 자신이 처해 있는 환경 속에서 주로 발현이 되는데요. 일상에선 주어진 일에서 관찰과 발견으로 순간적으로 촉발된 발상이 곧 아이디어입니다. 미국의 한 양치기 소년이 울타리를 뛰어넘는 양들 때문에 골머리를 앓다가, 가시가 있는 넝쿨 울타리를 피해 달아나는 양들을 보고 가시가 있는 철사를 만들었죠. 이후 가시 철사는 철조망이 되었고, 그것을 특허출원 함으로서 조셉은 세계적인 거부가 되었습니다. 이처럼 일상이나 주어진 일 속의 세심한 관찰력에서 비롯된 아주 사소한 생각 하나가 세계적인 발명품이 된 예는 헤아릴 수 없을 만큼 많습니다.

일상 생활에서 나온 아이디어든 업무를 통한 아이디어든 아이디어는 모두 좋습니다. 당신이 직장에 몸담고 있다면 이 아이디어를 토대로 직장(직업) 내에서 성과를 내는 것이 가장 좋은 방법일 텐데요. 직장은 아이디어를 실행하는데 있어서도 최적의 장소라고 할 수 있습니다. 인프라나 브랜드, 뛰어난 인력도 보유하고 있으며, 개인과는 비교도 할 수 없을 만큼 넉넉한 투자금도 보유하고 있기 때문에 아이디어가 실현될 수 있는 최적의 조건을 갖추고 있습니다.

그리고 그것이 비즈니스 성과로 이어진다면 조직 내에서 인재로 인정 받거나 포상이라는 행운으로 이어질 수 있죠. 저도 아이디어 노트에 적은 작은 아이디어가 실제 회사 내에서 성과로 이어져 인정을 받는 것은 물론 포상까지 받을 수 있었는데요. 그것은 바로 제가 가장 애착을 가지고 있는 '톡 간편 주문'이라는 아이디어입니다.

'톡 간편 주문' 아이디어는 일상 생활 속에서 아이디어를 발견했지만 직장 내에서 투자를 받아 실현시킨 대표적인 사례라고 할 수 있습니다.

01
세계 최초라는 타이틀을
달게 해준 '톡 간편 주문 서비스'

Thinking 발상

채팅으로 상품을 주문할 수는 없을까?

 '톡 간편 주문'이라는 아이디어는 TV홈쇼핑을 자주 시청하시는 장모님께서 자동주문 ARS를 전혀 사용하지 못하는 것을 보고 떠올린 아이디어였습니다. 저는 TV홈쇼핑 상품을 구매해본 적이 없기 때문에 자동주문 ARS 자체를 몰랐었죠. 그런데 장모님께서 홈쇼핑 상품을 주문하실 때 매번 아내에게 부탁하는 모습을 보고 자동주문 ARS에 관심을 갖게 되었습니다.

 자동주문 ARS는 자동화된 음성 안내 방식으로, 상품 및 옵션을 고르고 배송지 주소를 선택하는 등, 주문에서 결제에 이르는 모든 과정이 음성으로만 안내가 되는 것입니다. 그러다 보니 상품을 주문하는 내내 수화기를 통해 들려오는 안내 음성에 집중해야 했고 혹시 놓치는 안내라도 있으면 재청취를 해야 했습니다. 오직 음성으로만 들리기 때문에 상품, 색상, 옵션이 여러 개라도 있으면 그것을 일일이 다 들어본 후에야 항목에 맞는 숫자 번호를 입력해야 했죠. 그러다 보면 당연히 주문하는데 걸리는 시간이 길어질 수밖에 없었습니다. 특히 TV홈쇼핑 방송은 생방송으로 상품을 판매하고 간혹 인기 있는 상품은 매진되는 경우가 발생하기 때문에 마음이 급한 TV홈쇼핑 고객들을 위해서는 좀더 빠르고 편하게 주문하는 방식이 필요한 상황이었는데요. 그 대안으로 모바일앱을 통해 주문하는 방식도 제공되고 있지만, 여전히 많은 고객들이 불편한 자동주문 ARS를 사용하고 있었습니다.

그러던 어느 날, 저는 회사에서 다른 조직 동료들과 함께 모바일 메신저 채팅을 이용해서 상담용 솔루션을 검토하는 미팅을 갖게 되었습니다. 채팅을 할 때 사람이 아닌 자동 응답용 서버라는 가상의 친구가 정해진 메시지 규칙에 따라 자동으로 메시지에 응답해주는 방식이었죠. 사실 이 기술은 10년 전부터 있었던 방식이었기 때문에 특별한 기술은 아니었는데, 회의 도중 갑자기 번개처럼 스치는 생각이 있었습니다. 그건 바로 '왜 저걸 상담용으로만 사용해야 하지? 채팅을 이용해서 주문을 할 수는 없을까?'라는 생각이었습니다.

그리고는 무엇인가에 홀리기라도 한 것처럼 어떤 장면들이 머릿속에 계속 스쳐 가더군요. '저걸로 TV홈쇼핑을 주문하는 ARS를 대체할 순 없을까?' '친구와 채팅하듯 상품을 주문할 수는 없을까?'와 같은 생각들이 꼬리를 물었습니다. 그리고는 TV홈쇼핑 상품 주문을 어려워하시던 장모님이 스마트폰으로 친구분들과 카카오톡을 즐겨 쓰시던 기억이 떠올랐습니다.

그래서 'TV홈쇼핑 상품 주문을 음성 안내로 진행하는 자동주문 ARS가 아니라, 카카오톡으로 채팅하듯 주문하고 카카오페이로 결제하면 주문

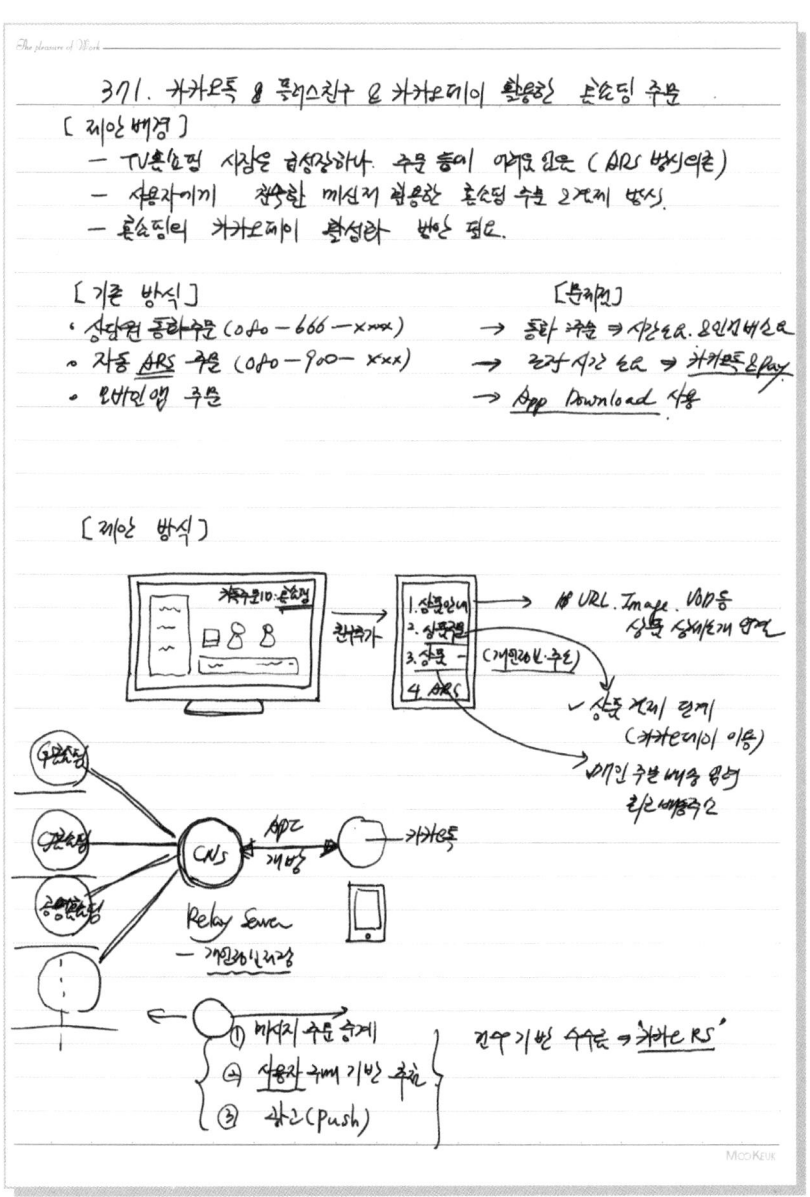

카카오톡을 활용한 채팅 주문 아이디어

이 더 쉽지 않을까?' 하는 생각에 아이디어 노트에 371번째 아이디어로 적어 두었습니다.

다행히 제가 다니는 LG CNS는 공인인증서 '가'군을 인정 받은 간편결제 솔루션인 '엠페이(MPay)'를 통해 카카오와 제휴를 함으로써 '카카오페이'라는 서비스를 제공 중에 있었습니다.

'기술적으로 서비스 구현이 가능하다면 이건 정말 대단한 아이디어야'라는 약간 자만(?)에 가까운 생각까지 들었습니다. 아이디어가 떠오른 그 순간의 느낌은 지금도 잊혀지지가 않는데요. 아르키메데스가 욕조에서 '비중의 원리'

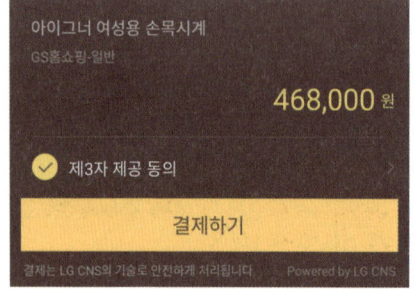

LG CNS와 카카오 제휴를 통해 제공 중인 카카오페이 서비스

를 발견하고 뛰쳐나오며 유레카를 외쳤을 그 때만큼이나 희열이 넘쳐났습니다. 저는 즉석에서 '톡 간편 주문'이라는 이름을 지었습니다.

Processing 과정

그런데 저는 TV홈쇼핑을 이용해본 적이 없을 뿐만 아니라, TV홈쇼핑 산업에 대한 지식이 전무했습니다. 또한 서버가 자동으로 응답하게 하는 채팅용 API에 대한 지식도 없었습니다. 아이디어를 실현하는데 있어 가장 큰 어려움이었죠.

하지만, 아이디어에 대한 강한 확신과 설명하지 못할 애착 때문에 그런 상황은 중요하지 않았습니다. 저는 기초가 되는 자료부터 수집하기 시작했는데요. 일단 접근하기 쉬운 웹 서핑을 통해 TV홈쇼핑과 관련된 많은 자료를 뒤져봤습니다. 처음에는 무척 생소한 용어들이 많았는데 자료를 모아 정리할수록 시장에 대해 이해할 수 있게 되더군요. 무엇보다 TV홈쇼핑 업체가 국내에만 7개가 있고, 연간 시장 규모가 10조원이 넘는다는 사실에 놀랐습니다.

카카오톡의 API를 이용해서 채팅하듯 주문할 수 있는 자동화된 시스템이 기술적으로 구현 가능한가에 대한 기술적 검증도 필요했는데요. 운이 좋게도 ㈜카카오에는 평소 친분관계가 있던 지인이 있었는데, 그 지인이 바로 플러스친구라는 기업계정 서비스를 담당하는 파트장이었습니다. 그를 만나 톡 주문이라는 서비스의 사용자 시나리오 컨셉을 화이트보드에 그려 설명했습니다. 파트장은 기술적으로 충분히 가능한 방식이라는 긍정적인 답을 주었습니다.

플랫폼 비즈니스 모델을 만들어라

이제 남은 것은 가장 어렵고 오래 걸리는 비즈니스 모델링이었습니다. 이 책의 Part 5에서 비즈니스 모델의 개념과 비즈니스 모델링의 방법을 자세히 설명하겠지만, 비즈니스 모델링은 아이디어를 실현시키는 과정에서 가장 중요하고 고민이 필요한 단계입니다. '톡 주문' 아이디어를 상용화한다면 당연히 TV홈쇼핑 업체가 서비스를 제공하게 되고 홈쇼핑 고객이 이용하겠지만 그것을 상용화하기 위해 누가 투자를 하고, LG CNS는 어떤 역할을 하는지에 대한 비즈니스 틀이 필요합니다. 일반적으로 이런 서비스는 ① TV홈쇼핑업체에게 구축비 및 운영비를 받는 원가 중심의 구축형 모델과 ② 자체 투자를 통해 플랫폼을 직접 만들고 이를 TV홈쇼핑 사업자에게 제공하여 수수료 모델로 수익을 창출하는 플랫폼형 비즈니스 모델로 접근할 수 있습니다. 구축형 모델은 TV홈쇼핑 업체가 예산을 가지고 있고, 서비스에 대해 투자를 결정하면 가장 빠르게 진행할 수 있는 장점이 있으며, 원가에 마진을 올리는 구조이기 때문에 적자의 위험성이 매우 적다고 할 수 있습니다. 다만 플랫폼 소유자가 LG CNS가 아니라 TV홈쇼핑 업체이기 때문에 비즈니스 규모가 일정 수준 이상 커지기 어렵다는 단점을 가지고 있습니다.

반면 후자인 수수료 기반의 플랫폼형 비즈니스 모델은 경우에 따라 비즈니스 규모도 커질 수 있고, 플랫폼을 소유함으로써 지속적인 비즈니스를 기회를 창출할 수 있지만, 내부 투자 승인을 이끌어내야 하고 플랫폼 투자비에 걸맞는 수익 모델을 확보해야 합니다. 전자보다 훨씬 어렵고 투자 리스크가 있는 모델이죠. 만약 '톡 주문'과 유사한 서비스 사례가 있다면 그 사례를 연구하여 유사한 모델을 만들 수 있었겠지만 비즈니스 모델 자체를 새롭게 만들어야 했습니다. 저는 후자인 플랫폼 비즈니스 모델로 비즈니스 모델링을 하고 내부 투자를 받았습니다. '톡 주문'에 대한 비즈니스 모델링 사례는 Part 5를 참조하시길 바랍니다.

이 외에도 아이디어를 실현시키는 데는 많은 난관이 있었습니다. 지금은 저의 톡 주문이란 아이디어가 GS홈쇼핑을 통해 상용화되어 홈쇼핑 사업자로부터 환영 받는 서비스가 되었지만, 아이디어가 처음부터 동료들이나 직장 상사로부터 좋은 반응을 얻은 것은 아니었습니다. 결론적으로 의견이 반반으로 나뉘어졌는데요. '오! 좋은 아이디어인데 이건 될 거 같아!'라는 반응도 있었고, 'ARS가 더 편하지 않아?' '별로 돈 안 되겠는데?', '홈쇼핑 사업자가 왜 해?', '카카오가 직접 해야 하는 거 아냐?', '용역 모델로 만들면 되지 왜 그걸 수수료를 내?'라는 반응도 있었습니다. 물론 아이디어는 좋은데 이것 저것 안 되는 이유를 나열하는 부정적인 반응이 대부분이었죠. 이런 부정적 반응 때문인지 '아이디어가 틀린 것인가?'라는 의구심도 들었고 그런 분위기 때문에 중간에 포기할까 하는 고민도 했었습니다.

결국 아이디어의 가치는 스스로 입증할 수밖에 없습니다. 저는 우선 톡 주문에 대한 사용자 시나리오를 먼저 작성한 후 홈쇼핑 담당자를 무작정 찾아 다녔습니다. 홈쇼핑 담당자 연락처를 찾는 일조차도 쉬운 일이 아니었는데요. 다행히 카카오페이 영업 담당자를 통해 홈쇼핑 몇 곳에 제안을 할 수 있었습니다. 그리고 GS홈쇼핑 프로세스혁신팀의 이주환 과장님이 톡 간편 주문 제안을 받고 GS홈쇼핑의 단독 런칭 조건으로 계약이 진행되었습니다. '톡 주문' 아이디어의 가치를 알아봐준 이주환 과장님 덕분에 톡 주문은 GS홈쇼핑을 통해 세상에 나올 수 있었고, 지금도 그분과 함께 서비스의 개선 및 활성화를 위해 애쓰고 있습니다.

추상적인 컨셉만으로 존재했던 톡 주문이라는 아이디어가 서비스 기획, 개발, 테스팅의 과정을 거치면서 실제 서비스로 구체화되어 갔습니다. 물론 그 과정에서 초기에 예상치 못했던 기술적인 이슈도 발생했죠. TV홈쇼핑 시스템이 생각보다 복잡했기 때문에 초기에 예측했던 투자비보다 훨씬 많은 비용이 발생하기도 했습니다. 그렇지만 운이 좋게도 그 시점부터 경영진과 동료들의 투자 가치가 있다는 것에 대한 공감대가 이뤄지면서 기술적인 이슈 해결과 함께 추가 투자에 대한 적극적인 지원이 시작되었습니다.

또한, 톡 주문 내에 GS홈쇼핑 실시간 방송을 볼 수 있는 카카오TV가 연결되면서 서비스의 가치는 더욱 빛나게 되었죠. 집 안에 있는 TV가 아니라 지하철이든 택시 안이든 언제 어디서나 카카오TV로 홈쇼핑을 보고 톡 주문으로 주문하는 서비스가 가능해진 것입니다.

Products 상품

TV홈쇼핑 상품을 채팅으로 주문하는 '톡 주문'

'톡 간편 주문' 아이디어는 TV홈쇼핑 상품을 보고, 카카오톡으로 채팅하듯 상품을 주문 및 결제할 수 있는 서비스를 의미합니다.

'톡 주문' 서비스는 음성으로 안내되는 자동주문 ARS의 불편한 점을 해결합니다. 카카오톡에서 플러스 친구 'GS SHOP'을 검색하여 채팅 친구로 추가한 뒤, 채팅 창에 안내되는 메시지에 따라 채팅하듯 주문합니다. 안내 메시지에 있는 번호를 입력하여 상품과 옵션을 선택하고, 배송지 주소를 선택하거나 새로운 배송지 주소를 채팅창에 입력하면 됩니다. 그리고 카카오페이나 무통장입금과 같은 결제 수단을 선택하여 TV홈쇼핑 상품을 주문하게 되는 것이죠.

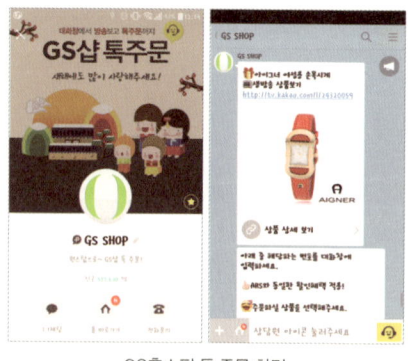

GS홈쇼핑 톡 주문 화면

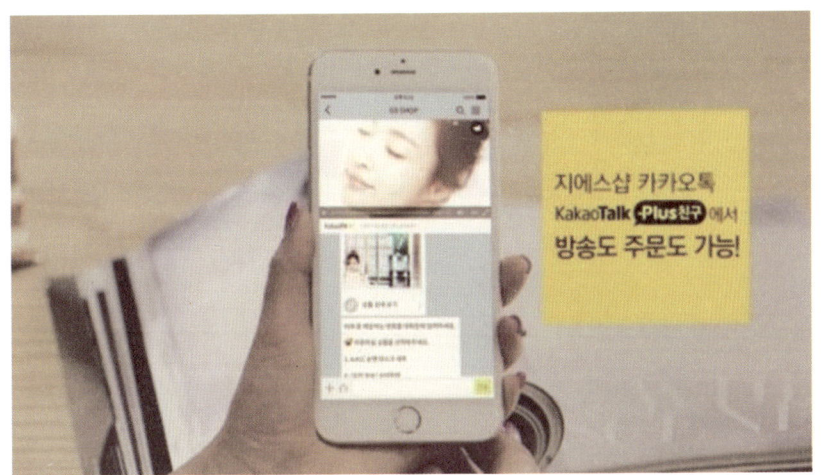

GS SHOP TV방송에 상영되는 톡 주문 소개 영상

일간지에 소개된 톡 주문 홍보 기사

'채팅하듯 주문할 수 없을까?' 하는 단순한 이 아이디어가 가져온 결과는 놀라왔습니다. 아이디어를 발상한지 3개월 만에 투자 승인을 받을 수 있었고, 3개월 간의 개발 과정을 통해 2015년 11월 19일에 GS홈쇼핑에 최초로 상용화가 되었습니다. 아이디어가 떠오른 지 약 7개월여 만에 플랫폼

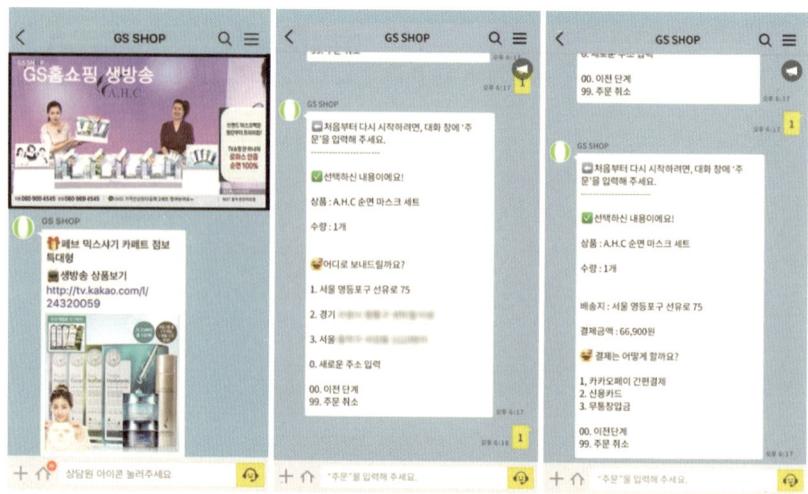

톡 주문 서비스 소개 화면

비즈니스 모델로 세상에 나오게 된 것입니다. 이 때의 성취감은 이루 말할 수 없을 만큼 컸고 뿌듯했습니다.

　GS홈쇼핑을 통해 톡 주문 서비스가 상용화되면서 다른 홈쇼핑 업체에서도 높은 관심을 보였습니다. 2015년 12월에는 CJ오쇼핑과의 계약이 체결되고 공동 TF가 구성되어 톡 주문 프로젝트가 착수되었습니다. 이 책이 출간될 쯤에는 CJ오쇼핑에서도 오픈 막바지 준비가 한창일 것입니다.

　또한 톡 주문은 2016년 2월, MBC뉴스데스크 '앵커의 눈' 코너를 통해 소개되기도 했는데요. 스마트폰 기반의 O2O(Online to Offline) 서비스의 대표적 사례로서 6분 이상 걸리는 상담원 주문에 비해 1분 이내에 결제까지 완료되는 톡 주문이 얼마나 편하고 빠른지를 알려주는 방송이었습니다.

　톡 주문 서비스 모델이 플랫폼 기반의 비즈니스 모델이다 보니 경쟁 사업자의 진입을 막기 위한 진입장벽 구축이 중요했습니다. 그래서 아이디어가 구체화되던 2015년 7월 30일에 비즈니스 모델과 시스템에 대한 특허를 출원하게 되었고, 실제 시스템을 구현하면서 시스템에 대한 2차 특허를 출

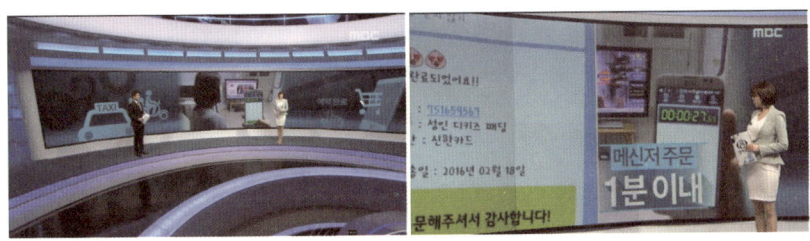

MBC 뉴스데스크 앵커의 눈 코너에 소개된 '톡 주문'

원하게 되었는데요. '상품 주문 방법, 이를 수행하는 상품 주문 시스템 및 이를 수행하는 프로그램'이란 특허명으로 특허청에 공식 출원되었습니다.

이렇게 저의 단순했던 아이디어 하나가 실제 비즈니스 모델로 만들어졌을 뿐만 아니라, 상용 서비스와 특허 출원까지 이어지게 되니 직장에서도 주목을 받게 되었습니다.

우선 사내에서 진행되는 학습 활동과 혁신 활동에서 포상을 2개 받게 되었습니다. LG CNS에서는 매년 300여개 팀에서 진행되는 학습 조직 성과를 발표하는 '배움과 나눔의 장'이라는 경진대회가 있는데요. 2015년도 배움과 나눔의 장에서 결선에 최종 진출하여 '아이디어에서 비즈니스로! 톡 간편 주문'이라는 주제로 사장님 표창인 '금상'을 수상하게 되었습니다. 2014년에는 '키즈용 웨어러블'이라는 아이디어를 사업화하는 과정에서 학습하게 된 내용을 발표해서 '금상'을 수상했는데, 2연패라는 성과를 올리게 된 것이죠.

그리고 제가 소속되어 있던 하이테크사업본부에는 'CI(Convergence Innovation)'라는 혁신 활동 프로그램이 있는데요. CI는 '융합을 통해 혁신을 이뤄낸다'는 기치 아래 팀별로 신사업 모델을 발굴하고 이를 공유하는 프로그램으로, 3차에 이르는 심사에서 모두 1등을 하게 되어 부사장님 상인 '최우수상'을 받게 되었습니다.

신사업 발굴 성과와 사내 포상 성과를 인정 받게 되면서 연말 개인 성과 평가에서도 좋은 평가를 받게 되었을 뿐만 아니라, 사내 인턴 및 LG인화원 대리 진급 과정 등 사내·외 강의에서 '톡 주문' 서비스 사례로 강의하는 기회도 갖게 되었습니다. 이 모든 것이 아이디어 노트 덕분이었던 거죠.

물론 직장인으로서 평가나 포상도 나름 중요한 것이지만 아이디어를 비즈니스로 만드는 과정에서 배운 경험은 그 어떤 것과도 바꿀 수 없는 소중한 가치였다고 생각합니다. 이렇게 문득 떠오른 아이디어 하나를 그냥 지나쳐 버리지 않고 노트에 기록하고, 이것을 실현하기 위해 노력하면 예전과는 다른 성취감을 느끼게 됩니다. 아이디어 노트의 중요성을 새삼 실감하는 계기가 되죠. 톡 주문과 같은 번뜩이는 아이디어가 떠오르기까지 또다시 수 십 개의 아이디어를 적어야겠지만 어느 날 문득 그런 아이디어가 또 찾아온다면 보다 더 체계적이고 자신감 있게 사업 모델로 만들 수 있을 것입니다.

그리고 그런 경험들은 이 책을 쓰는데 매우 중요한 소재와 스토리가 되어 주었습니다. 1,000가지 아이디어 노트를 쓰지 않았다면 과연 제게 책을 출간할 기회가 주어졌을까요? 우연처럼 찾아온 기회들로 보이지만 아이디어 노트 자체가 없었다면 결코 일어날 수 없는 필연적인 결과들이었다고 저는 생각합니다.

당신 머리 속에 문득 떠올랐다가 잊혀져 버리는 그 수많은 아이디어 속에는 당신의 직장 생활을 변화시킬 아이디어가 숨어 있는지도 모릅니다. 그냥 묻어 버리기엔 그 아이디어가 너무 아깝지 않나요?

02
창업경진대회를 통해 탄생한 직장인 출근 서비스 '비라인(Beeline)'

좋은 아이디어지만 모든 아이디어가 회사에서 실행될 수 있는 것은 아닙니다. 아이디어 자체의 문제도 있지만 회사의 전략적인 사업 방향이나 조직의 내부 상황에 따라 접어둬야만 하는 아이디어들도 생길 수 있는데요. 이런 아이디어들 중 일부는 외부 활동을 통해 성과를 만들어낼 수도 있습니다.

저는 4년 동안 한이음IT멘토링(www.hanium.or.kr)이라는 대학생 대상의 IT 실무 멘토링에 참여하고 있습니다. 한이음IT멘토링은 IT 분야 기업 실무자(멘토)와 IT 분야 취업을 원하는 대학생(멘티) 간에 이루어지는 IT 프로젝트 기반의 실무 멘토링 제도인데요. 저는 대학생들에게 서비스 기획이라는 직무를 가르치고 있습니다. 그런데 기획이란 직무를 실무 없이 강의로만 가르치는 게 너무 딱딱한 느낌이 들어서 '어떻게 해야 기획 실무를 재미있게 배울 수 있을까?' 하는 생각에 기획 멘토링을 대학생들에게 익숙한 공

'공모전으로 배우는 기획 실무' 멘토링 프로젝트 강의 모습

모전과 연결시켰습니다.

대학생들이 많은 관심을 가지고 있는 공모전은 대학생들에게 창의적인 기획의 핵심인 발상과 설득 방법에 대한 좋은 실험 무대가 되기 때문입니다. 많은 사람들이 공모전을 '입상'을 통한 스펙 쌓기나 포상금과 같은 부수입을 생각하는 경향이 있는데, 제가 생각하는 공모전의 가치는 바로 '아이디어를 냉정하게 검증하는 무대'라는 것입니다.

아이디어를 제안서나 기획서 형태로 구체화 해보면 마치 회사 내에서 경영진으로부터 사업계획서에 대한 평가를 받듯이 심사위원이나 해당 분야의 전문가로부터 냉정한 평가를 받게 됩니다. 아이디어의 핵심 가치를 인정받게 되거나 문제점을 인식할 수 있게 되는 것이죠. 학생들에게는 회사에서 흔히 일어나는 보고 과정을 미리 경험해볼 수 있다는 장점이 있는데요. 이런 과정을 통해 공모전에 여러 번 참가하다 보면 아이디어를 냉정하게 바라볼 수 있는 눈을 갖게 됩니다. 즉 기획 직무의 핵심 과정을 경진대회나 공모전을 통해 배우게 되는 것이죠. 특히 비즈니스 아이디어 공모전의 경우에는 '발상-스토리 구상-구체화-설득'이라는 기획의 전 과정을 가볍게나마 경험할 수 있으며, 입상을 하게 되면 취업에도 큰 도움이 됩니다.

그래서 저는 공모전을 기획 실무로 연결하는 컨셉으로 '공모전으로 배우는 기획 실무'라는 멘토링 프로젝트를 개설하여 4년 째 운영하고 있습니다. 4년 동안 약 60여 명의 멘티들이 이 과정을 거쳐 갔는데요. 멘티들은 각종 공모전에 도전하여 매년 3~4개 정도의 입상 성과를 거두었습니다.

아래의 사례들은 한이음ICT멘토링에 참여하는 대학생 멘티들과 함께 준비해서 공모전에서 좋은 성적을 거둔 아이디어 기획서입니다. 그 중 '제 1회 공공데이터를 활용한 창업경진대회'에서 아이디어 부문 대상(국무총리상)을 받은 '비라인(Beeline)' 서비스는 이용자가 출근길 경로를 설정하면 날씨·교통 등과 같은 공공데이터를 활용, 출근시간에 날씨, 교통 상황 등을 자동으로 분석해서 알려주는 상황 인지 기반 서비스입니다.

Thinking 발상

날씨와 교통 정보를 상황에 맞춰 제공할 수는 없을까?

언젠가 저는 일간지 신문을 통해 '공공데이터를 활용한 창업경진대회' 광고를 우연히 보게 되었습니다. 국토교통부, 안전행정부, 청년위원회, 중소기업청이 공동으로 주관하는 공간정보, 관광, 교통, 부동산 등의 공공데이터를 활용한 청년 사업아이템 개발 경진대회였습니다. 신문 광고를 볼 당시에는 '공공데이터'라는 단어가 생소하고 딱히 아이디어가 없었기 때문에 광고를 오려두기만 하고 한동안 잊고 지냈었죠.

그런데 막상 멘토링을 시작하니 멘토로서 최소한의 성공 사례는 보여줘야겠다는 필요성을 느끼게 되었습니다. 기획을 공모전으로 연결해 놓고 수상 사례 자체가 없는 것은 멘토로서 뜬구름 잡는 얘기를 하는 것 같아 저 스스로 창업경진대회나 공모전의 수상 사례를 만들어야 한다는 생각을 하게 되었는데요. 그래서 규모가 가장 큰 공공데이터를 활용한 창업경진대회에 도전했습니다.

저는 우선 공공데이터를 활용한 서비스 사례를 먼저 집중적으로 조사

했습니다. 공공데이터는 날씨, 교통, 관광과 같이 공익적이거나 행정적인 정보를 기반으로 대국민 서비스를 만들 수 있도록 데이터 및 API를 개방해주는 것입니다. 공공데이터를 활용한 대표적인 서비스는 고등학생이 개발하여 화제가 된 '서울버스'라는 어플입니다. 이 밖에도 공공데이터 서비스 사례가 많이 있지만, 이처럼 생소한 분야에서 갑자기 탁월한 아이디어를 발상하는 것은 쉽지 않은 일입니다. 머리 속에 떠오르는 대부분의 아이디어는 이미 있거나 너무 특정 사용자 층에 치중되어 일반 대중이 필요로 하는 서비스를 만들기가 어려웠습니다. 그래서 탁월한 발상이 떠오르기를 기다리는 것보다 조사를 충분히 해보고 있었죠.

그런데 기존 사례를 조사하던 중에 공공데이터 서비스에는 세 가지 패턴이 있다는 것을 발견하게 되었습니다. 그 세 가지 패턴은 다음과 같습니다.

- **패턴 1** 정보 단순 제공형

일반 사용자들이 공공데이터에 대한 접근 및 이용이 쉽도록 교통정보나 날씨정보와 같은 공공데이터를 모바일앱 등의 채널을 통해 제공하는 패턴입니다. 특히 교통이나 날씨 정보는 대부분 사용자들이 원하는 공공데이터로서 스마트폰을 통해 정보를 빠르고 쉽게 확인하고자 하는 욕구가 뚜렷합니다. 이 모델은 누구에게나 필요한 콘텐츠여야 하고, 편하고 쉽게 볼 수 있

※ 공공데이터 정보 단순 제공 형

: 공공데이터를 사용자가 사용하기 쉽도록 기능 및 UI를 제공

는 기능이어야 하며, UI를 잘 만들어야 합니다.

정보 단순 제공형의 대표적인 서비스로는 서울 버스(버스 도착 알림), 네이버 버스(교통 정보), 웨더 뉴스(날씨), 대한민국 구석 구석(관광 정보), 서울 데이터팝(관광 정보) 등이 있습니다.

• **패턴 2 매쉬업(Mash-up) 형**

매쉬업 서비스라는 것은 Open API와 같은 서비스 플랫폼을 활용하여 다른 서비스를 결합한 후 새로운 서비스를 만들어내는 것을 의미합니다. 즉, 공공데이터도 Open API 서비스나 스마트폰 기능을 활용하여 공공데이터를 결합시킴으로써 새로운 서비스를 만들어내는 것이죠. 특히 Google 지도나 페이스북과 같은 SNS의 Open API를 활용하는 경우가 많습니다. 이 패턴은 결국 어떤 서비스와 어떤 기능을 융합할 것인지가 핵심입니다.

대표적인 공공데이터 서비스로는 아파트 실거래가(지도+부동산), 테이크 웨더(날씨+사진), 포토티켓(티켓+교통/맛집), 만족하십니까?(화장실+SNS), We Find(분실물+사용자 제보) 등이 있습니다.

• 패턴 3 멀티 사이드 플랫폼(Multi-side Platform)형

멀티 사이드 플랫폼형은 서로 다른 두 그룹이 거래하거나 교환할 수 있도록 플랫폼을 제공하는 것입니다. 예를 들어 숙박 공간을 빌려주는 에어비엔비(AirBnb)나 치킨을 주문할 때 이용하는 배달의 민족, 그리고 중고나라 같은 플랫폼이 대표적인 예인데요. 파는 사람과 사는 사람을 연결해주거나 구직자와 구인자를 연결해주는 것이죠. 이런 모델은 인터넷이 활성화되면서 거래 정보를 탐색하거나 거래를 성사시키는 것이 용이해지면서 비즈니스 모델로 각광 받았습니다.

다만, 이 모델은 치킨 에그 딜레마(Chicken-egg Dilemma)를 극복하는 것이 가장 중요합니다. 양 쪽 그룹 중 한쪽이 먼저 모여야 상대방에 대한 거래 니즈가 발생하게 되고, 반대 쪽 그룹이 이에 응하면 플랫폼이 제대로 작동하게 되죠. 그래서 무료 등의 정책으로 한쪽 그룹을 먼저 충분히 모아야 플랫폼으로서의 성공 가능성이 있습니다.

공공데이터를 활용한 멀티 사이드 플랫폼 사례로는 모두의 주차장(주차장 보유 업체 ↔ 차량 운전자), 거주자 우선 주차장(거주자 우선주차 보유자 ↔ 차량 운전자), 학교 운동장 예약시스템(학교 시설물 관리자 ↔ 조기 축구회), 게스트하우스, 회의실, 애완동물 돌봄, 아이 돌봄 등이 있습니다.

※ 공공데이터 결합 멀티사이드 플랫폼 형

: OpenAPI나 스마트폰 기능을 공공데이터와 결합하여 새로운 서비스 유형을 제공

이렇게 도출된 3가지 패턴을 이용하여 기존에 존재하던 공공데이터 서비스에 대입해보니 이 패턴을 벗어나는 경우는 거의 없었습니다. 가지각색으로 보이는 서비스들도 공통된 패턴을 발견하여 범주화 시키면 비슷한 점이 많다는 점을 발견할 수 있죠.

공모전 응모 일정이 얼마 남지 않게 되자 아이디어 발상의 범위를 좁혀야 했습니다. 도출된 이 세가지 패턴 중에 하나의 영역을 골라서 경쟁할 것인지, 아니면 제 4의 패턴을 만들어 차별화 할 것인지 선택이 필요했죠. 당연히 유사한 모델로 승부를 하는 것보다는 신선하고 새로운 패턴을 제시하는 것이 승률이 높다는 판단을 하게 되었습니다. 창업경진대회 서류를 제출하는 날까지 매일 기존에 만들어진 공공데이터 서비스를 이용해 보았습니다. 그런데 서비스를 비교해 보다가 개별 어플리케이션에서 제공되는 공공데이터는 '왜 상시 노출되어야 하는 것일까?'라는 의문점이 생기더군요.

예를 들어, 날씨 정보의 경우에 사용자들은 언제 이 정보를 확인할까요? 아마 대부분 출근이나 학교를 가기 전, 즉 집을 나서기 전이나 퇴근할 때쯤 확인할 것입니다. 이미 출근하는 중이거나 회사를 나온 상황이라면 비가 오더라도 우산을 가지러 다시 돌아갈 수는 없죠. 차라리 돈 주고 우산을 새로 사는 게 나은 선택일 것입니다. 즉 우산을 챙겨야 한다는 걸 알려주는 날씨 정보는 집을 나서기 전이나 회사를 나서기 전의 상황에서만 정보로서의 가치가 있다는 것입니다.

마찬가지로 버스 도착 알림 정보도 버스를 타러 가는 상황이거나 버스를 기다리는 상황일 때 필요한 정보입니다. 이미 버스를 타 버렸거나 버스에서 내렸다면 버스 도착 정보는 더 이상 사용자에게 무의미한 정보가 됩니다. 결론적으로 어떤 공공데이터든 항상 그 정보가 필요한 게 아니라 '정보가 반드시 필요한 시점이나 장소가 있다!'는 것이죠.

그런데 기존 공공데이터를 활용한 서비스들은 사용자가 정보를 필요로 하는 시점이나 장소와 무관하게 서비스 메뉴를 누르면 어플리케이션 화면

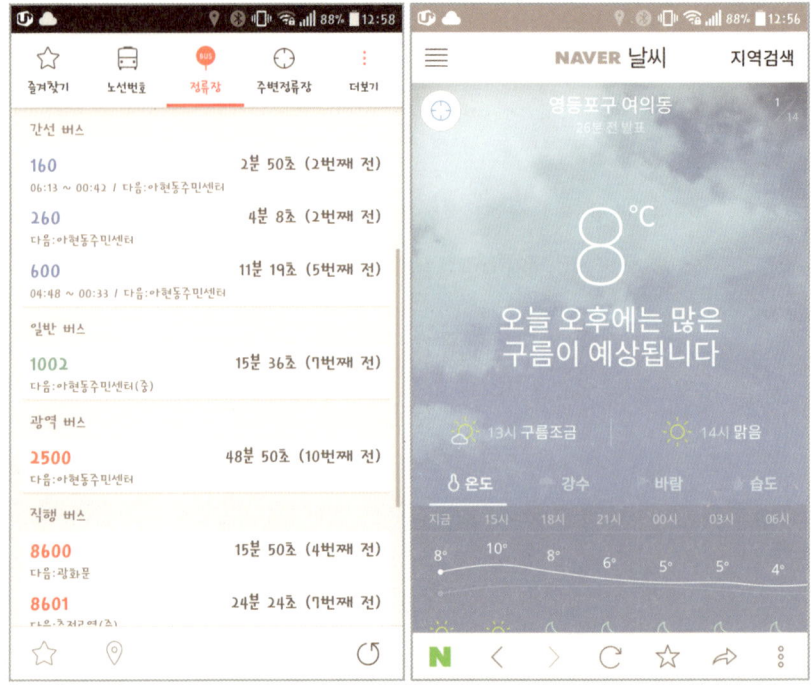

버스 도착 정보와 날씨 정보 제공 화면

을 통해 정보를 상시적으로 제공하고 있다는 것이 눈에 띄었습니다. 그래서 저는 공공데이터를 사용자 상황 인지(Context-Awareness)라는 키워드와 연결 짓게 되었습니다.

Processing 과정

그런 추론 과정을 통해 저는 사용자의 상황에 맞는 공공데이터를 제공해야 한다는 새로운 패턴을 정의했습니다. 이를 상황 인지 기반 서비스(Context-Awareness Service)라고 하며, 사용자의 상황 맥락에 맞게 최적의 정보를 제공하는 서비스를 의미합니다. 사용자의 상황은 스마트폰에 탑재된 GPS나 Wi-Fi 위치 추적, 자이로센서 등을 통해 사용자의 위치와 움직임 등을 파악해서 사용자의 상황을 추정하게 되는데요. 최근 저전력 블루투스(Bluetooth Low Energy)를 활용한 비콘(Beacon)도 사용자의 상황을 쉽게 인지할 수 있는 대표적인 기술입니다. 사용자가 매장에 들어온 상황을 인지하여 할인 쿠폰이나 이 매장에서 사용할 수 있는 멤버쉽 카드를 추천해주는 것이 상황 인지 기반 서비스의 예라고 할 수 있죠.

그런데 문제는 'GPS나 Wi-Fi로 사용자의 상황을 정확하게 인지할 수 있을까?' 하는 의문이 들었습니다. 단순히 위치 정보로 사용자의 상황을 파악했을 때 '사용자 상황 인지에 대한 정확도에 문제는 없을까?' 하는 것이죠. 심사위원들이 가장 궁금해할 수 있는 문제라고 생각되었습니다. 왜냐하면 상황 인지 기반 서비스는 IT 분야에서 구현해 보려고 도전했던 영역으로 새로운 개념이 아니었기 때문입니다.

그리고 '모든 사용자가 상황 인지 기반 서비스를 원하는 것일까?'에 대한 답이 필요했습니다. 왜냐하면 좋은 서비스는 사용자가 가진 문제점을 해결해주는 가치를 제공해야 하기 때문입니다. 그런데 '모든 사용자를 수용할 수 있을 만큼의 가치를 제공해 줄 수 있는 것인가?' 에 대해 스스로 확신할 수가 없었죠. 그래서 사용자와 상황을 세분화했습니다. 특정 상황이 반복적으로 발생하는 사용자 그룹은 누구이며, '교통 정보, 날씨 정보와 같이 공공데이터 정보를 반복적으로 필요로 하는 고객층은 누구일까?' 하는 질문을 던진 것이죠.

그것은 바로 직장인이었습니다. 매일 대중 교통을 이용하여 출퇴근을 반복하고, 대중 교통을 타러 가기 위해 반드시 일정 거리를 걸어야 하기 때문에 날씨를 확인해야 하고, 늦지 않기 위해 버스 도착 알림 정보를 확인해야 합니다. 특히 직장인들은 출근 시간에 매우 규칙적인 상황 패턴을 보여줍니다. 정해진 출근 시간에 늦지 않기 위해 특정한 시각에 기상하고, 출근 준비

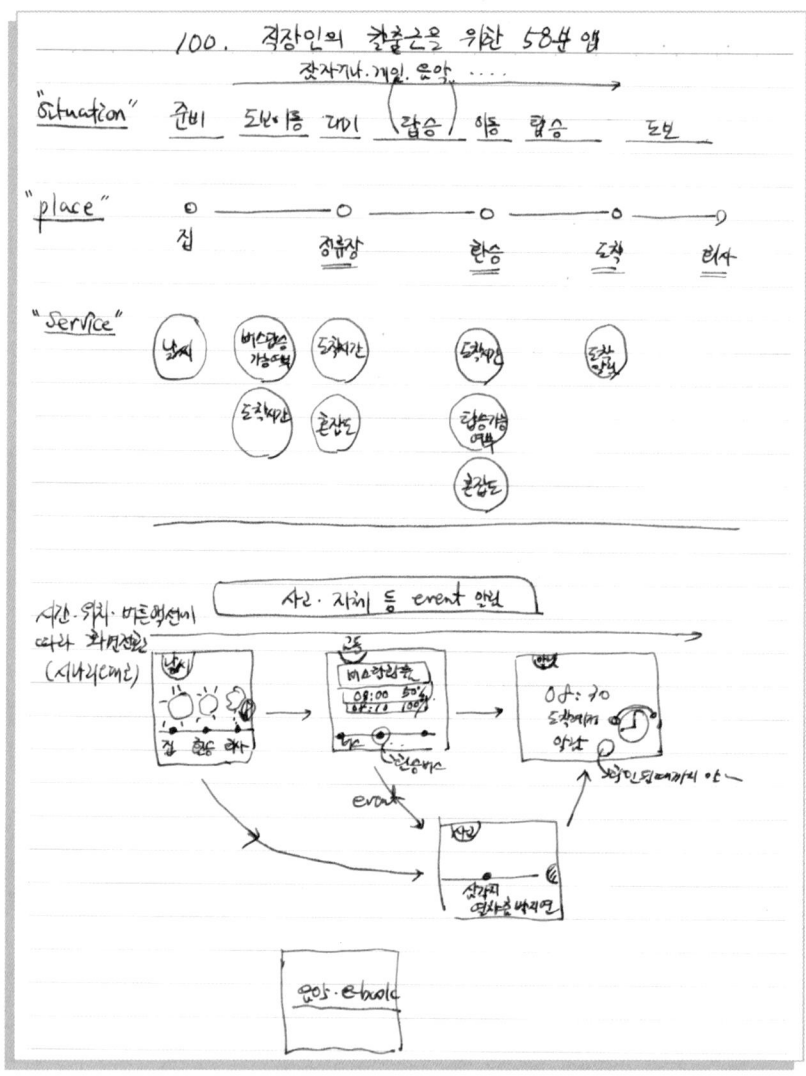

100번째 아이디어 노트 '비라인'

를 하고, 대중교통을 이용하기 위해 움직이고, 버스나 지하철을 타고, 최소 2회 정도 환승을 하죠. 또한, 직장인들은 이 모든 반복된 상황 속에서 날씨 정보, 교통 정보, 환승 정보 등과 같은 공공데이터 정보를 필요로 합니다.

그래서 1,000가지 아이디어 노트에 '직장인의 출근을 위한 58분 앱'이라는 아이디어를 적고 출근 상황에 맞는 서비스를 아래와 같이 100번째 아이디어로 기록해 두었습니다. 58분은 서울 및 경기도권에 있는 직장인들의 출퇴근 시간에 걸리는 평균 시간이 58분이라는 통계에서 가져온 것입니다.

서비스명은 직장인을 근면한 꿀벌(Bee)에 비유하고, 꿀벌이 꽃잎에서 꿀을 채취한 후 벌집까지 오는 경로가 최단 경로라는 비라인(Beeline) 용어를 따서 '비라인(Beeline)'이라 이름 지었습니다. 직장인들도 꿀벌처럼 출근길에 늦지 않기 위해 가장 짧은 경로나 최단 시간의 길을 선택한다는 공통점이 있었기 때문이죠.

Products 상품

날씨와 교통정보를 상황에 맞춰 제공하는 '비라인(Beeline)'

비라인(Beeline) 서비스는 반복적으로 출근하는 직장인의 출근 시간을 최적화해서 최단 시간에 도착할 수 있도록 날씨, 교통 정보, 환승 정보를 직장인의 출근 상황에 맞춰 적시에 제공해주는 상황 인지 기반의 서비스입니다.

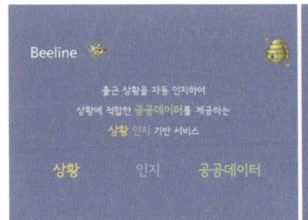 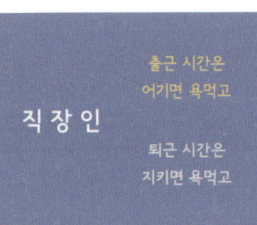 

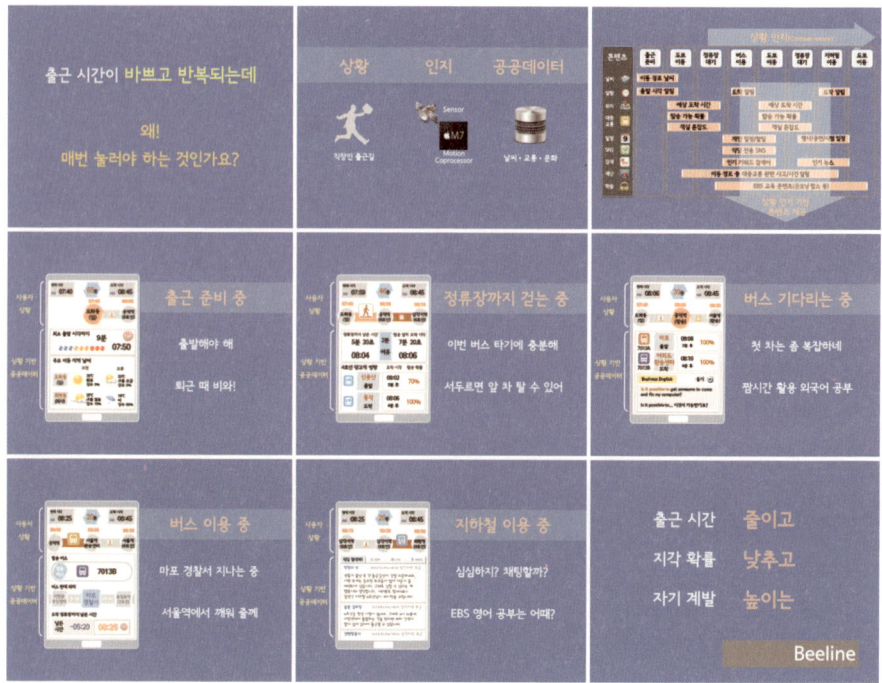

422대 1을 뚫고 국무총리상을 수상하다

공공데이터를 활용한 창업경진대회는 일반 공모전과는 달리 상금 규모가 꽤 컸습니다. 일반 기업의 경우 최우수상을 수상할 경우 아이디어 분야는 보통 1등이 300만원 정도인데, 공공데이터 창업경진대회의 경우에는 2,000만원이었으니까요. 그래서 심사 과정도 서류 평가 → 전문가 심사 → 전문평가 위원 및 청중 평가단 심사까지 총 3차에 걸쳐 진행되었습니다. 포상의 규모가 큰 까닭에 1등인 대상의 경쟁률이 422대 1에 이를 정도로 치열했습니다.

전국 422개팀이 참가해서 17개팀이 3차 평가인 최종 결선에 올랐고, 세종대학교 대강당이란 넓은 홀에서 200명의 청중평가단과 4명의 전문 심사위원이 배석했는데요. 최종 평가인 3차 평가는 '슈퍼스타 K' 방송처럼 17

개 팀이 팀별로 7분 이내에 서비스 콘셉트를 발표하면 실시간으로 집계되는 청중평가단 점수와 전문심사위원의 점수를 합계하여 가장 높은 점수를 받은 팀을 대상으로 선정하는 방식이었습니다.

특히, 포상금 규모가 큰데다가 창업 관련 혜택이 컸기 때문에 참가 팀 대부분은 이미 창업한 회사들이었습니다. 그러다 보니 한이음IT멘토링의 멘토와 멘티 연합으로 도전했던 우리 팀이 창업 초보처럼 두드러질 수밖에 없었는데요. 저는 결선에 오른 17개 팀 중 가장 마지막 순서에 발표를 하게 되었습니다. 7분간의 제 발표가 끝난 후 집계된 점수에서 청중평가단 점수 1등, 전문심사위원단 점수 1등이 되어 저희는 최고의 상인 국무총리 대상을 받았습니다.

저 또한 이렇게 큰 무대에서 추상적인 아이디어를 전달하는 일이 쉽지만은 않았지만 아이디어 컨셉이 한 문장으로 명확하게 정의되었기 때문에 어느 정도 자신감이 있었습니다. 특히 인상적이었던 것은 저의 발표가 끝난 후 심사위원의 심사평이 진행되었는데, '정말 서비스 컨셉이 명확하다. 서비스는 이래야 한다.'는 칭찬을 듣고, 7분이란 짧은 시간에 청중들이 아이디어를 납득할 수 있도록 잘 전달하는 일이 무엇보다 중요하다는 것을 깨달았습니다.

제 1회 공공데이터 창업 경진대회 현장 사진

제 1회 공공데이터 창업경진대회 수상 사진

03

LBS Web & App 아이디어 공모전, 특별한 여행을 원하는 이들을 위한 '이들북'

Thinking 발상

　당신의 스마트폰에 필수적으로 설치되는 어플이 위치 기반 서비스입니다. 위치 기반 서비스(Location-based Service)는 위치 정보를 기반으로 경로 안내, 지도 조회와 같은 서비스를 제공하는 것인데요. 대표적으로 네비게이션인 김기사 서비스나 구글 지도 서비스를 들 수 있죠. 위치 정보나 지도 정보는 실생활과 밀접한 관련이 있기 때문에 다양한 서비스 모델이 가능합니다.

제주도 문화유산 이야기를 음성으로 들을 수 없을까?
　저는 언젠가 가족 여행으로 제주도를 가기 위한 여행 계획을 수립하고 있었는데요. 색다른 제주도 여행을 해보고 싶어서 유홍준 교수님의 '나의 문화유산 답사기 제주편'을 읽게 되었습니다. 우리에게 익숙한 관광지가 아닌 제주도의 참 모습을 그대로 볼 수 있는 책을 읽으면서 아이들에게 이런 여행을 시켜주고 싶다는 생각을 하게 되었죠. 그런데 문제는 그 많은 책 내용을 암기하듯 외울 수가 없었습니다. 그리고 여행 중에 책을 들고 다니면서 일일이 읽어보고 아이에게 설명해주는 것도 쉽지 않은 문제였죠.

그런데 문득 이런 생각이 들었습니다. '책에 나온 문화유산 유적지에 도착을 하면 위치를 자동으로 파악하여 유홍준 교수님의 목소리로 책의 내용을 이야기 하듯 들려주는 서비스는 없을까?'라는 생각이었죠. 그래서 '이곳의 이야기를 들려주는 위치 기반 음성 스토리 북'이란 컨셉으로 '이들북'이라 이름 지었습니다.

Processing 과정

저는 우선 사진을 찍으면 위치정보가 사진 메타정보에 표현되어 사진을 볼 때 지도 위에서 장소별 사진을 볼 수 있는 것처럼, 음원 파일의 메타정보

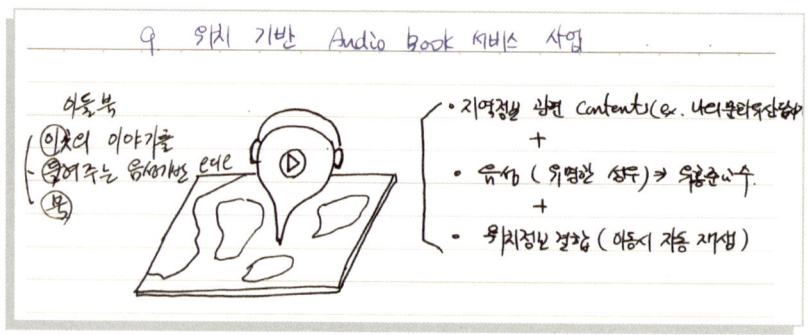

위치기반 음성 서비스 아이디어

에 위치 정보를 삽입하는 방법을 찾기로 했습니다. 음원 파일의 메타 데이터에는 가사나 앨범 정보를 담을 수 있는 것처럼, 음원별로 위치정보 데이터를 삽입할 수가 있는 것이죠. 아이디어 노트에는 아이디어에 대한 간단한 요약 정도로만 메모해 두었는데요. 노트 작성 초기여서 아이디어에 대해 구체적으로 어떻게 기술해야 할지 잘 몰랐기 때문입니다.

아이디어를 실현해보고 싶었지만 신사업으로 적합한 아이템이 아니어서 회사에서는 이 아이디어를 실현하는 게 어려울 것 같았습니다. 그래서 아이디어의 가능성을 검증하기 위해 LBS Web&App 공모전에 도전하기로 마음을 먹었는데요. 그 이유는 LBS Web & App 아이디어 공모전은 위치 기반으로 제공할 수 있는 창업 아이디어를 발굴하기 위해 아이디어를 실제 프로토타입으로 개발할 수 있는 개발비와 특허비용을 지원했기 때문입니다. 그래서 저는 약 10 페이지 정도의 이들북 기획서를 작성했습니다. 이들북은 라디오를 듣는 것처럼 이곳(의미가 있는 특정한 장소)의 이야기를 들려주는 위치 기반 음성 스토리북이라는 컨셉입니다.

Products 상품

이 아이디어는 2013년 LBS Web&App 아이디어 공모전에서 장려상을 수상했습니다. 비록 공모전이어서 상용화된 서비스를 만들 수는 없었지만, 프로토타입 개발비를 받아서 틈틈이 직장 후배와 함께 프로토타입 형태로 구현을 해보았습니다. 둘 다 직장인이라 상세한 기획을 할 수도 없었을 뿐더러, 어플을 꾸며줄 디자이너나 좋은 음원콘텐츠도 없는 상태여서 기대에 못 미쳤지만, 아이디어를 실제로 구현해보기 위해 노력하는 과정에서 아이디어에 대해 더 많은 관심을 갖게 되는 계기가 되었습니다.

개인적으로 한국관광공사나 제주특별시 같은 지방자치 단체가 이런 서

01 제안의 배경

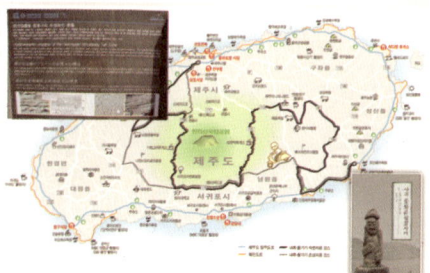

02 이들북(eedlebook) 소개

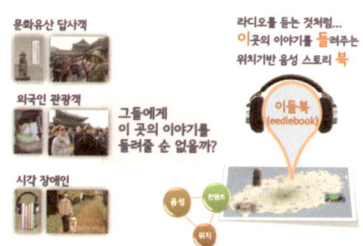

03 이들북 서비스 이용 Scene

04 어플리케이션 메인 화면

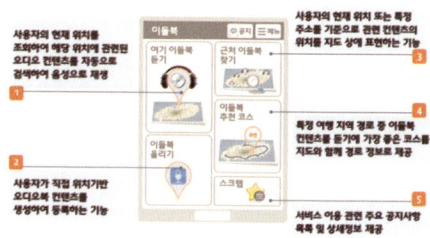

05 이들북 재생 화면

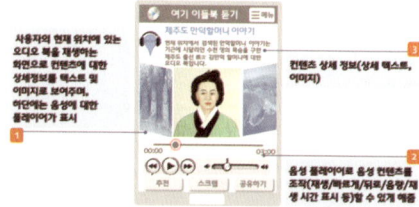

06 근처 이들북 찾기

07 이들북 추천 코스

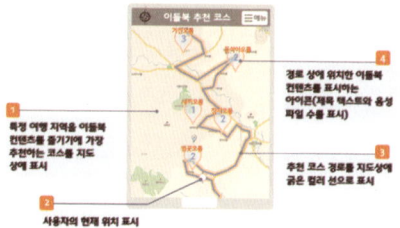

08 이들북 올리기

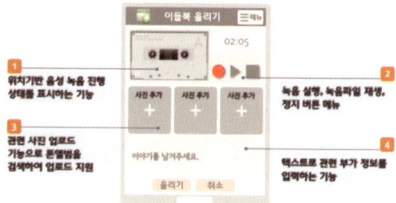

비스를 구현해서 관광객들을 대상으로 제공해주면 무척 좋겠다는 생각을 해보았습니다.

04
공간정보 공모전의
'비콘 오픈 플랫폼(Beacon Open Platform)'

Thinking 발상

2014년 IT 분야에서는 저전력 블루투스(Bluetooth)라는 근거리 통신 기술을 이용하여 스마트폰의 위치를 알려주는 비콘(Beacon)이 뜨거운 감자였습니다. 특히 애플이 아이비콘(iBeacon)이라는 기술을 지원하면서 비콘을 활용한 다양한 서비스 모델이 등장했죠. 예를 들어 매장에 들어갔을 때 할인 쿠폰을 제공하거나 할인이 가장 많이 되는 결제 카드를 추천해 주는 서비스도 비콘 기반의 서비스 예라고 할 수 있는데요. 신문과 같은 매체에서 연일 이슈가 되는 아이템이었기 때문에 카드사, 유통사, 서비스 업종을 가리지 않고 유사 서비스 모델이 출시되었습니다.

비콘에 관한 시장 조사를 하던 중에 퀄컴의 자회사인 김발(Gimbal)이라

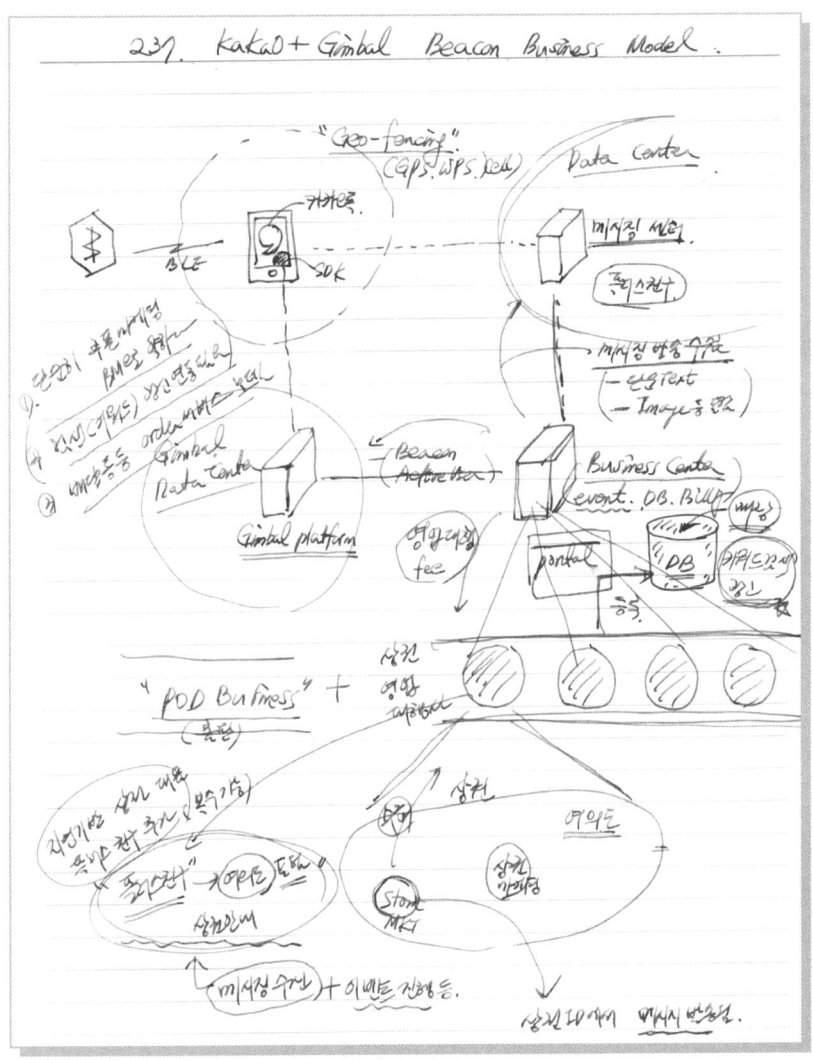

비콘 시장 조사 시 메모했던 서비스 아이디어

는 비콘 플랫폼 사업자를 알게 되었습니다. 그 회사는 비콘 디바이스와 비콘 서비스를 가능하게 하는 플랫폼을 제공해주는 업체였는데요. Gimbal에서 저렴한 비콘을 구매하고 플랫폼에서 미리 세팅을 한 후 서비스에 연동

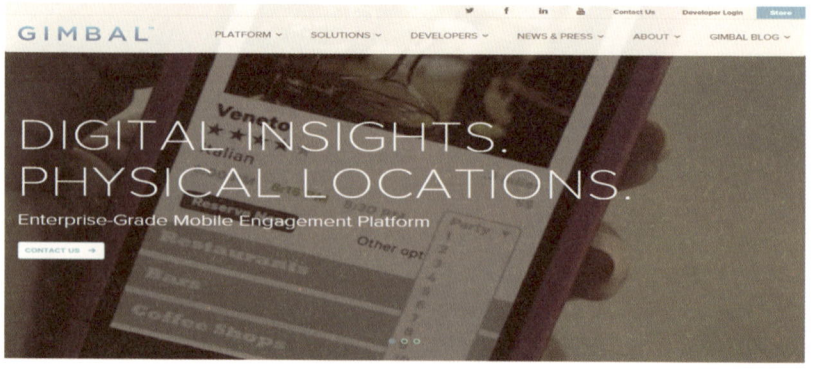

Gimbal 사의 Beacon Platform

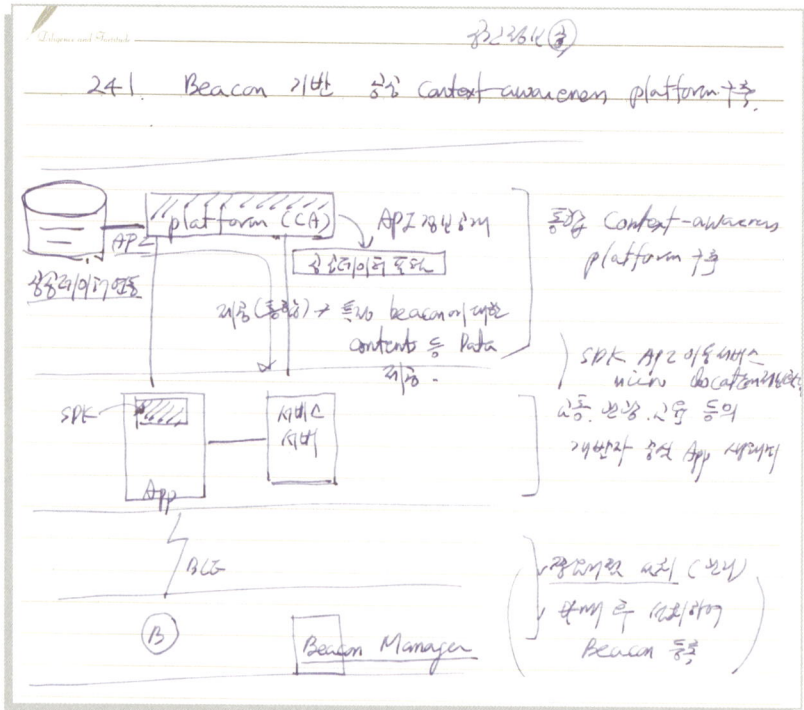

비콘 오픈 플랫폼 아이디어

을 하면 누구든지 위치 기반 쿠폰 같은 것을 제공할 수 있게 됩니다. 매우 인상적인 플랫폼 기반의 비즈니스 모델이었죠.

비콘 오픈 플랫폼 아이디어는 Gimbal의 민간 모델을 공공기관 모델로 변화시켜 본 것인데요. 비콘을 기반으로 지역정보를 제공하고자 하는 지자체, 공공기관, 소상공인을 위한 오픈 플랫폼을 제공하는 것을 염두에 두었습니다.

Processing 과정

이 아이디어를 실행하기 위해서는 우선 플랫폼을 제공하는 사업자가 있어야 합니다. 저는 공공기관이 그 역할을 해야 한다고 생각했는데요. 플랫폼은 비콘 서비스를 원하는 지자체나 공공기관들이 비콘 단말기를 구매하고, 플랫폼에서 비콘 관련 서비스를 세팅 할 수 있는 기능을 제공하는 것입니다. 예를 들자면 사용자의 위치를 조회하는 추적(Tracking)기능이나 특정 영역에 진입했는지를 알 수 있는 근접 알림(Proximity) 기능 등을 제공하는 것이죠.

또한 지자체나 공공기관의 개발자들이 플랫폼 기반으로 비콘 서비스를 제공할 수 있도록 각종 API(Application Programming Interface)가 제공되어야 하는데요. 예를 들면 주민센터에 비콘을 설치하여 인근 지역 주민들이 주민센터를 방문할 때 구청이나 동에서 제공하는 행정정보나 행사 정보 등을 스마트폰을 통해 볼 수 있도록 하는 것입니다.

Products 상품

비콘 오픈 플랫폼(Beacon Open Platform)은 저전력 블루투스(Bluetooth Low Energy)로 스마트폰의 근거리 위치를 알려주는 비콘(Beacon)을 활용한 아이디어 상품입니다. 지자체나 공공기관이 개별적으로 비콘 서비스를 위한 시스템을 만들지 않고, 국가 차원에서 공공기관이 활용할 수 있는 오픈 플랫폼을 만들었으면 좋겠다는 취지에서 기획된 이 아이디어는 2014년 스마트 국토엑스포 공간정보 아이디어 경진대회에서 은상인 국토연구원장상을 수상했습니다. 공간정보 공모전은 위치기반 서비스(LBS) 공모전과 유사한 공모전인데요. 공간정보를 활용하여 창업 아이디어를 발굴하는 것이죠. 당시에 우연히도 한이음IT멘토링에서 대학생들 대상으로 비콘 기술과 응용 서비스 분야를 강의하면서 플랫폼 비즈니스 모델로 김발(Gimbal) 사례를 많이 언급했는데요. 이 아이디어를 발전시켜 학생들과 함께 공모전에 응모해서 성과를 낸 것입니다.

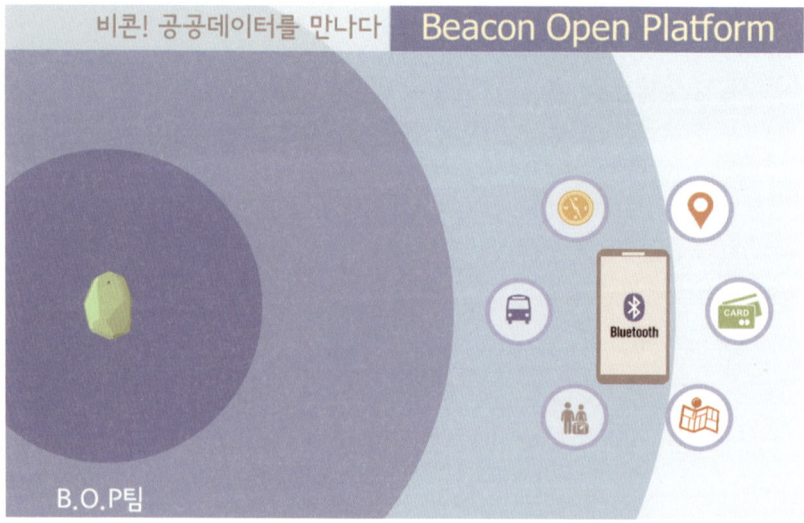

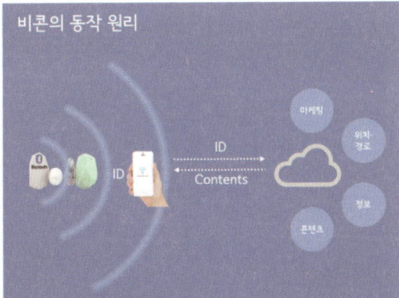
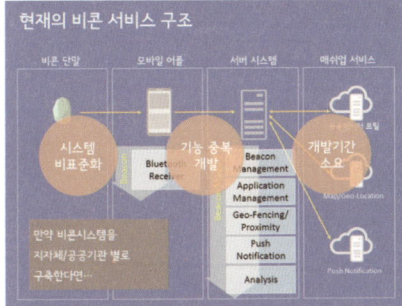
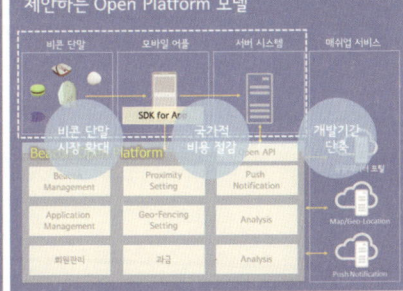

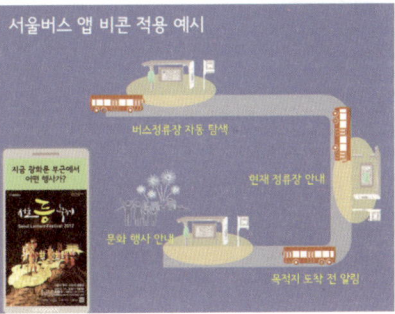

PART 2 상품 아이디어는 이렇게 만들어진다

05
문화데이터 활용 경진대회의
솔로 탈출을 위한 '티켓팅(TickeTing)'

Thinking 발상

　혹시 인터넷에서 '무적의 솔로부대'라는 풍자 그림을 보신 적이 있으신지요? 두 아이의 아빠가 된 지금은 솔로라는 옛 시절이 생각 나지도 않지만 이 그림을 보고 한참 웃었던 기억이 납니다. 솔로를 '무적'이나 '부대'라는 표현을 써서 서로 간의 강인한 결속력을 강조하는 아이디어도 놀라웠지만, 어디서 구했는지 모를 다양한 옛날 서양 사진들을 적절하게 활용하여 솔로의 마음을 잘 표현한 것에 감탄을 할 수밖에 없었습니다.
　그리고 얼마 후 '솔로대첩'이라는 뭔가 비장한 단어가 등장하며, 솔로들이 모여 현장에서 커플을 맺는 큰 행사가 벌어져 사회적으로 큰 이슈가 되었는데요. '솔로대첩'은 단순한 소개팅 수준을 넘어서 좀 더 특별한 만남의

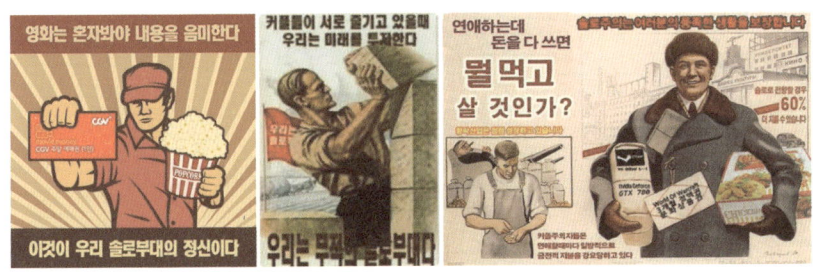

인터넷에서 회자가 되는 솔로부대 풍자 이미지

2012년 여의도에서 열려 화제가 되었던 솔로대첩 이벤트

기회를 갖고자 하는 개인의 욕구가 분출된 사례인 것 같습니다.

저는 이런 기발하고 재미난 행사를 보면서 '문화행사의 날에 솔로대첩을 응용해보는 것은 어떨까?'란 생각을 하게 되었는데요. 매달 마지막 주 수요일에 있는 문화의 날에 특정한 공연이나 영화를 보고 싶은 솔로들을 관심 공연을 주제로 연결해 주는 것입니다. 공연 티켓 비용은 짝을 구하는 솔

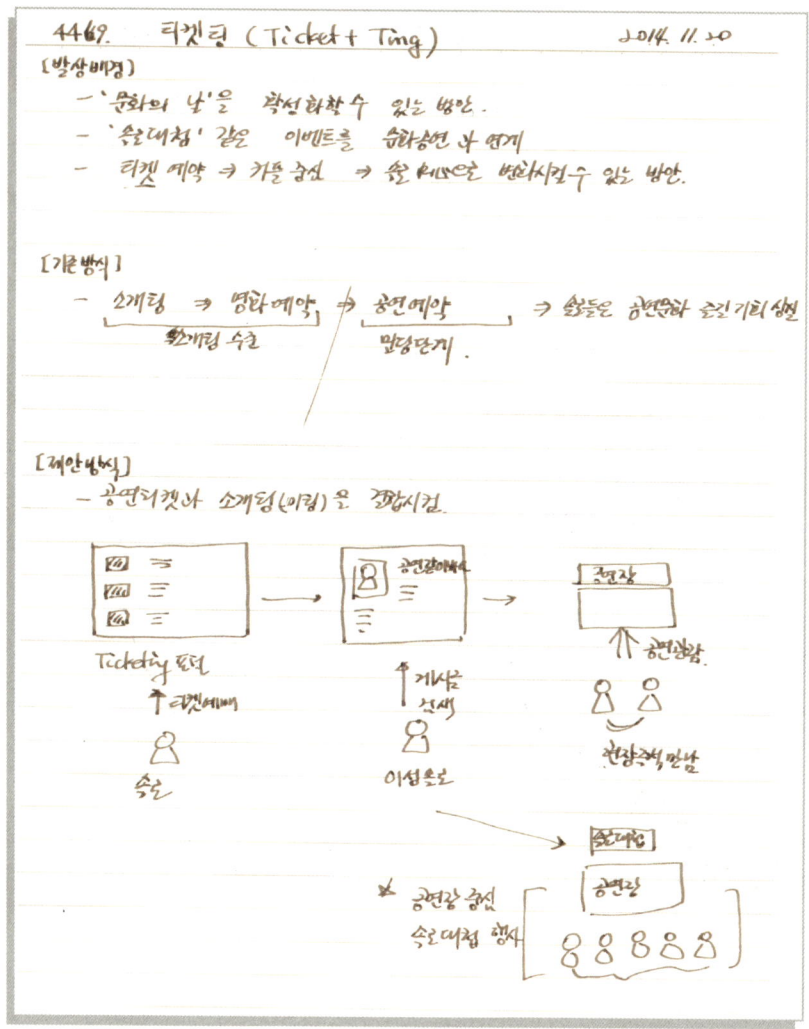

공연티켓과 미팅을 연결한 티켓팅 아이디어

로가 미리 비용을 내고 함께 공연을 보고 싶은 사람을 찾는 구인 글을 올리는 것이죠.

Processing 과정

　이 아이디어의 핵심 콘셉트는 '비슷한 문화 취향을 매개로 솔로끼리 연결'해 주는 것인데요. 이 서비스는 문화데이터인 영화, 콘서트, 연극, 오페라 등 문화 공연 정보를 제공하고 티켓을 구매할 수 있도록 하는 기능을 제공합니다. 티켓을 예매하면 함께 볼 사람을 구할 수 있는 공개 게시판이 제공되고, 공연 정보와 자기소개 글을 올리게 되면, 이성이 '함께 볼게요.' 버튼을 누르면 커플 매칭이 됩니다.

　그리고 '솔로대첩'을 응용하여 공연기획사와 공동으로 특정한 공연에 대해 솔로들만 예약할 수 있는 기능을 기획해 보았습니다. 당일 공연 현장에서 즉석으로 커플 맺기 행사를 할 수도 있겠죠. 또 연극이나 콘서트에 적합한 이벤트 행사로 진행할 수도 있는데요. 커플 중심의 공연 문화에 솔로들이 참여할 수 있는 공개적인 행사를 여는 것이죠. 아마도 솔로인 남자들은 적극적으로 공연 문화 행사에 참여할 가능성이 높다고 보여집니다. 솔직히 솔로인 여자분들은 애인이 없더라도 친구와 가는 경우가 많이 있지만, 남자들은 문화 공연을 보기 위해 친구와 함께 움직이는 경우가 드물거든요.

　그 외에도 솔로들만 참여할 수 있는 수다용 게시판, 공연장 근처의 데이트 코스 기능들을 추가하는 것을 검토했습니다. 수다용 게시판은 데이트 후기를 솔직하게 털어놓거나 데이트 노하우를 공개하는 게시판이 될 것이고, 데이트 코스는 솔로 남자분들이 공연이 끝난 후 뭘 해야 할지 모를 수 있기 때문에 주변 맛집 정보나 산책을 할 수 있는 코스 등의 정보를 제공할 것입니다.

Products 상품

이 아이디어는 2014년 '제 2회 정부 3.0 문화데이터 활용 경진대회'에서 아이디어 분야 최우수상을 수상했습니다. 한이음IT멘토링 프로젝트를 통해 멘티들과 아이디어를 구체화 시킨 후에 기획서 형태로 만들어서 제출했는데요. '각종 문화 공연 정보'라는 문화데이터를 활용한다는 점과 특히 그 동안 커플들을 위주로 이용된 '문화의 날' 행사를 잠재 고객인 솔로들을 참여시켜 '문화의 날'을 활성화시킬 수 있다는 방안을 제시하여 좋은 결과가 얻을 수 있었습니다.

이 상품은 인터파크(티켓파크)나 티켓링크 같은 티켓 서비스 사업자가 '티켓Ting'이라는 별도 메뉴나 커뮤니티를 제공하여 솔로들을 연결해줄 수 있다면 좋을 것입니다.

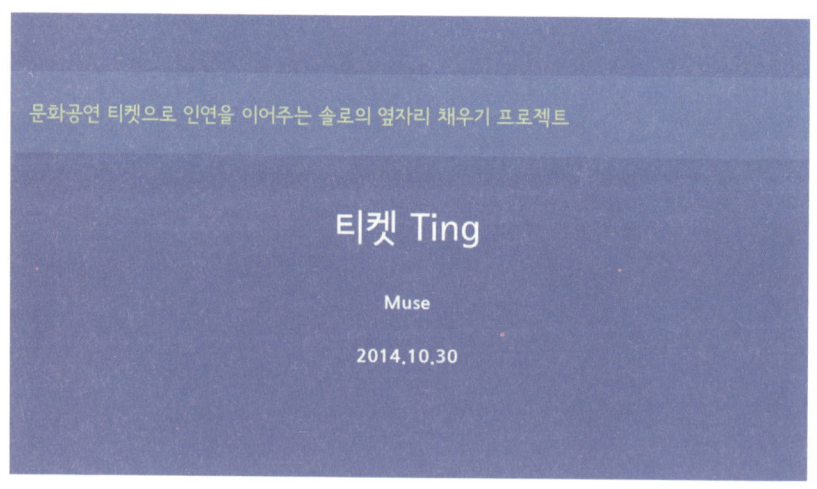

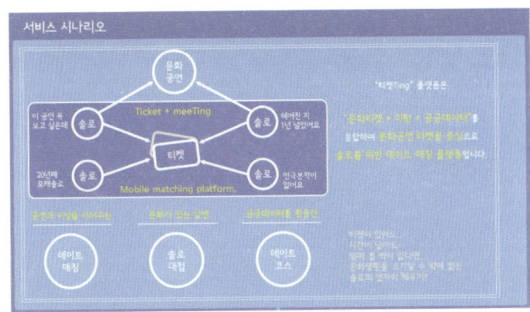

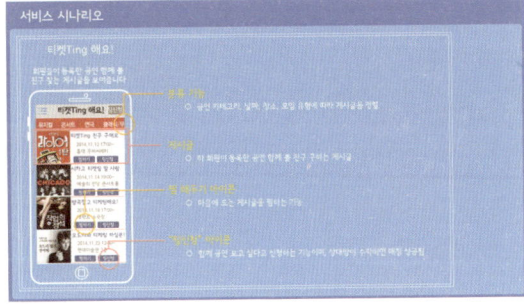

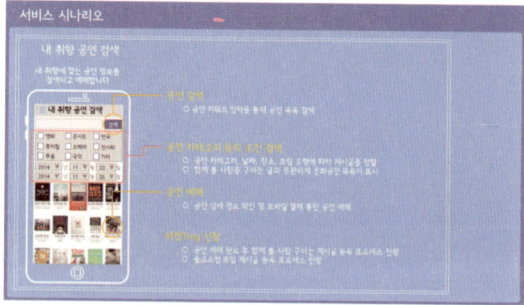

06

KIS정보통신 가맹점 플랫폼 공모전의 직장인을 위한 '식권 Code'

Thinking 발상

　직장인들에게 있어서 점심 시간은 업무에서 벗어날 수 있는 유일한 휴식시간인데요. 그래서 '어디서 먹을까?', '무엇을 먹을까?'는 직장인들에게 있어 행복한 고민거리입니다. 그렇지만 주머니 사정이 빠듯한 월급쟁이로서는 걱정거리이기도 하죠. 그래서 저는 식권을 활용하여 점심 값을 줄이는 방법을 생각해 보았는데요. 특히 자주 이용하는 회사 근처 식당에서 할인을 받을 수 있다면 정말 좋지 않을까요?

　'식권 Code'는 '종이 식권은 있는데 왜 모바일 식권이 없을까?' 하는 고민에서 나온 아이디어인데요. 식권을 파는 근처 식당의 정보를 확인하고, 식권의 혜택을 확인한 후 식권을 선구매하는 것입니다. 식당에 가서 구매한 식권을 보여주면 식권 사용 처리가 되는데요. 당연히 식권을 많이 사둘수록 식권의 가격은 낮아집니다. 그것은 손님을 미리 확보하게 된 식당 주인에게 가격을 더 할인해줄 수 있는 여력이 생기기 때문이죠.

Processing 과정

식당에서 가장 많이 쓰는 지불 수단은 단연코 신용카드와 현금입니다. 특히 직장인은 신용카드를 많이 쓰죠. 식권 유통 서비스 상품을 만들기 위해서는 우선 이 상품의 핵심인 오프라인 가맹점의 결제 구조를 이해해야 합니다. 가맹점의 결제 구조는 상당히 복잡한데요. 식당들의 결제 시스템을 살펴보았더니, 작은 결제 단말기를 가진 식당이 있고, POS(Point of Sales)라 불리는 모니터가 달린 단말기를 쓰고 있는 식당이 있다는 것을 알게 되었습니다. 일정 규모 이상의 식당은 대부분 POS단말기를 쓰고 있었는데요. POS 단말기를 통해 신용카드 결제가 되면 VAN사로 카드 승인 정보가 전달되고, VAN사에서는 해당 카드사에 카드의 정상 여부를 확인한 후 승인 처리 요청을 하게 됩니다. 이렇게 오프라인 결제 시장에서는 VAN(Value-Added Network)사가 중요한 역할을 맡고 있는데요. POS라는 단말기도 KIS정보통신과 같은 VAN사가 식당에 임대해 주는 경우가 많았습니다. POS 안에는 고객관리나 매출 관리, 메뉴 관리 같은 매장을 관리할 수 있는 서비스들이 포함되어 있는데요. 카드 승인 처리는 그 중 하나의 결제 서비스 기능인 거죠.

식권 서비스를 제공하는데 있어서 가장 중요한 핵심은 식권 모바일 어플과 매장 내에 있는 핵심 단말기 간의 POS가 연동되어야 한다는 것인데요. 식권은 어플에서 발권할 수 있지만 결국 식사 후 결제를 하는 과정에서 이를 확인할 수 있어야 하기 때문이죠. 식당의 매출이 POS를 통해 집계되

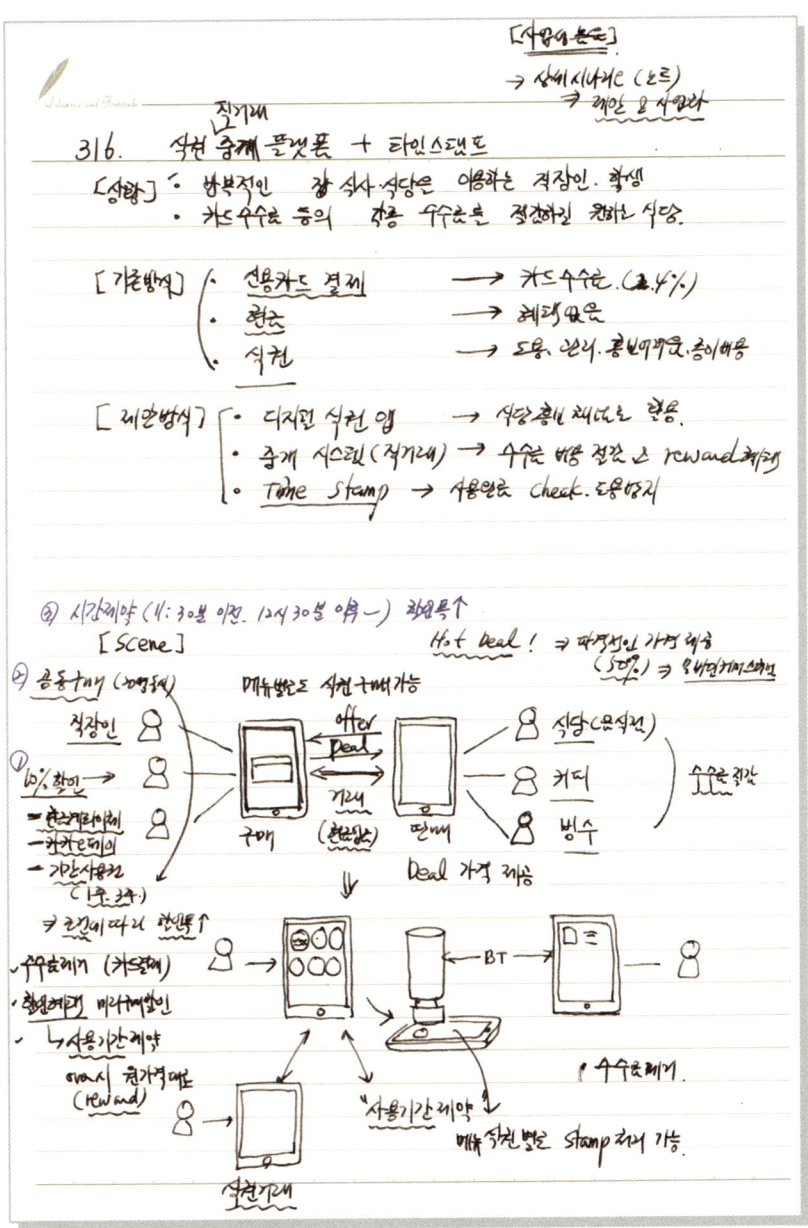

직장인 식권 직거래 중개 플랫폼 아이디어

듯, 식권을 사용하게 되면 식권은 자동적으로 사용 완료 처리가 되고, 주문 메뉴에서 식권에 의한 결제가 완료되었다는 것을 확인할 수 있어야 식권의 도용을 막고 매출을 한눈에 볼 수 있게 됩니다. 이렇게 식당의 POS나 결제 단말기와 연동되지 못한다면 이 아이디어는 오히려 식당 주인이나 직장인에게 더 불편한 결제 수단이 될 수밖에 없습니다. 오히려 종이 식권을 활용하는 게 더 좋을 수도 있죠. 때문에 이 아이디어가 실행되려면 VAN사처럼 POS와 관련된 부가 서비스를 제공하는 업체와 제휴를 해야 합니다.

Products 상품

'식권 Code' 아이디어 상품을 개발하던 중에 VAN 업체인 KIS정보통신에서 샵넷이라는 POS 플랫폼 기반의 신규 서비스에 대한 아이디어를 공모하는 것을 보고 이 아이디어를 멘티들과 구체화해 보았습니다. 대학생이었던 멘티들은 식권의 필요성을 잘 이해하지 못했지만 설문 조사를 진행하는 등 아이디어의 가치를 입증하기 위한 활동들을 많이 했습니다. 식권을 통해 점심값을 아끼려는 직장인과 식권 발급을 통해 고정 고객을 확보하고자 하는 식당을 연결해주는 식권 발급 중개 플랫폼에 대한 아이디어 기획서를 만들어 2015년 KIS정보통신에서 주최한 가맹점 플랫폼 서비스 아이디어 공모전에 제출했는데요. 그 공모전에서 2위 수상을 했습니다.

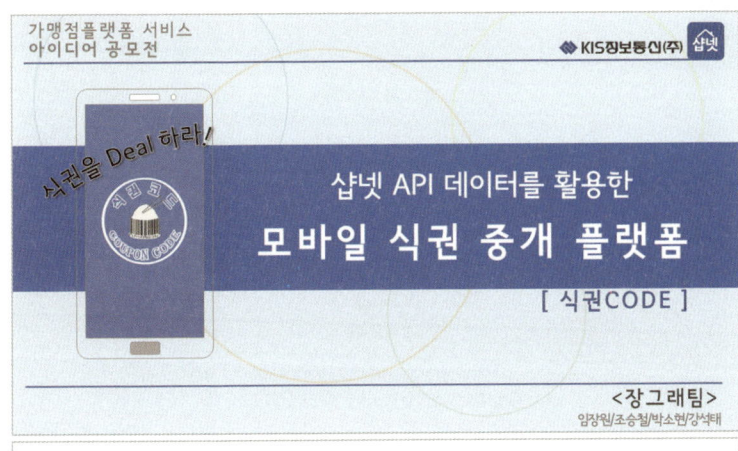

오늘 여러분의 점심은 어떤가요?

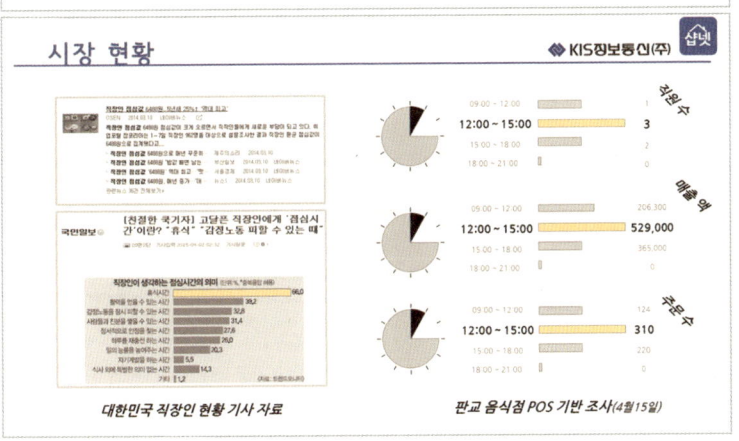

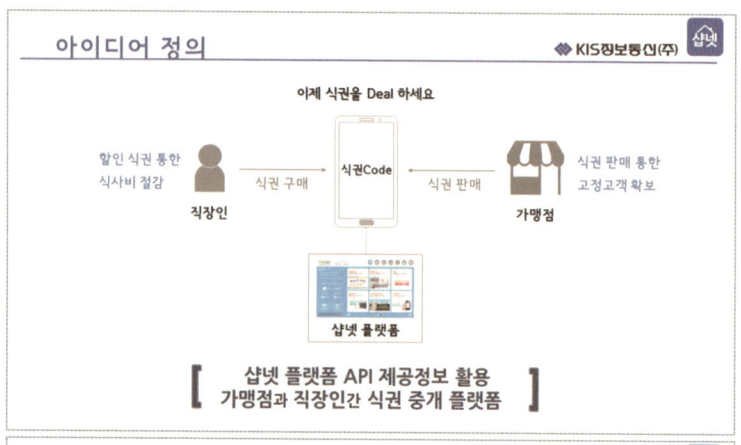

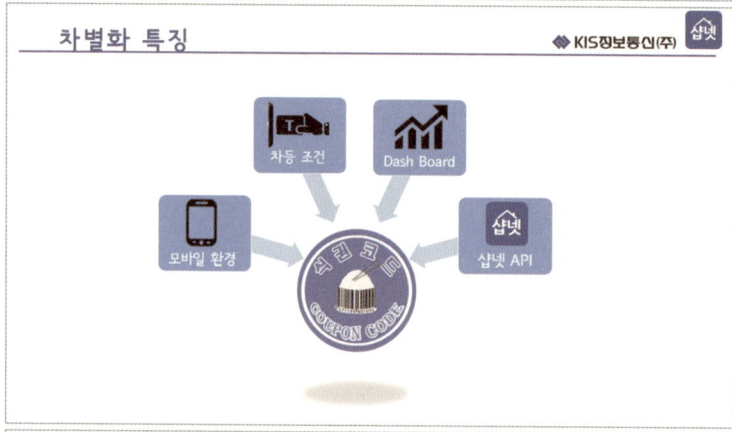

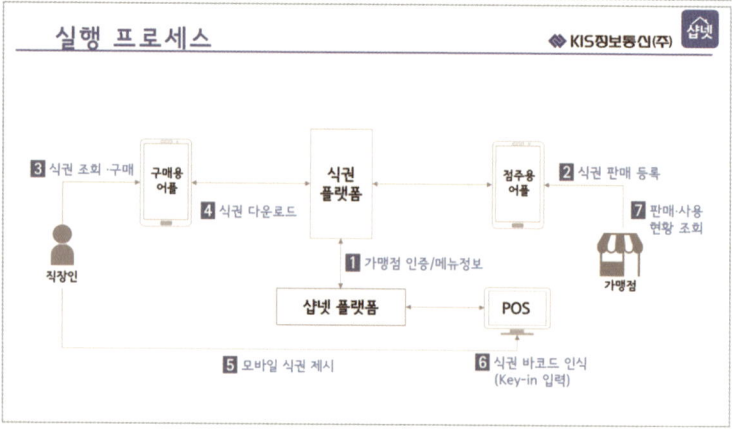

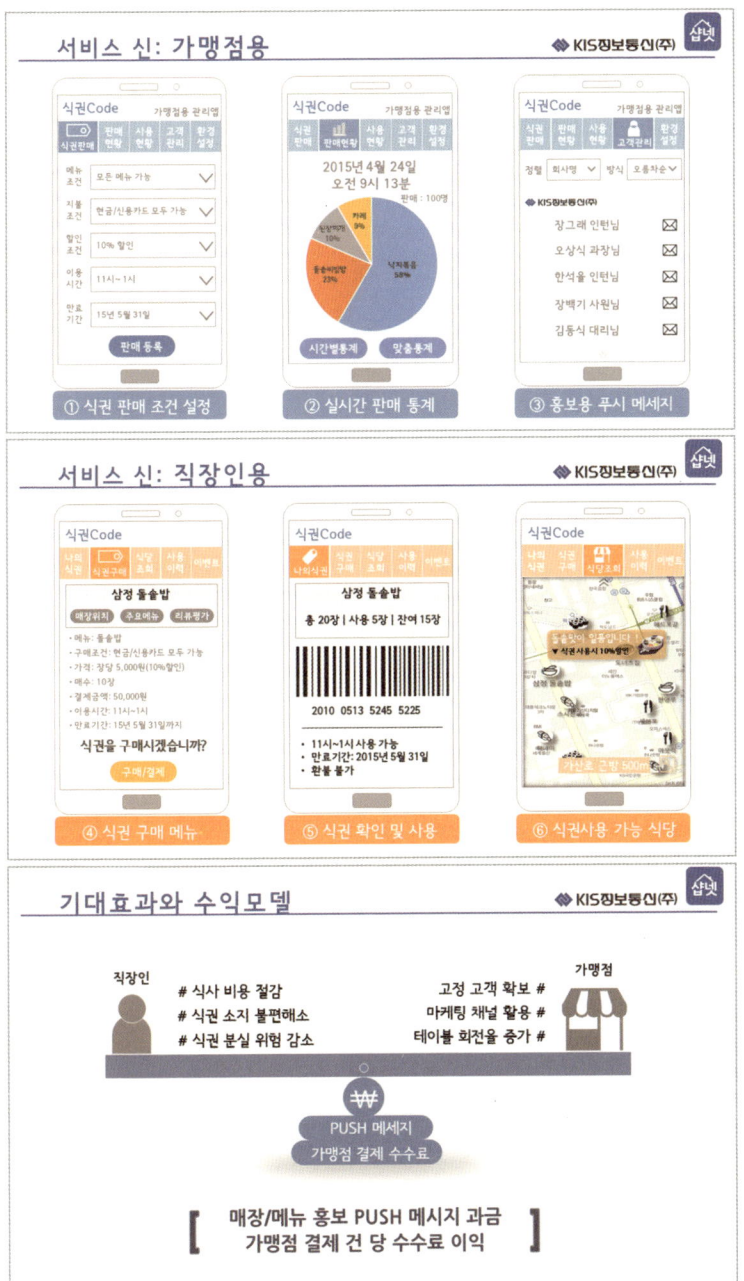

07
유진로봇 스마트토이 공모전의 칭찬 인형 '토닥(Todak)'

Thinking 발상

4세에서 7세 사이의 아이를 키우다 보면 하루 종일 잔소리를 하느라 녹초가 되는 경우가 많죠. 저도 아들 둘을 키우는 아빠로서 말을 잘 듣지 않는 아이들 때문에 애를 먹고 있는데요. 야단을 치거나 잔소리를 하지 말아야지 계속 다짐을 하지만, 위험하거나 해서는 안 될 행동을 하는 아이들을 보면 어김 없이 잔소리가 튀어 나옵니다. 그래서 저는 잔소리를 대신해 주는 로봇이 있으면 참 좋겠다는 생각을 하게 되었습니다.

그러다가 둘째 아들이 캐릭터 인형이 말하는 대로 따라 하는 것을 보고 아이들이 인형을 생명체로 생각한다는 것을 알게 되었죠. 그러다 문득 만약 '인기 만화 캐릭터가 아이들과 대화하면서 올바른 생활 습관을 가지도

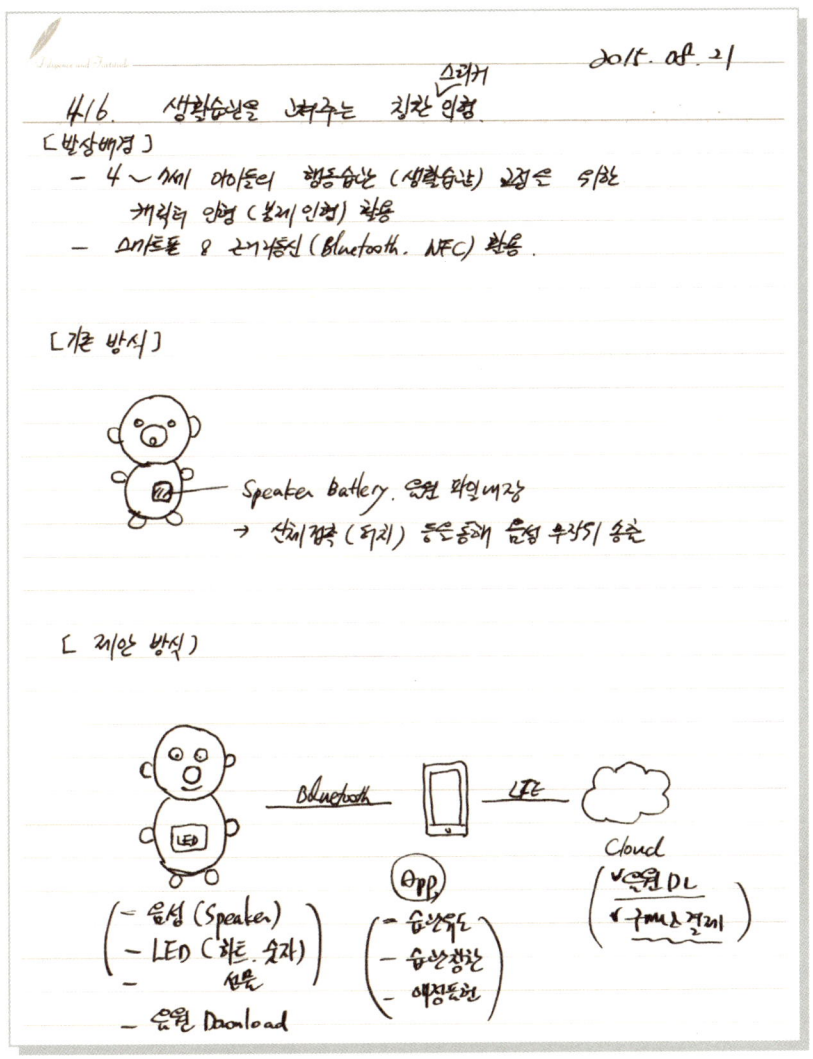

아이 생활습관을 위한 칭찬 인형 아이디어 노트

록 유도해 주는 것은 어떨까?' 하는 아이디어를 갖게 되었습니다.

Processing 과정

시중에는 어린이 선물용으로 '뽀로로'나 '폴리'처럼 아이들이 좋아하는 인기 만화 캐릭터가 디자인된 봉제인형을 많이 팝니다. 대부분 인형의 배 부분을 누르면 캐릭터의 음성이나 노래 소리가 나오는데요. 스마트폰과 통신하는 모델은 없는 것 같았습니다. 이 봉제 인형 내부에 음성 송출 스피커, 하트나 숫자를 표현하는 LED, 그리고 스마트폰과 통신하는 블루투스 모듈과 배터리를 장착한다면 이론적으로 아이디어를 실현할 수 있지 않을까요?

인형은 스마트폰 블루투스로 통신을 주고 받으며 지정된 음원을 재생하게 되는데요. 스마트폰 어플에 칭찬하기나 양치질 유도 등과 같은 좋은 습관 갖기 메뉴를 제공해 줍니다. 부모님들은 이 어플을 통해 칭찬 음성을 봉제 인형으로 보낼 수 있는 것이죠. 저는 인형 IoT(Internet of Toys)라는 부제 아래 이 칭찬 인형 플랫폼의 이름을 토닥(Todak)이라고 지었습니다.

Products 상품

인형 안에 캐릭터 음성을 발생시키는 장치를 넣어 스마트폰으로 아이의 나쁜 행동을 교정시키는 교육용 인형 플랫폼 토닥(Todak) 아이디어 상품은 인기 만화 캐릭터에 반응하는 아이들의 행동 특성을 활용하여 올바른 생활 습관을 갖도록 유도하는 것이 목적입니다.

이 아이디어도 한이음IT멘토링 프로젝트를 통해 멘티 대학생들과 함께 실제 프로토타입을 개발했는데요. 인형 안에 스피커를 넣어 스마트폰에서 특정 행동을 하도록 누르면 스피커에서 캐릭터 음성이 송출되어 아이에게 전달됩니다. 이 아이디어는 2015년 유진로봇에서 주최한 스마트토이 서비스 공모전에서 최우수상을 수상했습니다.

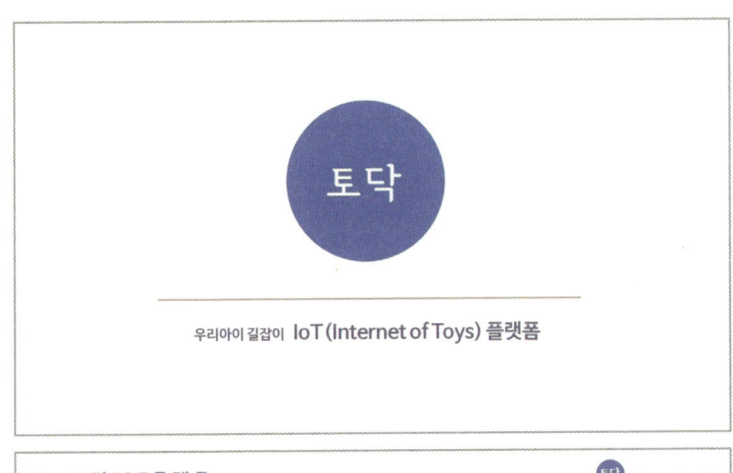

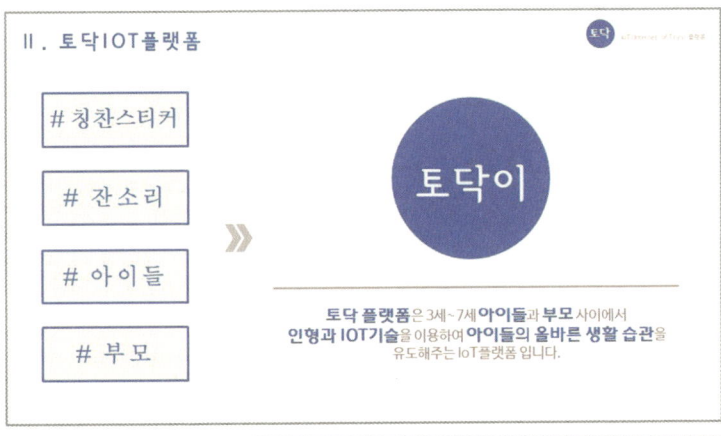

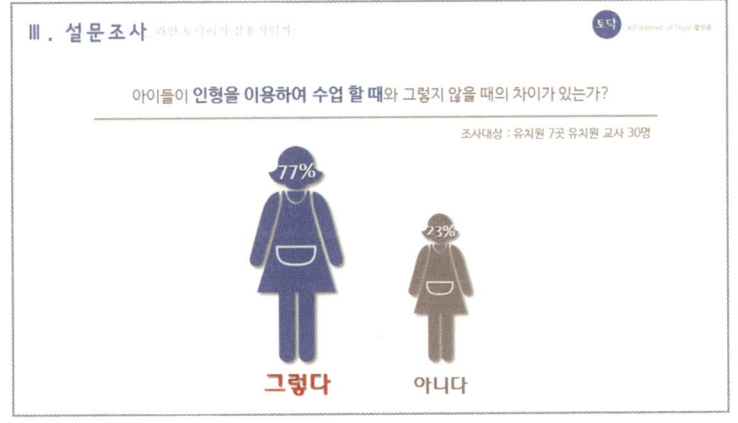

PART 2 상품 아이디어는 이렇게 만들어진다

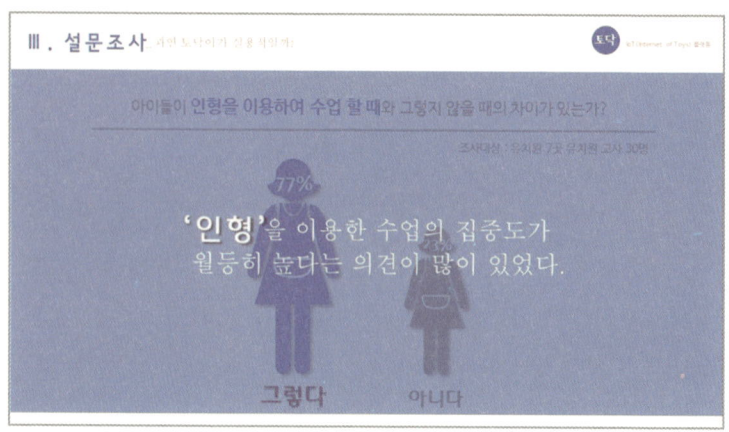

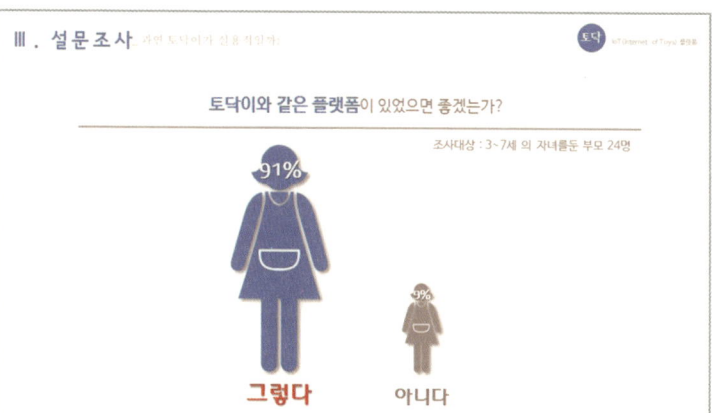

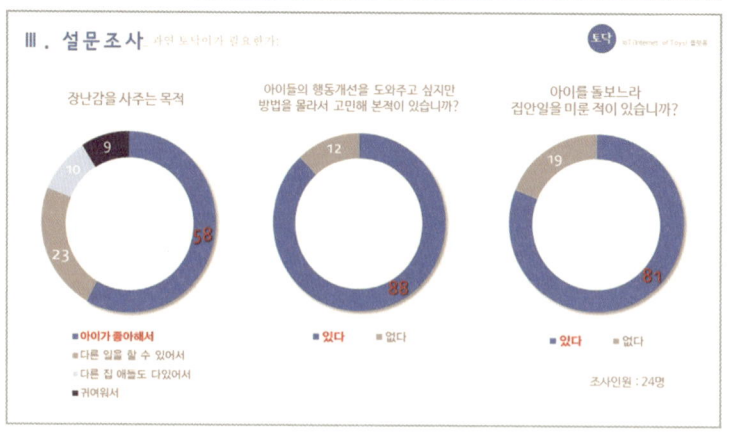

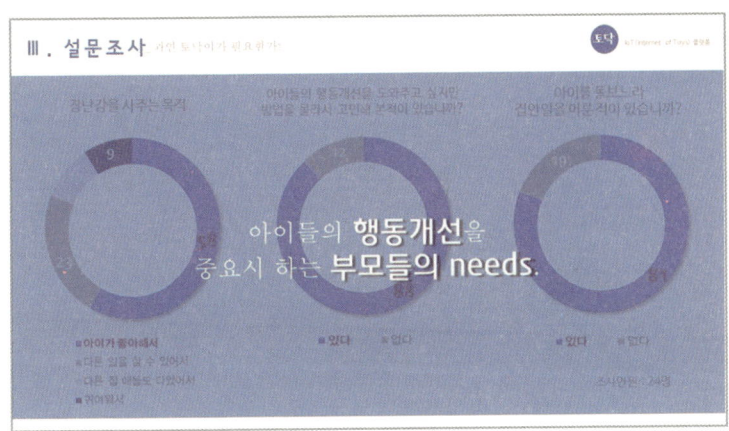

PART 2 상품 아이디어는 이렇게 만들어진다 123

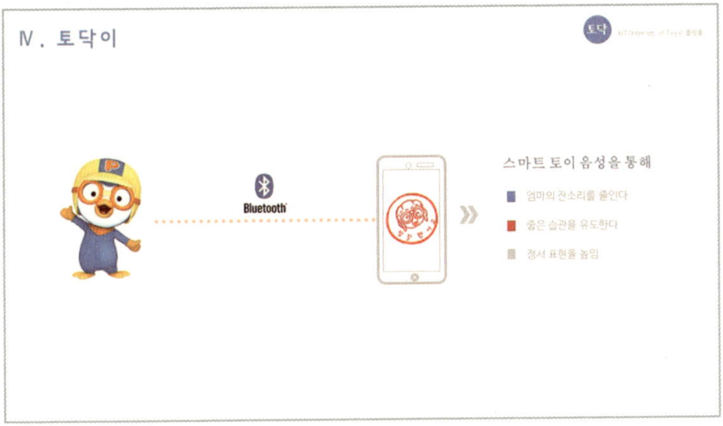

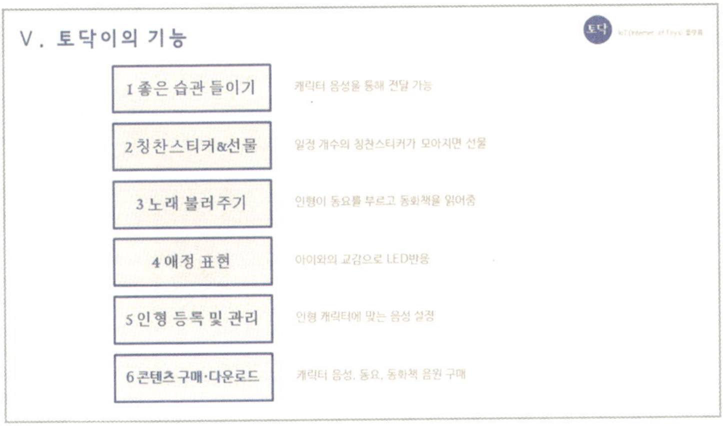

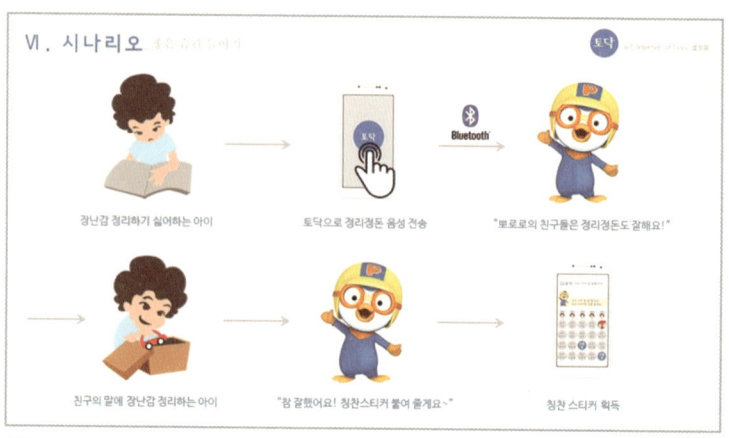

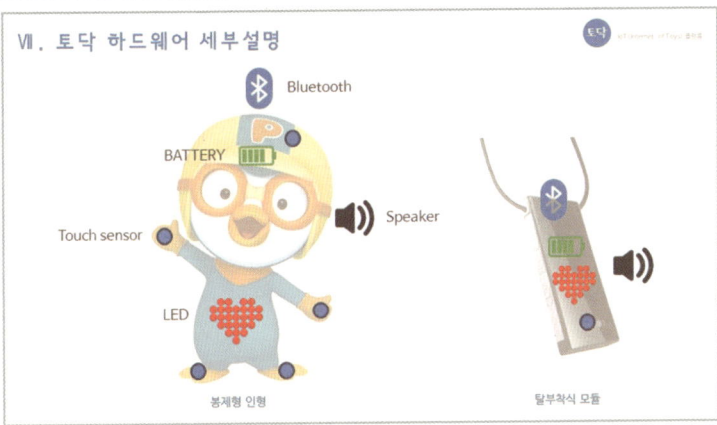

**아이디어
기획의
정석**

**PART
3**

직장인의 1,000가지 아이디어 노트 작성법

01
아이디어 노트를 작성하기 전에 이것을 먼저 체크하자

아이디어가 실현되지 못하는 이유는 수만 가지일 것입니다. 누군가는 '아이디어가 나빠서겠지.'라고 단정적으로 말할 수 있겠지만 아이디어가 실현되고 그것이 어떤 성과로 이어지기 위해서는 수많은 변수를 만나기 때문에 아이디어가 실현되지 않았다고 해서 나쁜 아이디어라고 단정 짓기는 어렵습니다. 아이디어가 실현되었다고 해서 무조건 좋은 아이디어라고 말하기 어려운 것처럼요. 회사 상황이나 이해 관계, 자본의 부족, 기술이나 법적 규제 등으로 인해 꽃을 피지 못하고 소멸될 수도 있을 것입니다.

제 아이디어 노트에는 450가지의 아이디어가 있지만 실제 실현된 아이디어는 단 1건에 불과합니다. 10개의 아이디어는 각종 경진대회에서 좋은 아이디어로 인정 받아 상을 받았고, 몇 개의 아이디어는 나름대로 실현시켜 보려고 뛰어다녔지만 좋은 아이디어라는 평가만 받았을 뿐 궁극적으로는 실현되지 못했는데요. 사실 나머지 300여 개의 아이디어도 실현해 볼 엄두조차 내지 못하는 아이디어들일 수 있습니다. 노트에 수 백 개의 아이디어가 적혀 있었는데 왜 그 아이디어는 실현되지 못했을까요? 나름 괜찮은 아이디어라고 생각해서 적은 것인데, 왜 그냥 노트에 기록으로만 남아 있을 것일까요?

저는 그 이유를 분석하는 것도 중요한 과정이라고 생각하는데요. 그냥 되지 않았다고 지나치기에는 분명 근본적인 한계가 있기 때문입니다. 그 한계를 제대로 분석해보고 인정해야만 좋은 아이디어를 떠올릴 수 있을 뿐만 아니라, 누군가의 아이디어를 제대로 평가할 수 있습니다. 그저 개인의 경험이나 생각만으로 아이디어를 판단하다 보면 세상을 바꿀 수 있는 탁월한 아이디어도 '난 그게 필요하지 않은데? 누가 그런 걸 쓰니?'라는 말로 뛰어난 아이디어의 가치를 묻어버리는 과오를 범할 수 있기 때문입니다.

그래서 저는 제 아이디어 노트에 적힌 아이디어 중에서 실현되지 못한 아이디어들을 찾아서 그 이유를 정리해 보았습니다.

이미 세상에 존재하는 제품인지를 반드시 확인하자

안타깝게도 정말 번뜩이는 아이디어가 떠올랐다고 생각했는데, 이미 제품화되어 있거나, 만들어지고 있는 것들이 많은데요. 저의 아이디어 노트에 적힌 아이디어 중에서도 이와 같은 경우가 가장 많았습니다.

첫 번째 아이디어는 자동차 좌석 안전띠에 에어백 기능을 넣는 것이었습니다. 큰 아들이 차를 탈 때마다 카 시트를 거부해서 어쩔 수 없이 성인용 안전띠를 채워주다가 '사고가 나면 어떻게 하지? 아이가 앞 좌석에 부딪혀서 다칠지도 모르는데…' 하는 걱정이 되더군요. 그 후 갑자기 '안전띠가

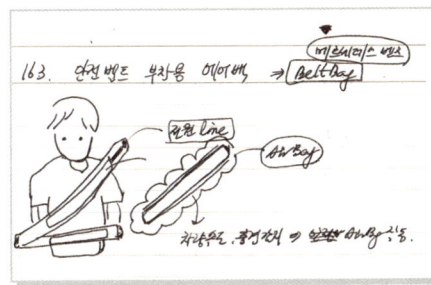 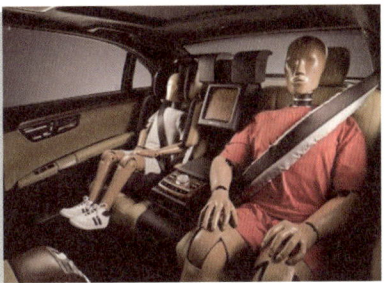

안전벨트 부착용 에어백 아이디어   벤츠사의 벨트백 제품

에어백처럼 부풀어 오르면 어떨까? 안전띠를 하고 있다가 몸이 앞으로 쏠리면 공기가 부풀어 올라 몸을 보호해 주면 참 좋겠구나.'라는 생각이 들었죠. 그래서 '다음에 꼭 만들어보자. 이건 정말 대박이 될 거야.'라는 마음으로 노트에 재빨리 적어두었습니다.

그런데 얼마 지나지 않아 메르세데스 벤츠에서 만든 벨트백(beltbag) 개발에 관한 기사를 접하고 나서 무척 허탈해졌습니다. 벤츠에서 벨트백 개발을 완료했으며, 이 제품을 2014년에 벤츠 전 차종에 달겠다라는 기사였습니다. 사진 속에 보여진 벨트백의 모습은 제가 노트에 그린 그림과 똑같았습니다. 정말 기발한 아이디어라고 생각했는데, 세계 일류 자동차 회사가 그걸 구현했구나라는 실망감도 잠시 들었지만, 제가 실현할 수 있는 아이디어가 아니었다는 것을 곧 인정하게 되었습니다.

두 번째 아이디어는 LG그룹 임직원 공모전으로 진행된 '차세대 배터리의 모습을 그려주세요.'라는 공모전 내용을 보고 떠올린 아이디어인데요. 스마트워치와 같은 웨어러블 디바이스의 가장 큰 문제점은 배터리의 용량으로, 현재 시계 뒷부분에 배터리가 붙어 있는 구조라면 근본적으로 배터리 용량에 한계가 있을 수밖에 없습니다. 저는 시곗줄에 주목했습니다. 배터리를 조각 내서 시곗줄처럼 이어 붙이면 시곗줄 전체가 배터리가 되고, 한번 충전을 하면 오래도록 사용할 수 있다는 생각을 한 것이죠. 그런데,

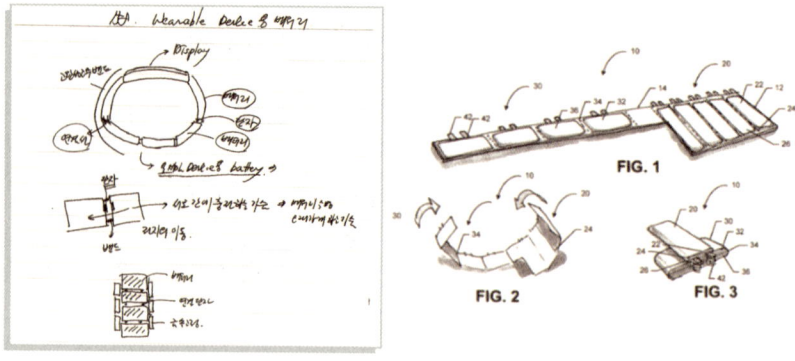

시곗줄 배터리 아이디어   애플사의 휘는 배터리 특허 이미지

이 아이디어 또한 애플에서 이미 특허 출원을 완료했더군요. 언젠가는 그와 같은 제품을 애플에서 만들어 출시하겠죠. 물론 벨트백처럼 이 제품을 제가 직접 만들 수는 없었을 것입니다.

세 번째는 IoT(Internet of Things, 사물인터넷) 아이디어입니다. 집안에서 IoT기술이 가장 필요한 곳은 가스밸브 잠금 기능일 텐데요. TV에서 가스밸브 잠그는 것을 깜박하고 집안으로 황급히 들어가는 주부들의 모습을 종종 보셨을 겁니다.

어느 날 저는 시골에 계신 어머니 댁에 들렀는데요. 지방자치단체에서 노인들을 위해 수동식 가스 자동 잠금장치를 의무적으로 설치해 두었더군요. 마치 선풍기의 타이머 기능처럼, 돌려 놓고 일정 시간이 지나면 자동으로 가스밸브가 잠기는 것입니다. 선풍기의 수동 타이머 기능을 가스밸브에 응용한 상품이었죠.

저는 그와 같은 기능을 가정 내 대기전력 손실을 막는데 써보는 게 어떨까 하는 생각을 하게 되었습니다. 즉, 타이머를 돌려 놓고 소켓에 플러그를 꽂아두면 일정 시간 후에 자동으로 전원이 차단되어 대기전력 손실이 최소화 되는 것입니다. 그런데 이 아이디어도 '대기전력 차단용 콘센트'라는 이름으로 이미 인터넷쇼핑몰에서 판매 중이었습니다. 유사 제품의 종류도

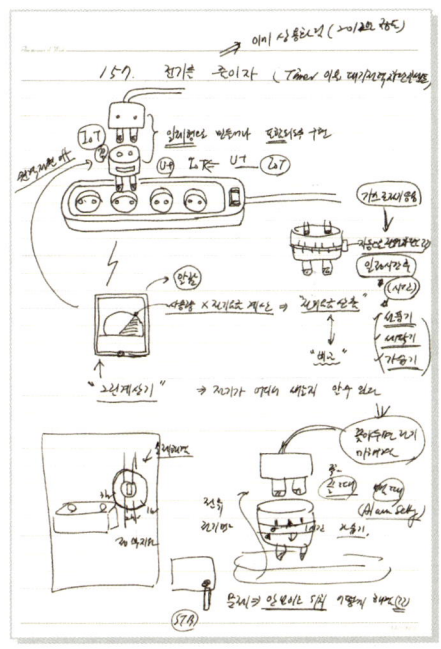
타이머 활용 전력 차단 아이디어

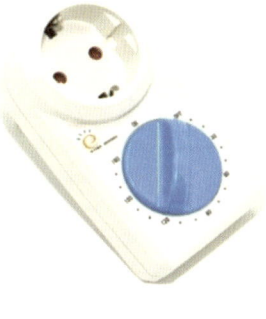
Lectel사의 타이머 콘센트 제품

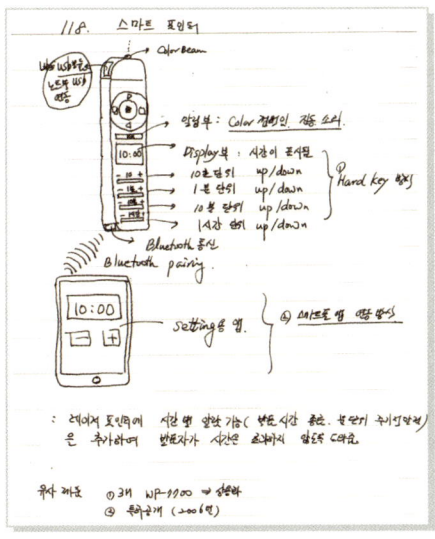
알람 포인터 아이디어

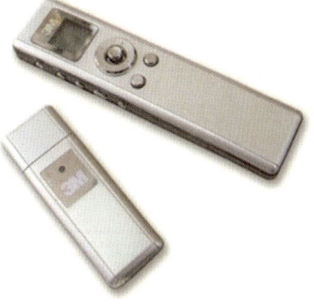
3M 사의 스마트 포인터(WP-7700) 제품

다양했고, 이 제품보다 더 자동화된 제품들이 지금도 쏟아져 나오고 있습니다. 이미 상용화된 상품들이 시중에 있었는데 제가 몰랐던 것이죠.

네 번째는 제 직무 특성상 강의나 발표를 자주 하는데, 가끔 강의 시간을 초과해서 말하는 경우가 종종 있습니다. 그래서 레이저 포인트에 타이머 알람 기능을 넣어 발표 시간을 진동으로 확인할 수 있도록 하면 좋겠다는 생각을 했습니다. 그런데 레이저 포인터의 강자인 3M에서 이미 2009년에 스마트 포인터(WP-7700)라는 제품으로 판매를 하고 있더군요. 하지만 시장성이 없어서 인지 현재 이 제품은 단종되었습니다.

마지막으로는 휴대용 프린터기 아이디어입니다. 스마트폰으로 사진을 찍는 것이 이제 일상화되었기 때문에 저는 스마트폰 카메라의 단점을 커버하기 위해 DSLR과 즉석사진 기능을 결합해보는 게 어떨까 하는 생각을 하고 아이디어를 기획했는데요. 이 아이디어 또한 먼저 개발한 곳이 있었습니다. 해외 스타트업에서 스마트폰을 폴라로이드로 만들어주는 상품을 만들

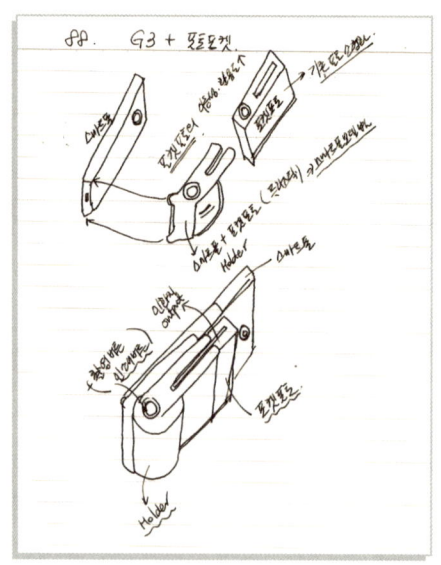

LG 3G와 포켓포토를 활용한 휴대용 프린터기 아이디어

프린트케이스 제품

었더군요. 프린트케이스(pryntcases)라는 제품으로, 2015년 초에 크라우드 펀딩 플랫폼 킥스타터를 통해 제품 출시와 펀딩이 동시에 진행되었습니다.

위에서 설명해드린 다섯 가지의 아이디어 사례는 제게 개인적으로 중요한 메시지를 던져 주었습니다. 이미 세상에는 부족함이 없을 정도로 많은 제품이나 서비스들이 나와 있는데, 그것을 알지 못한 채 저는 아이디어 발상에만 집착해서 '뭔가 획기적인 발상을 했구나!' 하며 자기 만족 상태에 있었던 것이죠. 저와 같은 생각을 남들도 똑같이 하고 있고, 제가 상상만 하는 동안 누군가는 이미 제품으로 실현하고 있었습니다. 이렇듯 아이디어를 발상했을 때에는 발상에만 집착해서는 안 되며, 세상에 어떤 제품이나 서비스들이 있는지 살펴보는 것이 매우 중요합니다.

개인 또는 조직이 실행하기에 적합한가

아이디어를 현실화 시키는데 있어서 가장 중요한 문제 중의 하나가 바로 '적합도'인데요. 적합도는 아이디어를 실현하는데 용이하냐는 것입니다. 아무리 탁월한 제품이나 서비스에 대한 아이디어라고 해도 그것을 만들 능력이 없거나 적합한 환경이 아니라면 아이디어는 꽃 필 수가 없습니다.

앞서 제가 아이디어를 낸 벨트 에어백이라든지, 휘는 배터리를 만든다는 가정을 한번 해보죠. 우선은 혼자 만들 수 없으므로 투자사를 찾거나 회사의 투자를 받아야 합니다. 제품을 만들기 전에 연구개발도 진행되어야 할 것이고, 기술적으로 가능한 지도 검토해야 할 것입니다. 두 제품 모두 상당한 기술이 요구되는데요. 이 제품을 개인이 만들어낸다는 것은 불가능합니다. 부품 업체나 LG화학과 같은 배터리 전문회사에서나 실행 가능한 아이디어인 것이죠.

그래서 아이디어의 가치를 평가할 때 실현 가능성을 중요한 평가 요소로 고려하게 되는 것입니다. 아이디어 자체의 기술적 난이도도 있지만, 그 아이디어를 낸 사람의 자체 역량이나 주변 역량을 활용하여 실현할 수 있는가가 무엇보다 중요합니다. 누구나 하늘을 날면 좋겠다는 바람이 있지만 하늘을 날 수 있는 비행기를 만들거나 행글라이더를 만들 수 있느냐는 별개의 문제인 것처럼 말이죠.

그런 측면에서 볼 때 '톡 주문'이라는 아이디어는 제가 소속된 LG CNS가 실행하기에 용이한 아이디어였습니다. 중요한 결제 수단인 카카오페이 사업을 하고 있을 뿐만 아니라 카카오와의 협업 관계라든지, TV홈쇼핑 사업자의 기간계 시스템을 잘 알고 있었던 것이 도움이 되었죠. 특히, 플랫폼 구현에 필요한 개발 인력을 풍부하게 보유하고 있었기에 수익 모델만 검증이 된다면 바로 실행할 수 있었던 아이디어였습니다.

결국 개인이나 기업이 잘할 수 있는 아이디어를 내는 것이 좋습니다. 그러기 위해서는 어떤 분야를 잘 하는지에 대한 역량을 정확하게 파악해야 합니다. 그래야 아이디어를 빠르게 실현할 수 있고 그 아이디어가 꽃피는데 필요한 시간만큼 버틸 수 있는 것입니다.

비용이 너무 많이 들거나
수익모델이 약하지는 않은가?

앞서 국무총리상을 받은 '비라인(Beeline)' 서비스는 왜 실현되지 못했을까요? 저에게 창업이라는 기회가 주어졌음에도 스스로 포기한 데는 광고 외에 뚜렷한 수익 모델이 없다는 것이었습니다. 수익을 내기에 가장 쉬운 방법은 유료 과금을 하는 것인데요. 예를 들자면 MP3 음악을 다운로드 받거나 재생을 할 때 다운로드 1회당 500원을 부과하는 것처럼 구매 고객으로부터 직접 비용을 받는 것입니다. 대부분의 제품이나 서비스는 이렇게 구매 고객에게 직접 청구합니다.

그렇지만 인터넷 서비스 시대부터 무료 서비스가 보편화 되었고, 모바일 어플 기반의 서비스도 대부분 무료로 제공되고 있습니다. 마치 카카오톡 서비스가 건당 30원인 문자 메시지를 대체했지만, 전송 횟수, 문자 길이, 사진 크기에 상관없이 무료로 제공되는 것처럼 말이죠. 카카오톡 서비스는 수익 모델을 만들기 위해 모바일 쿠폰, 게임 유통, 유료 이모티콘, 광고와 같은 수익 모델을 끊임없이 시도하고 있는데요. 이처럼 제품이나 서비스는 궁극적으로 수익을 창출해야 합니다. 그래야만 수익을 통해 투자비와 운영비를 회수하고 기업이 영속적으로 서비스를 제공할 수 있는 것이죠.

그런데 비라인의 경우 무료로 서비스를 제공할 수밖에 없고, 초기 사용자 확보를 위한 마케팅 비용이 소요된다는 것이 문제였습니다. 광고 외에는 뚜렷한 수익 모델이 없다는 게 이 아이디어의 한계였던 것이죠. 만약 제가 이 서비스를 회사에서 투자 받아 상용화 하려고 시도했다면 수익 모델에서 가장 애를 먹었을 것입니다.

수익 모델이 없는 사례로 아이디어 노트에 427번째로 적힌 '지하철 알림 아이콘 앱'을 예로 들어 보겠습니다. 지하철 환승역에 내리기 위해 정류장 알림 방송을 쳐다보다가 떠올랐던 아이디어입니다. 지하철에서 스마트폰을 보는 승객이 많아지면서 스마트폰을 보다가 내려야 할 역을 지나치지는 경우가 발생합니다. 이 문제를 해결하기 스마트폰 화면 위에 현재 역을 아이콘 형태로 표시를 해주는 것이죠. 구글의 안드로이드OS는 플로팅 액션 버튼(Floating Action Button)이라는 API를 제공해줍니다. 네이버 앱이나 페이스북 메신저앱에는 이 기능을 이용해서 스마트폰 화면에 아이콘을 떠다니게 구현했죠. 이 기능을 이용하면 사용자가 다른 앱을 쓰더라도 화면 위에 아이콘 형태로 정보를 제공해 줄 수 있게 됩니다. 지하철역 위치 파악을 위해 각 지하철 역마다 비콘(Beacon)을 설치하여 비콘 신호가 인식될 때 역

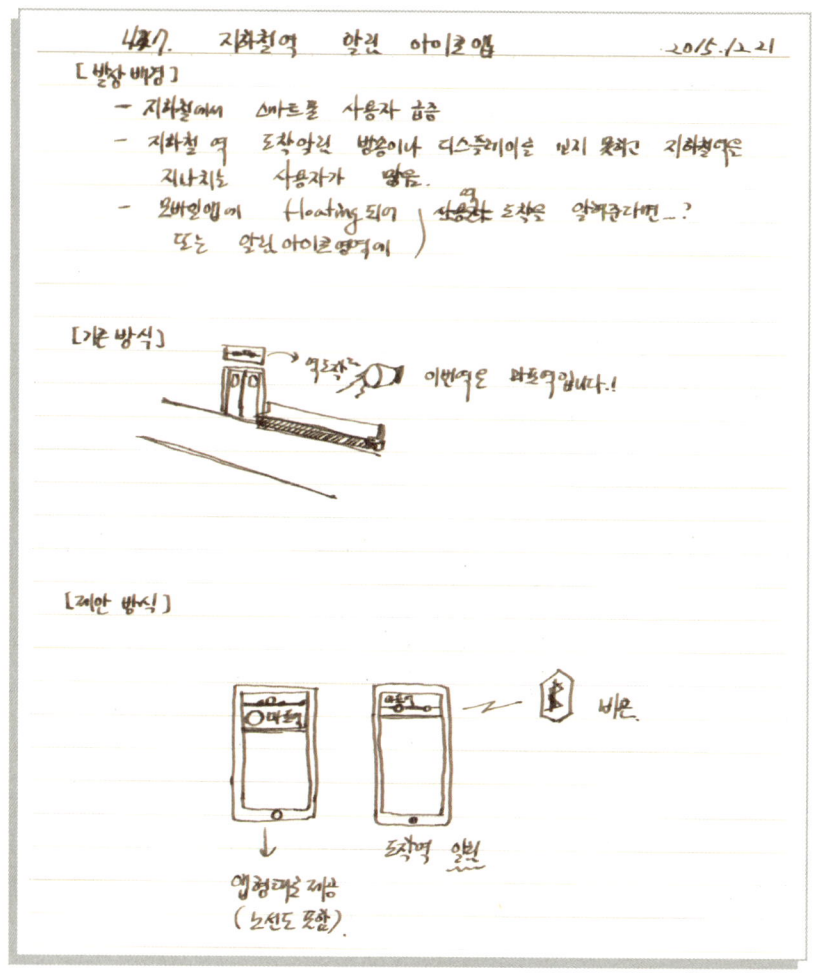

지하철 현재 역 알림 아이디어

의 정보를 파악하여 역 아이콘을 변경시켜 주는 것이죠.

역을 알려주기 때문에 방송에 귀 기울일 필요도 없고 안내 화면을 쳐다볼 필요도 없겠죠. 개인적으로는 유용한 아이디어라고 생각됩니다. 그런데 문제는 유용한 기능일 뿐 비즈니스 모델로는 부족한데요. 이 아이디어 또한 스마트폰에 설치된 수많은 기능성 앱들이 그런 것처럼, 광고 외에 딱히 수익 모델이 보이지 않습니다.

반면, '톡 주문'은 플랫폼 기반의 수익 모델을 만들기가 좋은 서비스였습니다. 기존 TV홈쇼핑 주문 채널인 상담원 ARS, 자동주문 ARS, 모바일앱의 투자 및 운영에 소요되는 비용을 비교하여 구매 건당 수수료 금액을 책정하면 수익 모델이 가능한 것이죠. '톡 주문' 서비스는 결제금액의 2%를 TV홈쇼핑 사업자에게 청구하는 모델입니다. 만약 TV홈쇼핑 구매 고객이 자동주문 ARS에서 톡 주문으로 구매 채널을 전환할 경우 구매 건당 매출이 저절로 발생하는 것이죠. 이처럼 수익 모델이 뚜렷하기 때문에 재무 예측이 용이했으며, 경영진 설득에도 어려움이 없었던 것입니다.

직원들에게 급여를 줘야 하는 기업 입장에서는 무료 서비스를 제공할 때의 위험을 따져보지 않을 수 없습니다. 한때 전 국민 동창생 찾기 열풍을 일으킨 '아이러브스쿨'과 전 국민 미니홈피 만들기 열풍을 일으킨 '싸이월드'의 차이는 바로 '아이러브스쿨'에는 없었던 '싸이월드'의 도토리라는 수익 모델에 있었습니다.

그러므로 개인 창업이든 회사 내의 업무 아이디어든, 아이디어를 실현하려고 할 때는 '이 아이디어의 수익 모델은 무엇인가.'를 생각한 후에 철저하게 설계해야 합니다. 일단 만들어 놓으면 뭔가 되겠지.'라는 안일한 생각으로 시작한다면 한동안은 버틸 수 있겠지만 시간이 지날수록 재무 상태가 악화되어 위기에 직면할 수 있습니다.

고객이 받아들일 만큼의 가치가 있는가

아이디어의 가치는 무엇으로 정의할 수 있을까요? 또 누가 정의해야 할까요? 가치라는 것이 비록 상대적이기는 해도, 고객 제공 가치는 고객이 결정하게 됩니다. 아무리 기업이 고객에게 가치를 제공한다고 외쳐도 고객이 그것을 인정하지 않으면 헛된 구호에 지나지 않습니다. 아이디어에 뭐 이런 것까지 필요하냐?'고 물어볼 지 모르지만 탁월한 아이디어는 결국 고객 가치가 가장 중요합니다. 고객이 그 가치에 반응을 해야지만, 그 가치를 환산해서 돈으로 지불하기 때문이죠.

고객은 새로운 방식을 시도하여 리스크를 감수하느니 조금 불편하더라도 기존의 방식을 그대로 유지하려는 행동 방식을 가지고 있습니다. 즉 관성의 법칙이 작용하는 것이죠. 아무리 막대한 마케팅 비용을 쏟아 붓는다고 해도 궁극적으로 고객이 가치를 체험하지 못하게 되면 기존의 방식을 고수하거나 경쟁 서비스로 바꾸게 됩니다. 그래서 고객 가치를 제대로 정의하는 것은 아이디어의 가치를 증명하는 시작점이라고 할 수 있는데요. 고객 가치를 정의하기 위해서는 고객이 누구인지, 그 고객이 어떤 상황에서 불편함이나 욕구를 가지고 있는지를 찾아 내야 합니다.

아이디어 노트에 적힌 사례를 한번 보겠습니다. 308번에 적힌 아이디어는 책이나 문서를 스마트폰으로 찍을 때 조명이 뒤에 있을 경우 문서에 그림자가 생겨서 사진 찍을 때에 애를 먹은 경험 때문에 생각한 아이디어입니다. 스캐너로 문서를 스캔하는 경우도 있지만, 늘 접할 수 있는 스마트폰으로 스캐너를 만들 수 있을 것 같은 생각이 든 것인데요. 문제는 조명으로 인한 그림자였습니다. 그것을 해결하기 위해 LED를 스마트폰 배터리 쪽에 달아서 조명을 균등하게 보내는 방법을 생각해 보았죠. 기존의 스마트폰 조명은 너무 강해서 문서에 동일한 강도로 빛을 보내기가 어려웠기 때문에 문서를 찍을 때는 적합하지 않습니다. 저는 자연광에 가까운 LED를 배터리 쪽에 넓게 퍼지게 해서 문서를 선명하게 찍을 수 있을 것이라는 생각을 한 것인데요.

그런데 아이디어의 유용성을 떠나 누가 이런 문제에 관심을 가지고 있을까요? 아마도 학생이나 직장인이라고 말할 수 있을 것입니다. 그들이 이

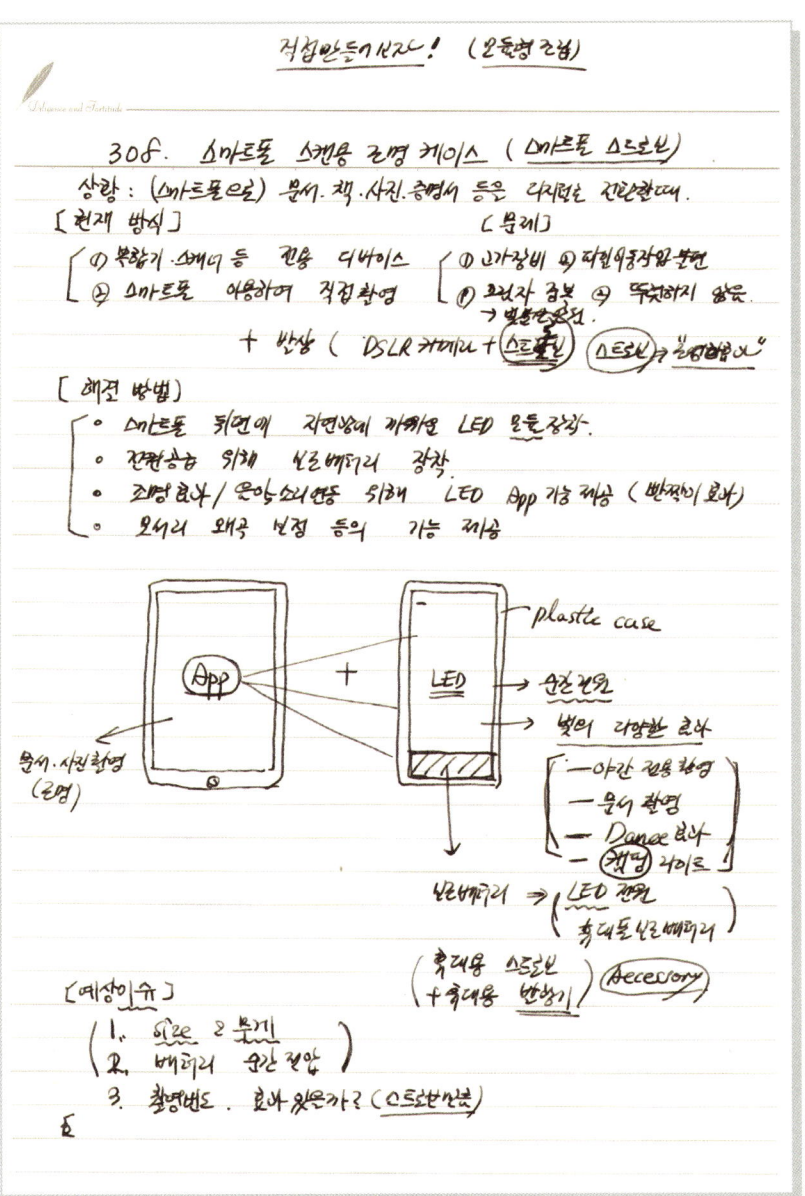

스마트폰 스캐너용 케이스 아이디어

아이디어의 주 고객인 셈이죠. 그런데 문제는 고객이 너무 포괄적으로 정의되었다는 것입니다. 학생이라고 해서 이런 불편함을 항상 경험한다고 정량적으로 증명하기가 어렵습니다.

두 번째 아이디어 사례는 대형 마트를 갈 때 주차 시간을 최소화하고 구매 물품 검색을 쉽게 해주기 위한 아이디어입니다. 마트에서 주차 공간을 찾기 위해 헤매는 경우를 대비해서 마트에 진입하면 비어 있는 주차 공간을 알려주고, 미리 적어둔 구매 물품이 있는 매장의 이동 경로를 알려주는 것이죠. 그런데 '정말 고객의 쇼핑 시간을 줄여 주는가?'라는 질문이나, '주차 시간이나 물건 찾는데 대형마트 고객이 정말로 불편함을 느끼는 것일까?'에 대한 답이 명확하지 않습니다.

반면 톡 주문 아이디어의 경우에는 구매고객에게 제공하는 가치가 명확합니다. 기존 주문 채널인 자동주문 ARS는 약 3분 이상이 소요되고 음성으로만 들어야 하기 때문에 자칫 잘못 듣게 되면 재청취를 해야 하는 불편함이 많았죠. 그렇지만 톡 주문을 이용할 경우 주문 및 결제가 1분 이내로 이뤄지고, 익숙한 카카오톡 채팅 방식으로 제공되어 사용하기가 쉽고 주문 관련 내용이 글자로 표시되기 때문에 실수 없이 주문할 수 있습니다.

아이디어를 혼자서 실현하는 것은 정말 어렵습니다. 물론 자본금이 충분하다면 가능하겠죠. 그러나 대부분의 경우 자본도 충분하지 않고 기술도 확보되어 있지 않기 때문에 자본을 가진 누군가를 설득하여 아이디어를 실현할 수밖에 없습니다. 특히 직장인은 경영진 설득이 필수적인 과정이죠. 고객이 누구인지 정의하고 그들에게 제공해 주는 가치가 무엇인지를 정의하는 것이 아이디어 실현의 출발점입니다. 그 출발점이 명확해야 경영진이 저절로 납득하게 되고 적극적인 지원을 해주게 됩니다.

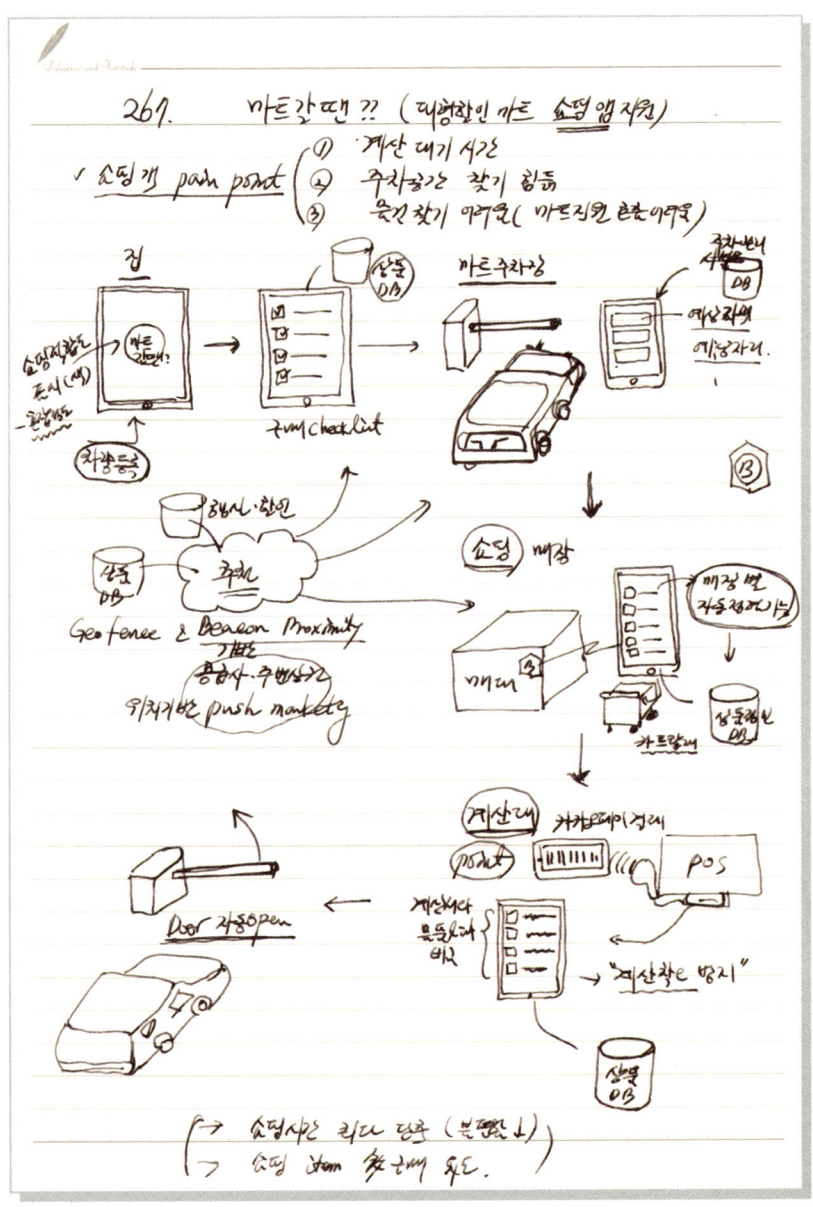

마트용 쇼핑 어플 아이디어

02
아날로그의 감성으로 기록하자

저는 아이디어 노트를 시중에서 흔히 구할 수 있는 노트와 펜으로 정리를 했습니다. '스마트폰으로 못 하는 게 없는 시대에 게다가 IT 기업에 다니는 직장인이 웬 노트?' 하고 의아할 것입니다. 사실 회의에 참석해 보면 노트보다 아이패드나 노트북을 들고 들어오는 참석자가 더 많으니까요.

그렇습니다. 아이디어 노트를 쓰는 방법에 정답은 없습니다. 자신에게 익숙하면서 효율적인 방식을 선택하는 게 좋겠죠. 요즘처럼 IT 기술이 발달된 시대에는 어쩌면 스마트폰이나 패드를 이용하고 구글 Keep이나 어썸노트 같은 모바일 어플을 활용하는 게 맞는지 모르겠습니다. 노트에 작성할 경우 불편한 점도 많으니까요. 예를 들어 내용을 잘못 작성했을 경우 수정하기도 어렵고 휴대하는 것도 쉽지 않죠.

그런데 저는 아이디어 노트를 작성하는 방식은 디지털 방식보다 아날로

그 방식이 더 낫다고 단언합니다. 아이디어를 표현하는 데 있어 단돈 2,000원짜리 노트 하나면 되는데요. 아이디어를 정리하는 데는 연필, 만년필, 노트 이 세가지면 충분합니다. 저의 일방적인 주장이라 생각하실 것 같아서 몇 가지 과학적인 근거를 제시해 보겠습니다.

손으로 쓰는 글씨가 뇌를 활성화시킨다

2013년 프린스턴대와 캘리포니아대 공동 연구에 따르면 "상대적으로 속도가 느린 손으로 쓰는 글씨 쓰기는 더 강한 정신적 주의를 요한다. 컴퓨터 타이핑 대비 속도가 느린 만큼 전체 문장을 그대로 쓰기보다는 요약해서 쓰게 되고, 이는 개념적 이해, 응용력 및 기억력을 향상시키게 된다."는 결과가 나왔습니다.

2012년 인디애나대에서 진행된 임상실험에서는 글을 모르는 5살 아이들에게 글자나 모양을 그려보게 했는데, 그 방법은 각기 세 가지로, ① 컴퓨터로 찍어서, ② 빈 종이에 적어서, ③ 점선을 따라 선을 긋는 것이었습니다. 그리고는 아이들의 뇌 활동을 MRI 스캔으로 관찰해 본 결과 빈 종이에 손으로 그린 아이들의 경우에만 어른들이 읽거나 쓸 때 반응하는 뇌 영역이 활성화되었습니다. 반면, 점선을 따라 긋거나 컴퓨터로 타자를 칠 때는 이러한 뇌 활동이 일어나지 않았다고 합니다.

아이디어를 정리하는 데 있어서 스마트폰이나 PC소프트웨어보다 종이 노트와 펜이 더 적합한데요. 종이에 손으로 쓰는 것이야말로 뇌 움직임을 활발하게 하고 집중하게 만듭니다. 그리고 종이와 펜은 사고를 자유롭게 해줍니다. 그래서 생각을 확장시키거나 구조화시켜 주죠.

아이디어가 처음 떠오를 때는 대부분 아이디어 자체가 개념적이거나 추

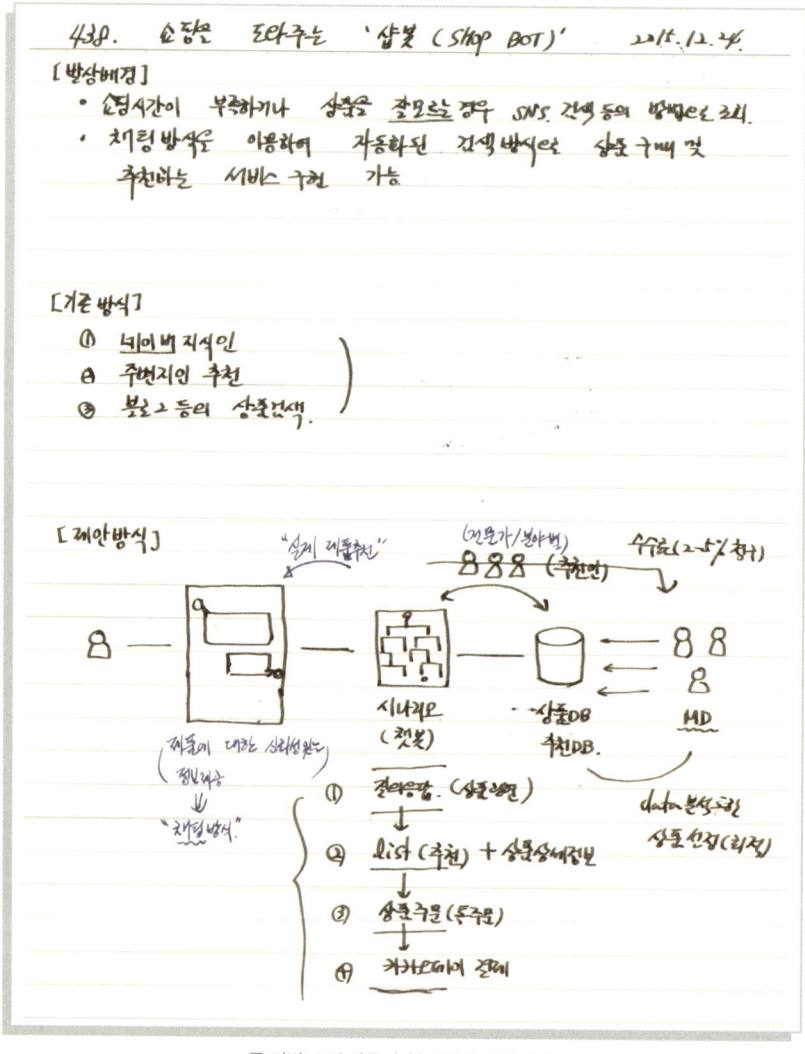

톡 기반 쇼핑 상품 추천 서비스 아이디어

상적입니다. 그래서 대부분의 아이디어는 '~이면 어떨까?' '~방식으로 하는 거야.'와 같은 몇 마디 문장이나 단순한 이미지 한 컷으로 떠오르게 됩니다. 제가 생각해 냈던 톡 주문 아이디어도 카카오톡으로 채팅하는 장면이 떠오르면서 '홈쇼핑 상품을 채팅하듯이 주문할 수 없을까?'라는 단순한 문장과 장면 이미지 하나만 떠올랐습니다. 이를 노트에 메모하는 것은 추상적인 아이디어를 구체적인 그림으로 옮기는 과정입니다. 노트에 메모하다 보면 추상적인 것이 구체적인 그림이나 문장으로 바뀌면서 새로운 정보가 추가되고, 불필요한 것들이 제거되면서 아이디어가 더 정교하게 표현됩니다.

톡 주문의 기능이나 서비스 모델을 더 확대하기 위한 구상을 하다가 '채팅으로 좋은 상품을 추천하고 톡 주문으로 주문 및 결제' 하는 아이디어가 떠올랐습니다. 처음의 생각은 앞서 정의한 한 문장만 떠올랐고, 쇼핑을 잘 못하는 30대 노총각이 신뢰할 만한 MD들에게서 상품을 추천 받아 구매하는 장면이 떠오르더군요.

그림에서 보듯 MD 경험을 가진 이들이 상품평이 좋고 후기가 좋은 제품들을 선별하여 추천 상품 데이터 베이스에 담아둡니다. 이 데이터 베이스는 상품을 누가 구매하면 좋은지, 또 어떤 기준으로 좋은 평을 받고 있는지를 세분화하여 담고 있는 것이죠. 그리고 구매 고객이 카카오톡 채팅을 통해 자동 응답 엔진이 상품을 골라서 추천을 하게 됩니다. 구현이 가능할지는 모르겠지만 실제 구현해 본다는 가정 하에 어떤 요소가 필요하고 어떻게 구성해야 하는지를 노트에 적었는데요. 노트 메모를 통해 처음에 떠올린 아이디어보다 생각이 훨씬 확장되고 구조화 되었습니다.

노트는 쉽게
꺼내 볼 수 있다

또한 노트는 스마트기기와 달리 꺼내보기가 쉽습니다. 아이디어 노트에 많은 아이디어가 쌓이게 되면 아이디어가 잘 떠오르지 않을 때 커피를 마시면서 노트를 뒤적이다 보면 더 좋은 아이디어가 떠오릅니다. 저의 회사

항상 아이디어 노트가 꽂혀 있는 책상

책상에는 사진에서 보는 것처럼 다섯 권의 아이디어 노트가 항상 비치되어 있습니다. 언제든 노트를 꺼내 볼 수 있고 아이디어를 적을 수 있도록 한 것이죠.

물론 아이패드나 아이펜슬 같은 IT 기기를 활용하여 메모하는 것도 한 방법인데요. 메모 어플은 기존의 종이 방식에 비해 다양한 색을 표현하거나, 하이퍼링크, 이미지 등을 활용할 수 있습니다. 클라우드 방식을 활용할 경우 다른 디바이스를 통해 접근하거나 타인과 공유하기 쉽다는 장점이 있죠.

하지만 아이디어를 메모하는 습관에 길들여지지 않은 채로 수십 만원을 호가하는 패드를 구입할 필요는 없다고 봅니다. 우선 가격이 저렴한 노트에 아이디어를 작성해 보길 바랍니다. 최첨단 IT 기기를 쓴다고 해서 더 좋은 아이디어가 떠오르는 것은 아니며, 습관 또한 저절로 생기는 것이 아닙니다. 메모 습관을 충분히 들이고, 어딘가에 체계적으로 정리한 다음 동료들과 커뮤니케이션을 해야 할 때 IT 디바이스를 이용해 보시길 바랍니다. 이 기기들은 보다 다양한 표현이 가능하고 휴대하기도 편하니까요.

03
자신에게 맞는 틀을 만들자

　제가 쓰고 있는 아이디어 노트는 A4용지 크기입니다. A4 용지 크기에 떠오르는 아이디어를 채운다는 것은 쉬운 일이 아닌데요. 아이디어를 문장으로 표현한다면 두 세줄 정도 밖에 되지 않을 것입니다. 특히나 제품이나 서비스의 형상을 말로 설명하기는 쉬워도 구체적인 그림으로 표현하는 것은 더욱 어렵죠.
　제가 아이디어 노트를 처음 썼을 때도 노트를 채우는 게 어려웠습니다. 게다가 특별한 틀이 있었던 것도 아니었죠. 그냥 아이디어의 내용을 그대로 노트에 적어두기만 했습니다. 그런데 아이디어가 채워질수록 아이디어를 효과적으로 표현할 수 있는 프레임이 만들어지더군요. 저는 이를 '아이디어 표현 프레임워크'라고 이름 지었습니다. 아이디어를 효과적으로 표현하기도 쉬울뿐더러 제안서나 기획서에 바로 사용할 수 있게 만든 틀이죠.

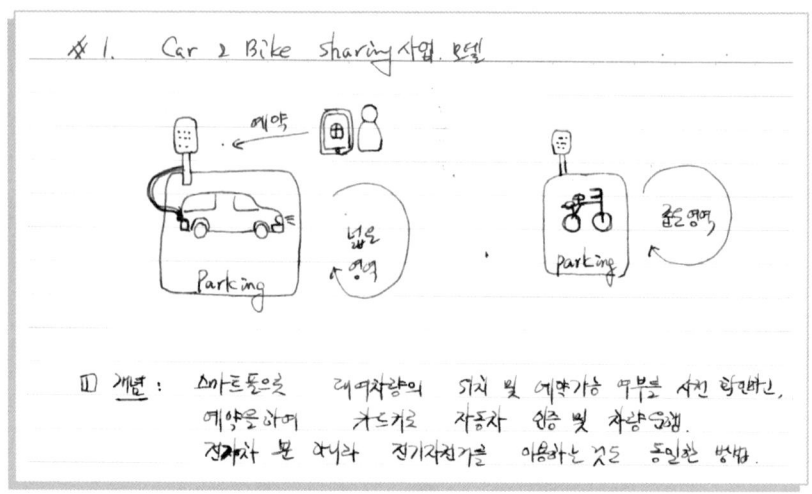

아이디어 노트에 처음 썼던 아이디어

　물론 각자 나름의 틀을 만드는 게 좋습니다. 아이디어는 창의적인 생각의 영역이기 때문에 정해진 규칙에 따를 필요는 없죠. 우선 처음에는 그냥 생각 나는 대로 써 보시길 바랍니다. 만약 그림을 그려야 한다면 노트의 아무 공간에나 그려 보세요. 순서가 바뀔 수도 있고 논리가 맞지 않을 수도 있습니다. 습관화 될 때까지 낙서하듯 생각 나는 대로 그려 보세요.
　노트 메모 습관이 익숙해진 다음에는 효율성을 따져보는 게 좋습니다. 아이디어가 많아지면 저절로 업무에 활용할 기회도 많아지는데요. 기획서를 작성해야 하거나 동료와 공유해야 할 상황도 생길 것입니다. 그럴 경우에는 제가 작성하는 노트처럼 프레임워크를 활용하는 게 좋습니다. 아이디어 노트 자체가 한 장으로 표현되는 아이디어 기획서가 될 수 있습니다.
　제가 만든 프레임워크는 기획서에 쉽게 표현되도록 만든 틀입니다. 당신도 이런 프레임워크를 자체적으로 구상하여 노트의 공간을 채워 보세요.
　위 그림에서 보면 처음으로 쓴 아이디어 노트에는 아이디어의 개념과 개념도만이 그려져 있지만, 최근에 쓴 354번 아이디어 노트의 경우에는

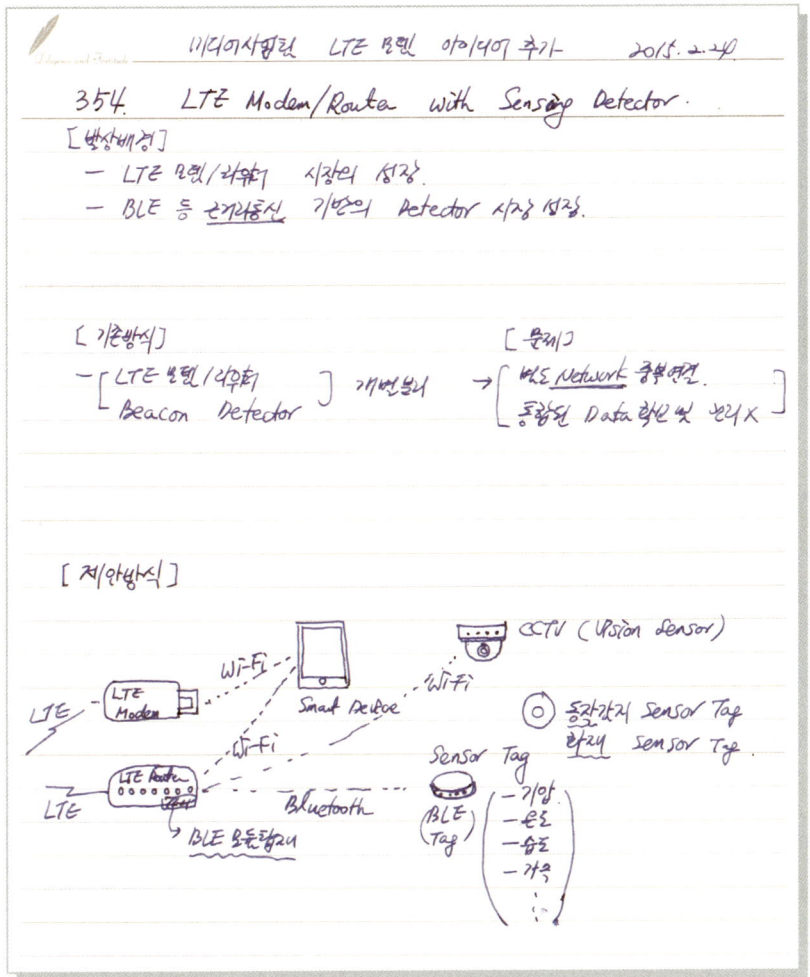

프레임을 갖춰서 작성한 아이디어

[발상배경], [기존방식], [문제], [제안방식]이란 항목으로 구분되어 아이디어가 보다 체계적으로 정리된 것을 볼 수 있습니다.

현황-개선-제안의 프레임워크를 활용하라

아이디어는 크게 4가지 영역으로 구분하는데, 이것은 아이디어 사고의 가장 중요한 프레임이라 할 수 있는 '현황-개선-제안'의 구조를 따른 것입니다. 기획서와 같은 형태죠.

① 발상 배경

어떤 이유로 아이디어를 생각하게 되었는지 배경 상황을 쓰는 것입니다. 예를 들어, 스마트폰 앱을 사용하다 보니 불편한 점이 있었다던가, 기사를 읽다가 "이 기술을 다음과 같은 분야에 활용하면 잘 팔리겠다."라는 발상의 단초를 적는 것이죠. 또는 어떤 불편함을 겪고 있고, 그 원인이 무엇인지를 적을 수 있습니다. 상황이나 배경을 쓰는 것이므로 자연스러운 문장으로 쓰는 것이 좋습니다.

아이디어 정리를 위한 프레임워크

② 기존 방식

일반적으로 아이디어를 낼 때 가장 소홀하기 쉬운 부분인데요. 소비자들이 문제의 해결이나 욕구 충족을 위해 어떤 방식을 쓰는지를 적는 것입니다. 대부분 제품이나 서비스의 형태가 주를 이루는데요. 기존 방식을 표현할 때는 문장보다 구성도나 프로세스와 같은 도해 표현이 더 적합합니다. 그 이유는 아이디어가 기존 방식과 어떤 차이가 있는지를 쉽게 비교할 수 있을 뿐만 아니라, 아이디어에서 누락되거나 불필요한 요소를 시각적으로 쉽게 찾아줄 수 있기 때문입니다.

③ 문제

기존 방식을 사용함으로 인해 야기되는 비용, 시간, 복잡성 등의 문제점을 적습니다. 가능하다면 문제의 근본적인 원인과 결과를 모두 기술하는 게 좋은데요. 문제의 원인이나 결과는 정량적이고 논리적으로 짧고 명확하게 쓰는 게 좋습니다.

문제는 곧 고객 가치와 연결됩니다. 문제점이나 불편 사항이 정량적으로 명확할수록 아이디어의 가치가 높아집니다. 그러므로 가급적 문제점을 정량적으로 표현하는 연습을 해보시기 바랍니다.

④ 제안 방식

제안 방식은 구상한 아이디어를 설명하고 정의하는 것입니다. 기존 방식처럼 문장보다 그림 또는 도해로 표현하는 것이 좋습니다. Visual Thinking 기법이라고도 하죠. 처음에는 쉽지 않은 표현법이지만, 아이디어를 설명하거나 보강할 때 유용하므로 시간이 걸리더라도 그림으로 표현해 보시길 바랍니다.

⑤ 구현 사례

시장에서 실제 제품화 되었거나 출시 예정인 제품의 명칭을 적습니다. 예를 들어, '메르세데스 벤츠의 Belt Bag 2014년 전 차종 적용 예정'과 같은 것을 적어두는 것이죠. 실제 제품으로 구현되었다고 해서 낙담할 필요는 없습니다. 그만큼 당신의 생각이 뛰어나다는 것을 반증하는 것이니까요. 그 외에 빈 공간 영역에 아이디어를 낸 날짜라든지, 이 아이디어를 어떻게 활용할 것인지를 짧게 메모해 두면 도움이 됩니다.

빈 공간은
나중에 채워라

　위에서 제시한 프레임워크를 채우는 것은 사실 쉽지 않은 일입니다. 특히 아이디어와 관련된 배경 지식이 전무할 때는 기존 방식이라든지 발상 배경 같은 내용은 전혀 채우지 못하는 경우도 있습니다. 또 구현 방식을 쓰는 것도 어려운 일이긴 하지만 일단 프레임을 잘 활용해 보세요. 프레임 내에 채워지지 않는 영역이 있으면 그냥 비워 두어도 됩니다. 비워져 있다고 해서 아이디어 가치가 낮은 것은 아닙니다. 아이디어를 실현하는 과정에서 점차적으로 채우면 됩니다.

　빈 공간이 채워지면 당신은 그 아이디어 분야에 대한 지식을 얻게 됩니다. 저도 톡 주문 아이디어를 떠올렸을 땐 TV홈쇼핑에 대한 지식이 전무했기 때문에 아이디어 노트를 제대로 채우지 못했습니다. 그렇지만 아이디어를 실현해 보고자 하는 의지를 갖게 되면서 인터넷과 사내 동료들을 통해 많은 공부를 하게 되었죠. 또한 시장 조사를 하게 되면서 알게 된 지식들이 노트의 중요한 키워드로 다시 채워지게 되었습니다. 아직까지도 TV홈쇼핑 시장에 대한 공부를 해 나가는 단계이긴 하지만 아이디어를 발상했던 1년 전과 비교했을 때 엄청나게 지식 수준이 높아졌습니다.

04
구체적인 그림으로 표현하자

글이나 말은 추상적이라는 한계를 내포하고 있습니다. 아이디어를 말이나 글로 표현하면 스토리텔링에 효과적이긴 하지만, 상대방이 각자의 경험이나 생각에 비추어 아이디어를 해석할 가능성이 높아집니다. 그것은 명화를 말이나 글로 표현한다고 생각해 보시면 이해하기 쉬울 것입니다. 언어로 색감을 표현한다고 했을 때 과연 정확한 표현이 가능할까요?

아이디어를 그림으로 표현하면 아이디어를 낸 당사자뿐만 아니라 설명을 듣는 상대방도 이해하기가 쉽습니다. 회사에서는 프로젝트 동료나 팀장, 경우에 따라서는 최고 경영자에게 아이디어를 구체화해서 보고해야 하는데요. 이렇게 많은 사람의 동의와 승인을 얻어야 아이디어를 실행할 수가 있습니다. 창업을 한 경우에도 마찬가지인데요. 아이디어를 실행시켜 줄 직원들을 설득하여 아이디어가 제품으로 제대로 완성될 수 있도록 도움을 받아야 합니다. 그리고 자본이 부족하다면 투자자를 설득하여 재무적인 지원도 받아야 합니다.

결국 이 모든 것이 가능하려면 자신의 아이디어를 상대방에게 잘 이해시키고 매력적으로 느낄 수 있도록 하는 것이 중요합니다. 그래야만 그 아이디어가 실제로 그것을 실행하는 이들에게 동기 부여가 되어 생각이 아닌 실제 제품이나 서비스가 될 수 있기 때문이죠.

아이디어를 그림으로 표현하면 아래와 같은 장점이 있습니다.

첫째, 중복되거나 누락된 내용을 찾아낼 수 있을 뿐만 아니라, 아이디어를 실행하는 과정에서 예상되는 문제를 빨리 파악할 수 있다. 즉 아이디어를 입체적이면서 구조적으로 파악하여 놓치는 부분이 없는지 정밀하게 검토할 수 있다.

둘째, 냉철한 관점에서 아이디어를 제대로 점검해 볼 수 있다. 또한 자신의 아이디어에 대한 다른 사람의 객관적인 의견을 무시하는 아집에 사로잡히지 않게 된다.

셋째, 다른 아이디어를 발상할 수 있는 촉매제 역할을 해준다. 그림으로 표현된 객체의 배치를 바꾸거나, 무엇인가를 빼거나 더함으로써 확장된 아이디어를 더 얻어낼 수 있다.

다음은 제가 아이디어를 그림으로 표현할 때 활용하는 방법입니다.

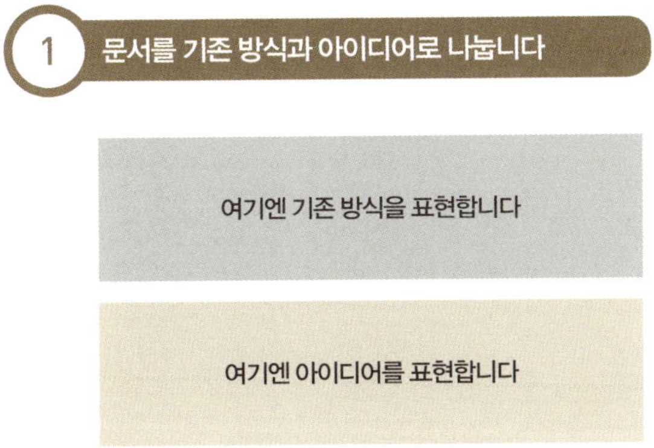

1 문서를 기존 방식과 아이디어로 나눕니다

여기엔 기존 방식을 표현합니다

여기엔 아이디어를 표현합니다

아이디어 표현 단계 1
상하로 영역을 나누고 기존 방식과 아이디어를 구분합니다

무엇인가가 더 좋다는 것을 효과적으로 표현하는 방법 중의 하나는 기준을 두고 비교하는 것입니다. 이것은 아이디어도 마찬가지인데요. 좋은 아이디어에 대한 효과적인 설득을 위해서는 '예전 방식에 비해 자신이 제안하는 방식이 더 좋다.'는 것을 보여줄 수 있는 객관적인 비교가 필요합니다. 그 비교를 통해 듣는 사람은 아이디어가 무엇에 관한 것인지, 어떤 점이 좋은지 등을 판단하고 더 쉽게 아이디어를 받아들일 수 있게 됩니다.

따라서 제시한 그림과 같이 상하 영역으로 나누어 위는 '현재 방식(As-Is)'을, 아래에는 아이디어인 '제안 방식(To-Be)'을 표현하면 좋은데요. 아이디어는 기존 방식을 개선시키거나 혁신적으로 변화시키는 것이기 때문에 아이디어를 제시하게 전에 기존 방식이 어떻게 이루어졌는지 먼저 표현할 필요가 있습니다. 이때 기존 방식이 여러 가지가 있다면, 그 방식들 중에서 시장에서 가장 보편적으로 받아들여지거나 제안자가 가장 원하는 방식으로 선정하여 그리는 것이 좋습니다.

| **2** | 좌우를 비즈니스 프레임워크로 나눕니다 |

| 기존
방식 | 콘텐츠 | 플랫폼 | 네트워크 | 디바이스 |
| 제안
방식 | 공급 | 생산 | 유통 | 소비 |

아이디어 표현 단계 2

좌우를 비즈니스 프레임 워크로 나눕니다

앞서 상하를 기존 방식과 제안 방식으로 나눴다면 좌우는 프레임 워크로 나눕니다. 이때의 프레임 워크란 궁극적으로 중복되지 않고 누락되지 않는 MECE(Mutually Exclusive, Collectively Exhaustive) 관점으로 아이디어를 프레임에 넣을 수 있는 틀이라고 보시면 됩니다. 예를 들어 IT나 인터넷/모바일 서비스 분야의 가치사슬(Value Chain)을 표현할 때는 '콘텐츠-플랫폼-네트워크-디바이스'라는 표현을 쓰게 되는데요. 이것이 바로 프레임 워크입니다. IT 분야가 아닌 일반 산업 분야에서는 일반적인 산업의 가치 흐름인 ① 공급/제휴 → ② 생산 → ③ 유통 → ④ 소비(또는 고객)의 네 단계로 나누는 것이 좋습니다.

물론 모든 아이디어가 비즈니스 모델이나 신사업에 관한 것일 수는 없습니다. 특정 제품이나 서비스인 경우도 많죠. 예를 들어 서비스에 대한 아이디어인 경우라면, 그에 적합한 프레임 워크를 도입해서 4~5개 영역으로 맞추는 것이 좋은데요. '외부 연동 시스템-내부 시스템-사용자 인터페이스-

2 좌우를 비즈니스 프레임워크로 나눕니다

'사용자'로 나누는 것도 하나의 방법이 될 수 있습니다. 만약 비즈니스 모델에 대한 아이디어라면 수익 모델이 중요한 관심사가 될 수 있습니다. 그래서 분명한 수익 모델이 있는 경우라면, 프레임 워크 하단 영역에 수익이나 비용 흐름을 표현할 수 있는 영역을 할당해서 표현하는 것이 좋습니다.

또한 기록에 있어서는 고객으로부터 수수료 등의 수익을 가져오므로 우측에 수익 요소를 표현하고, 비용은 공급/제휴/생산 등의 과정을 통해 지출되므로 좌측 영역에 표시하는 것이 낫겠죠?

아이디어 표현 단계 3
아이디어의 객체와 객체 간의 관계를 정의합니다

이를 위해서는 8개 영역의 아이디어를 이해할 수 있도록 도형으로 표현해야 합니다. 우선 아이디어의 주요 구성 요소인 사용자와 고객, 그리고 디바이스와 제품 및 서비스, 서비스 제공을 위한 인프라, 서비스 제공을 위해

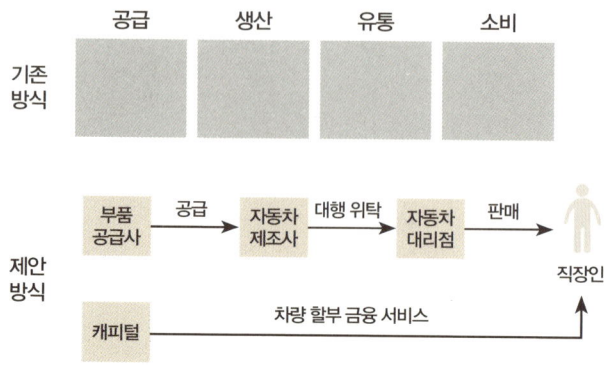

필요한 외부 업체 리소스 등 명사로 정의될 수 있는 객체를 모두 뽑아내야 하는데요. 그러고 나서 그 중 핵심이 되는 객체만을 8개 영역 위에 각각 배치하면 됩니다.

좀 더 정교한 그림으로 표현한다면 사람이나 기업은 원형으로, 시스템 및 인프라의 경우 사각형으로 표시하여 객체 간의 구분을 주는 것도 한 방법입니다. 고객은 사람 아이콘을 활용할 수도 있겠죠.

아이디어를 그림으로 표현해야 한다고 해서 그림을 잘 그려야 한다는 고민은 할 필요가 없습니다. 화가가 되겠다는 생각이 아니라면 이해할 수 있는 수준의 그림을 그리면 됩니다. 저의 아이디어 노트에서 보여지듯 저도 그림을 잘 그리지 못합니다. 그래서 저는 아이콘을 많이 활용합니다. 아이디어 노트에 그림을 그릴 때 객체를 아이콘처럼 단순화시켜 버리면 그림을 그리기가 훨씬 쉬워집니다. 예를 들어 자주 쓰게 되는 객체는 사람, 서버, 스마트폰, 자동차, 기지국, 와이파이 통신, 노트북 등입니다.

그렇다면 아이콘은 어떤 것을 기준으로 그리면 좋을까요? 물론 Google

검색을 하면 정말 많고 예쁜 이모티콘을 검색할 수 있지만 매번 검색을 하는 것은 시간 낭비입니다. 스마트폰의 기본 이모티콘에 해당하는 이모지(Emoji)를 활용해보세요. 스마트폰 키보드 입력창에는 아이콘을 선택하는 게 있는데 거기에는 다양한 사물/사람 등의 이모티콘이 있습니다. 그림으로 객체를 표현하기 어려우면 네모 박스로 텍스트를 입력하여 상자를 정의하는 것도 좋은 방법입니다.

스마트폰에 내장된 이모티콘을 위한 이모지(Emoji)

객체가 표현되면 각 객체 간의 상호 관계를 화살표나 실선으로 표현해 주면 되는데요. 공급과 같이 한 방향으로 전달되거나 제공되는 경우 화살표나 실선으로 표시합니다. 반면 제휴와 같이 서로 주고 받는 경우 양방향 화살표로 표현하는 것이 좋죠. 화살표 상단 영역에는 제공되는 데이터/기술 요소/리소스가 무엇인지를 텍스트로 키워드만 써 줍니다.

> 아이디어 표현 단계 4
> ## 사용자가 제품/서비스를 이용하는 신(Scene)은 자세히 그립니다

고객의 관점에서 아이디어를 표현하는 것은 매우 중요합니다. 특히 고객

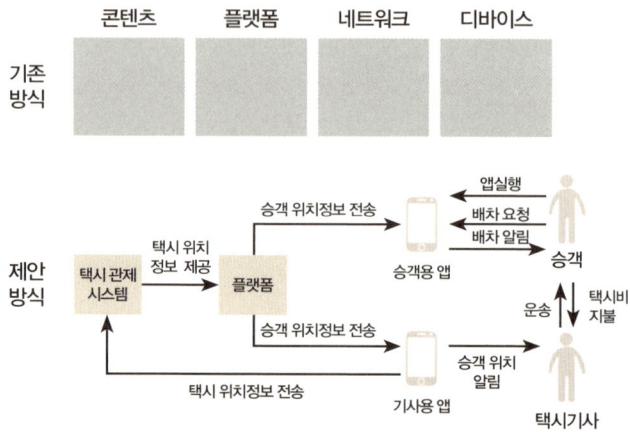

이 제품이나 서비스의 어떤 기능을 어떻게 사용하는지, 사용자 인터페이스(User Interface)에 대해 자세히 표현할 필요가 있는데요. 그렇다고 너무 상세하게 기술할 경우 전체 비즈니스 관점의 가치를 파악하기 힘들어질 수도 있기 때문에 고객 가치 부분이 적절히 표현될 수 있는 수준으로만 표시하면 됩니다.

만약 멀티사이드 플랫폼 모델(둘 이상의 고객이 존재하여 거래를 중개하거나 연결해 주는 모델)이라면 다음과 같이 표현하면 되는데요. 고객이 둘 이상으로 존재하고 두 고객 간에 거래 또는 상호 작용이 이루어질 경우, 고객 영역에 각 개별 고객을 표시하고 고객 간의 거래 관계를 표현합니다. 예를 들어 택시 기사의 승객은 택시를 이용하여 운송 서비스를 제공해 주는 모델이기 때문에 '기사-택시-승객'의 관계를 표시해 줍니다.

5 기존방식과 아이디어에서 달라진 부분을 표시합니다

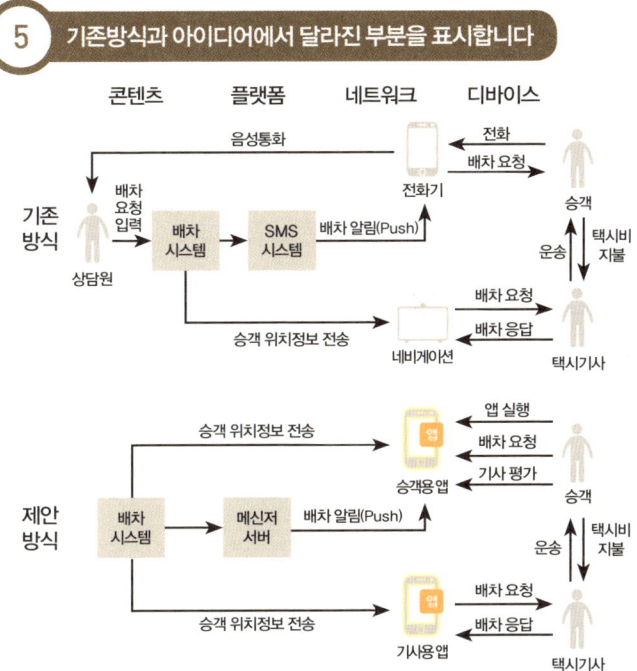

아이디어 표현 단계 5
기존 방식과 아이디어에서 달라진 부분을
다른 색상으로 표시하거나 강조합니다

아이디어를 한번에 비교해 볼 수 있도록 기존 방식과 아이디어에서 차이가 나는 부분을 의도적으로 표시하는 것입니다. 새롭게 추가되는 요소, 변경되는 부분, 또는 아이디어를 통해 없애거나 줄일 수 있는 영역을 컬러를 이용하여 눈에 띄게 표시하는 것이죠. 이때 변경되지 않는 영역은 회색 계열의 색을 이용하여 두드러지지 않게 표시하는 것이 중요합니다.

5 아이디어의 핵심 내용을 문장으로 표현하라

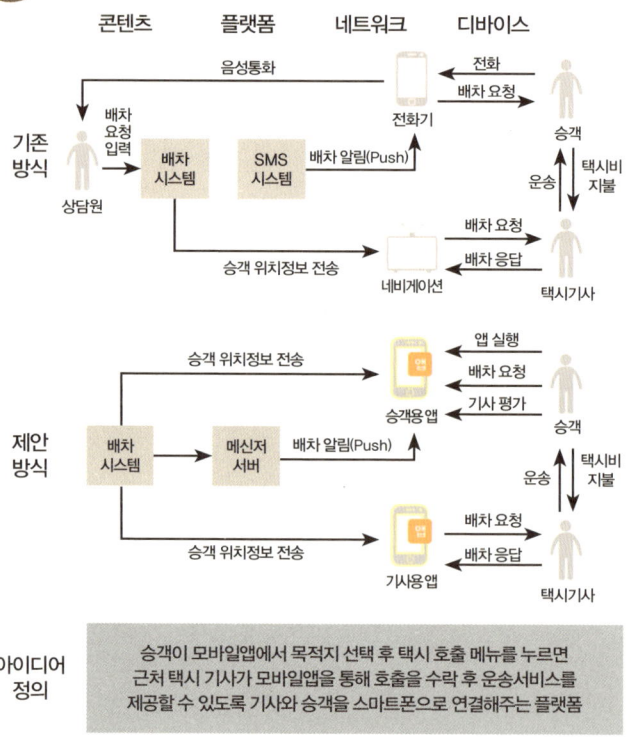

아이디어 표현 단계 6
아이디어를 문장으로 간결하게 표현합니다

그림만으로는 완전히 이해하지 못할 경우를 대비해서 아이디어에 대해 설명하는 문구를 작성합니다. 문장을 길게 쓰는 것보다는 그림을 잘 표현할 수 있는 핵심 키워드로 정리하는 것이 좋습니다.

지금부터 제시하는 사례는 독자의 이해를 돕기 위해 널리 알려진 모바일 앱 서비스 모델을 참고하여 가상으로 아이디어를 표현해 본 것입니다. 따라서 프로세스나 구성은 실제 서비스와 다를 수 있습니다. 당신이 알고 있는 서비스가 '처음 아이디어 단계에서는 어떻게 표현되었을까?'라는 관점에서 보시면 쉽게 이해할 수 있습니다.

아이디어 표현 사례 1
중고 직거래 사기 예방, 가능할까요?

요즘 유명 중고 직거래 카페를 통해 저가에서 고가의 제품에 이르기까지 직거래가 많이 이루어지고 있습니다. 저도 이 카페를 통해 중고품을 거래한 경험이 있는데요. 물건을 쉽게 사고 팔 수 있다는 장점은 있지만 면식도 없는 사람들 간의 직거래이다 보니 자연스레 사기의 위험에 노출되는 것이 사실입니다.

그렇다면 만약 당신이 직거래를 하다가 몇 번의 사기 피해를 당했거나 앞으로도 그럴 가능성이 점점 높아지고 있다면 이를 방지하기 위해서 어떤 서비스가 필요할까요? 바로 판매자의 확실한 신분을 알려 주는 서비스가 최우선적으로 필요할 것입니다.

그리고 이 아이디어는 실제로 '더치트(http://thecheat.co.kr)'라는 서비스로 상용화되었습니다. 사기 피해 경험이 있는 구매자들이 대포폰이나 대포통장으로 추정되는 판매자의 휴대 전화번호 및 계좌 번호를 등록하는데요. 이를 여러 사람이 이용할 수 있도록 데이터베이스로 제공하여 신규 거래자들이 거래시에 사기 여부를 미리 알 수 있도록 하는 것입니다.

이렇듯 '사기 피해 사례 정보 공유'와 같은 사용자들의 집단 지성을 활용한 정보 공유 서비스는 스팸 방지를 위해 활용되고 있는 방식인데요. 이와 같은 서비스는 사용자가 많이 참여하고 데이터가 많이 모일수록 더 큰

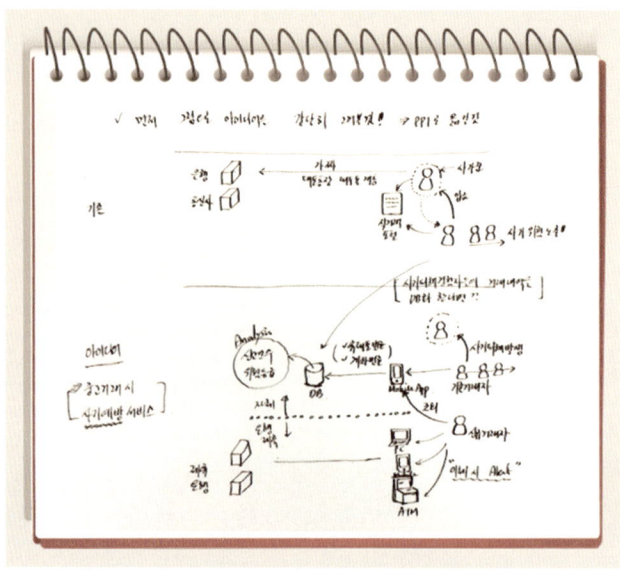

네트워크 효과를 발휘하게 됩니다.

    이 아이디어를 노트에 한 번 표현해 볼까요? 아이디어가 떠올랐다면 우선 그 아이디어를 종이에 낙서하듯이 그려볼 필요가 있습니다. 순간적으로 떠오른 아이디어를 별다른 양식 없이 생각나는 대로 적어 보는 것이죠. 이와 같은 아날로그적인 낙서 방식은 아이디어를 확장 혹은 함축해 나가는 창의적 사고의 중요한 과정이라고 볼 수 있습니다.

    어느 정도 아이디어 발상이 되었다면 위의 그림처럼 보기 좋게 틀을 갖춰서 그려 보는 것이 좋은데요. 상하의 구도(기존 방식 vs 제안 방식)와 좌우의 구도(C-P-N-D)를 활용하면 쉽게 정리가 됩니다. 또한 참고로 이렇게 정리된 그림을 표현할 때는 가급적 만년필을 쓰는 것이 좋은데요. 개인적인 경험이지만 연필은 생각을 확장시키는데, 만년필은 생각을 정리하는데 도움이 됩니다.

    종이나 노트에 그림처럼 표현이 되면 이를 토대로 파워포인트 슬라이드

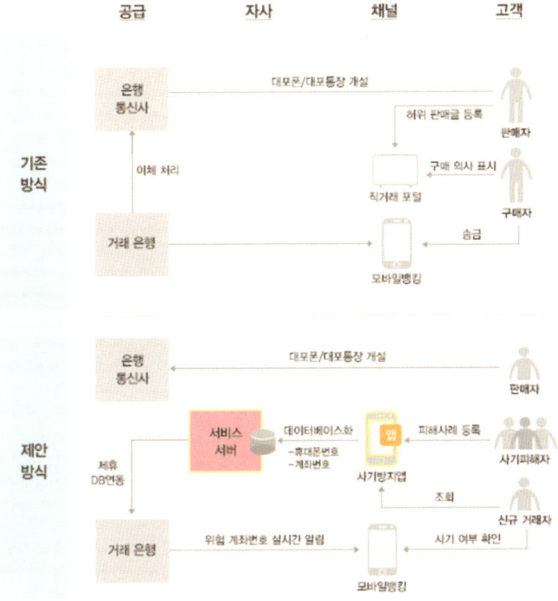

에 옮깁니다. 공식적인 업무가 아니라면 사실 제가 애용하는 1,000가지 아이디어 노트 같은 곳에 적어 두고 실현해 보는 것도 좋은데요. 회사 업무라면 PPT로 만들어서 팀원들과 토론하고 공유하는 것도 아이디어의 현실성과 가능성을 점검해 보는 좋은 기회가 될 수 있습니다.

위의 이미지는 사기 피해에 활용된 휴대폰 및 계좌번호를 데이터베이스화하여 신규 거래자가 직거래를 할 때 모바일앱 또는 제휴은행 뱅킹 채널을 통해 거래자의 사기 여부를 사전에 조회할 수 있는 서비스에 대한 아이디어를 PPT에 그려 본 것입니다.

파워포인트 슬라이드를 만들 때, 종이에 그린 그림과 똑같이 그릴 필요는 없습니다. 대상이 누구인지에 따라 특정 부분을 단순화시켜야 하는 경우도 있고, 어떤 부분은 더 상세하게 그릴 필요도 있으니까요. 다만 기존의 방식은 어떻게 이루어지고 있는지를 제시하고, 기존 방식의 문제점과 비교하면서 아이디어를 설명하면 상대방을 더욱 효과적으로 설득할 수 있습니다.

아이디어 표현 사례 2
배달 음식 주문, 좀 더 쉽게 할 수는 없을까요?

최근 모바일 트렌드 중 하나는 '생활 밀착형 앱'입니다. 일상생활에서 꼭 필요한 서비스들이 모바일 앱을 통해 제공되는 것인데요. 그 중 가장 많이 활용되는 앱은 단연 '배달 관련 앱'입니다. 당신도 최근 화려한 TV 광고를 하고 있는 다양한 배달 앱들을 모두 알고 있지 않나요?

이런 서비스가 나오기 전까지는 배달 주문을 하려면 냉장고에 붙어 있는 스티커 전단에서 연락처를 찾거나 114에 전화를 걸어야 했습니다. 그리고 식당에 직접 전화를 걸어 메뉴, 가격 등을 묻고 주문한 후, 배달되면 비용을 지불하는 시스템이었죠. 그러나 당신도 경험해 보셨겠지만 원하는 식당의 연락처를 찾는 것뿐만 아니라 그곳의 메뉴와 가격 정보를 아는 것이 쉽지 않습니다. 그러다 보니 자신이 익숙한 집에만 배달 주문을 하는 경우가 많았죠.

하지만 이제는 상황이 달라졌습니다. 스마트폰이 대중화되면서 모바일 앱만 설치하면 동네 구석구석에 있는 모든 식당 정보와 연락처를 알 수 있습니다. 또한 사진으로 된 메뉴판에는 음식에 대한 상세한 정보와 가격까지 표기되어 있고, 실제 배달 주문을 했던 사람들이 남긴 냉정한 평가까지 볼 수 있죠. 그리고 당장 현금이 없어도 '카카오페이' 같은 간편 결제 시스템으로 쉽게 음식값을 지불할 수도 있습니다.

그렇다면 개발자는 위에서 언급한 배달 앱 서비스 아이디어가 떠올랐을 때 이를 어떻게 표현했을까요? 아마도 다음 그림과 같이 표현하지 않았을까요?

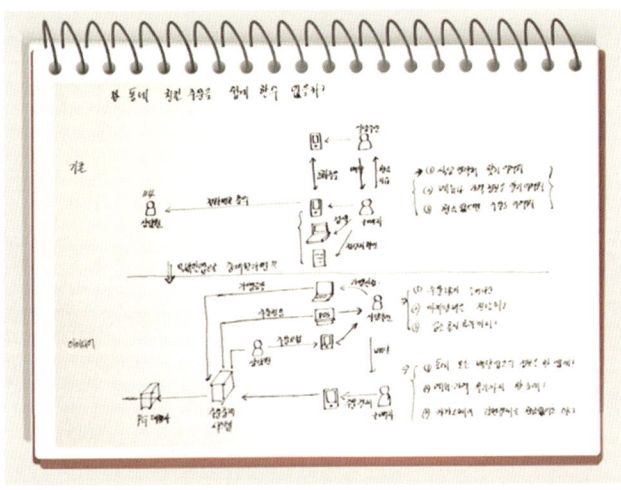

　그리고 노트에 그려진 것을 파워포인트로 옮긴다면 아마도 다음과 같은 그림이 될 것입니다.

　이렇듯 아이디어를 그림으로 표현해 보면 일반 사용자에게 어떤 가치를 제공할 수 있는지, 식당 주인은 어떤 가치를 얻게 되는지 한눈에 볼 수 있을 뿐만 아니라 아이디어를 사업화하거나 실현할 때, 어떤 요소들이 필요한지 대략이나마 알 수 있습니다. 그려진 그림을 토대로 어떤 것이 필요한지 가설을 세워 보는 것이죠. 이때 과거 유사한 경험을 보유하고 있다면 필요한 요소를 더욱 빨리 정리할 수 있을 것입니다.

　위의 그림을 예로 들어 설명한다면, 우선 가맹점의 점주들이 필요로 하는 시스템이나 채널이 있어야 합니다. 가맹점 신규 가입, 계약 체결, 구매자들이 볼 수 있는 가맹점 정보/메뉴/가격 정보의 등록 및 관리, 주문 또는 정산 내역을 볼 수 있는 페이지가 있어야 하는 것이죠. 그리고 POS나 전용 단말기를 통해서 주문 내역이 실시간으로 통지되어 배달 업소가 고객에게 빠르게 배달할 수 있어야 하는데요. 만약 POS나 전용 단말기를 도입하지 않은 배달 업소라면, 배달 앱을 통해 주문 받은 내용을 상담원이 확인하여

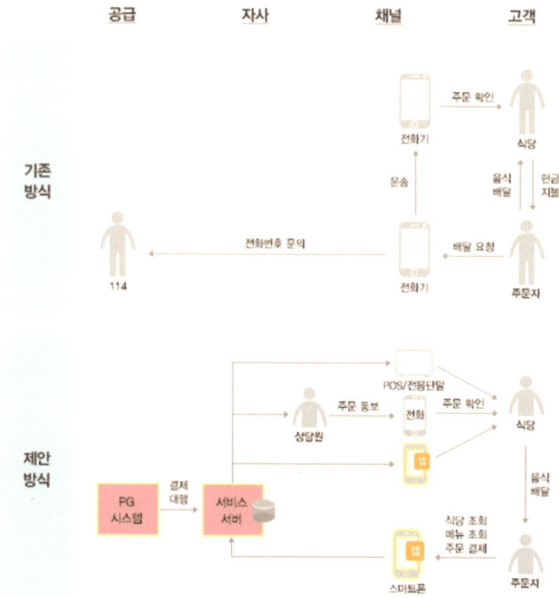

해당 배달 업소에 전화로 통보하는 방식이라도 써야 할 것입니다.

또한 그려진 그림을 관찰해 보면 어떤 부분에 비즈니스 성공 요소가 있는지도 알 수 있습니다. 배달 앱 서비스 모델은 '양면 플랫폼 모델(Two-sided Platform Model)'이라고 불리는데요. 이런 류의 서비스를 제공하려는 사업자는 한 측면인 배달 업소와 다른 측면인 사용자 모두를 많이 확보해야 합니다.

따라서 배달 업소 확보를 위해서는 직접 영업을 하거나 기존 지역 기반의 영업망을 갖춘 사업자와 제휴를 해야 하는데요. 특히 사용자 확보를 위해서는 브랜드 인지도를 높이기 위한 광고를 하거나 모바일 앱 다운로드 유도를 위한 마케팅을 지속적으로 추진해야 합니다. 기업들이 상품의 브랜드 가치를 높이기 위해 유명 연예인과 광고 계약을 맺고 TV 매체를 통해 광고를 지속적으로 내보내는 것처럼 말이죠.

05
자투리 시간을 활용해서 꾸준히 기록하자

3년 동안 아이디어 노트를 꾸준히 쓰다 보니 이제는 출근 직후에 다른 일보다 먼저 스마트폰 메모앱을 꺼내 키워드 형태로 간략하게 메모해두었던 내용을 노트에 정리하는데요. 업무 중 아이디어가 필요할 땐 노트를 꺼내 훑어보는 것이 습관이 되었습니다.

그런데 노트를 쓰는 일이 생각보다 수월했을까요? 아이디어 노트를 쓰게 되면 여러 가지 어려움에 부딪치게 되는데요. 그 어려움은 대략 3가지 정도로 추려볼 수 있습니다.

첫째, 아이디어를 만들어내는데 어려움이 있었습니다. 처음에는 의욕에 넘쳐 노트에 아이디어를 단숨에 적어 내려 갔죠. 그런데 20개 정도 아이디어를 정리하고 나니 더 이상 아이디어가 없었습니다. 아이디어 1,000개쯤이야 금방 채울 수 있을 것이란 자만은 산산조각 나듯 깨져버리고 말았죠. 아이디어가 떠오르지 않는 날이 많아질수록 아이디어 노트는 저와 멀어지기 시작했습니다. 그리고 그런 날이 길어질수록 '내가 아이디어를 잘 내는 사람 맞아?'라는 의구심도 들었는데요. 아마 당신도 아이디어 노트를 쓰게 되면 마주하게 될 첫 번째 난관이 될 것입니다.

둘째, 아이디어에 관한 내용을 노트에 제대로 채우기가 어려웠습니다. 아이디어는 순간적으로 떠오르는 것인 데다가 추상적입니다. 마치 영화나 그림의 한 장면을 보는 듯한 이미지로 떠오르거나 '~ 해보면 어떨까?'라는 한두 문장으로 떠오르는 정도죠. 그런데 관념적이고 추상적인 아이디어를 A4 용지 크기의 노트에 빼곡히 채운다는 것은 여간 곤혹스러운 일이 아니었습니다. 그래서 중간에 노트 크기를 바꿀까 하는 고민도 했었는데요. 아이디어를 발상 배경, 기존 방식, 문제점, 제안 방식의 틀로 나눈 것은 두 번째 노트부터였고, 그것을 제대로 채울 수 있었던 것은 세 번째 노트에서부터였습니다. 즉 저의 첫 번째 노트는 간단한 그림과 한 두 줄의 설명 정도가 전부였고, 노트의 대부분이 비어 있었죠.

셋째, 글씨체와 그리기에 자신이 없어서인지 노트가 왠지 지저분하다는 느낌을 지울 수가 없었습니다. 그런 문제를 해결하기 위해 삽화 관련 책도 사서 보고 연습을 하기도 했죠. 그렇지만 단기간에 해결될 수 있는 문제가 아니었습니다. 그러다 어느 순간 예쁘게 그리는 것을 포기했습니다. 이런 생각이 들더군요. '내가 아이디어 노트를 적는 게 화가나 만화가가 되기 위한 것이 아니잖아?' 이렇게 결론을 내리고 나니 그림 그리는 게 자유로워졌습니다.

위와 같은 이유들로 몇 번이나 노트 쓰는 것을 포기할 뻔했지만, 저는 지치지 않고 꾸준히 노트를 적어 왔습니다. 노트를 적으면서 글씨체나 그림처럼 저 스스로 일정 부분 기대치를 포기한 것들도 있었죠. 아이디어의 양은 계속적으로 노트를 쓰다 보니 해결이 되었습니다. 시간이 지날수록 아이디어가 떠올랐기 때문이죠. 그리고 점차 일상 생활 속 아이디어 제품들을 눈 여겨 보고 그것을 응용해 본다거나, 평소 접하는 많은 물건들이 왜 존재하는지, 무엇이 불편한지, 이것을 어떻게 바꾸면 좋은지를 고민하게 되었습니다. 또한, 사람들과 대화하면서 사람들은 어디에 돈을 쓰는지, 어떤 제품에 만족하는지, 어떤 생활 습관을 가지는지 눈여겨 관찰하게 되었고, 그 관찰을 통해 새로운 아이디어를 떠올릴 수 있었습니다.

시간이 부족하면
제목만이라도 적어두자

만약 당신이 아이디어를 적을 시간이 부족할 정도로 정말 바쁘다면 노트의 내용을 모두 채우는 것보다 아이디어 번호 옆에 제목만이라도 적으세요. 제목만 적어두더라도 나중에 그 아이디어를 다시 떠올릴 수 있습니다. 가능하다면 기억을 더 쉽게 할 수 있도록 키워드를 적어두는 것이 좋겠죠.

저의 경우에도 처음에는 아이디어를 채우기가 어려워 제목만 적거나 간단한 내용만을 적었습니다. 다음 그림에서 보듯 55번째 아이디어는 아이디어 노트의 절반도 채우기가 어려웠죠. 그러다 생각 날 때 추가로 내용을 채워 나갔습니다.

아이디어 노트의 번호가 늘어날수록 기록하는 것이 어렵게 느껴지지 않았고, 좀 더 많은 내용을 채울 수 있었습니다. 게다가 앞서 설명한 카테고리 별로 내용을 나눠 작성하다 보니 훨씬 수월하게 정리할 수 있었죠. 그래서 434번째 노트는 A4 용지를 가득 채울 수 있었습니다.

제가 생각할 때 아이디어 노트를 작성하기에 좋은 시간은 출근 후 10분입니다. 하루 업무가 시작되기 전에 해야 할 일을 점검하면서 스마트폰 메모장에 간단하게 적어두었던 아이디어를 노트에 옮겨 적으면서 생각을 정리하는 것이죠.

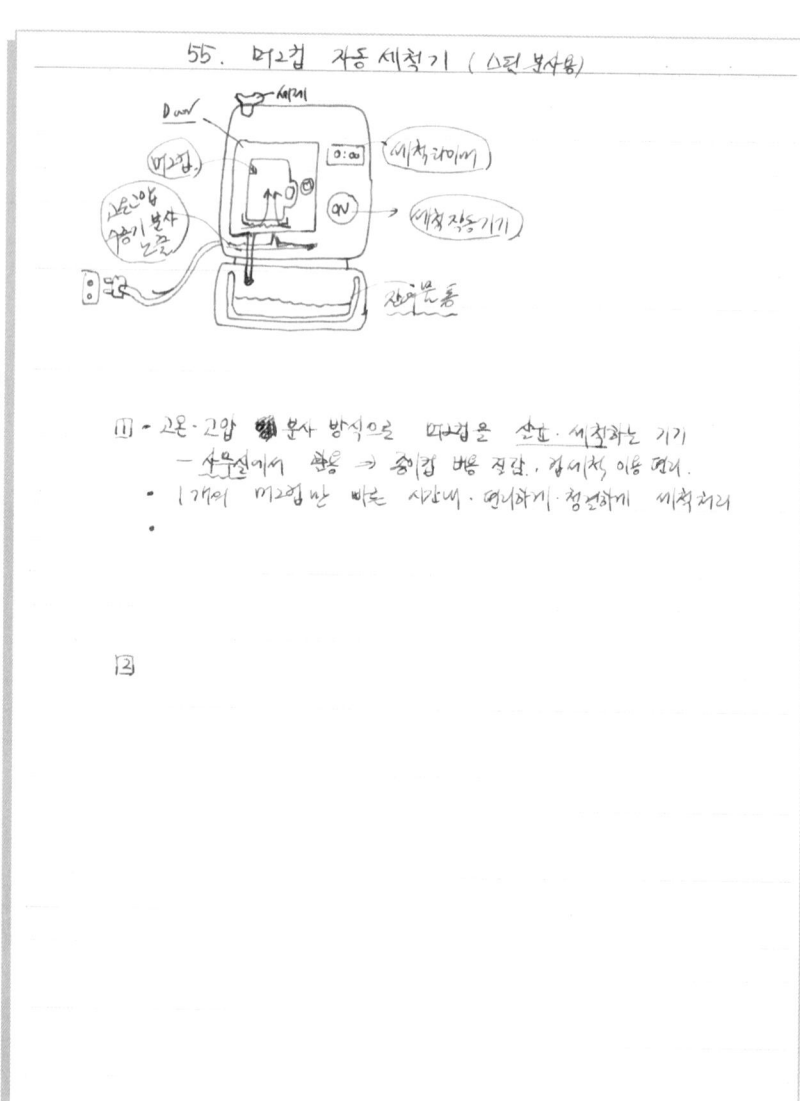

절반만 채운 초기의 아이디어 노트

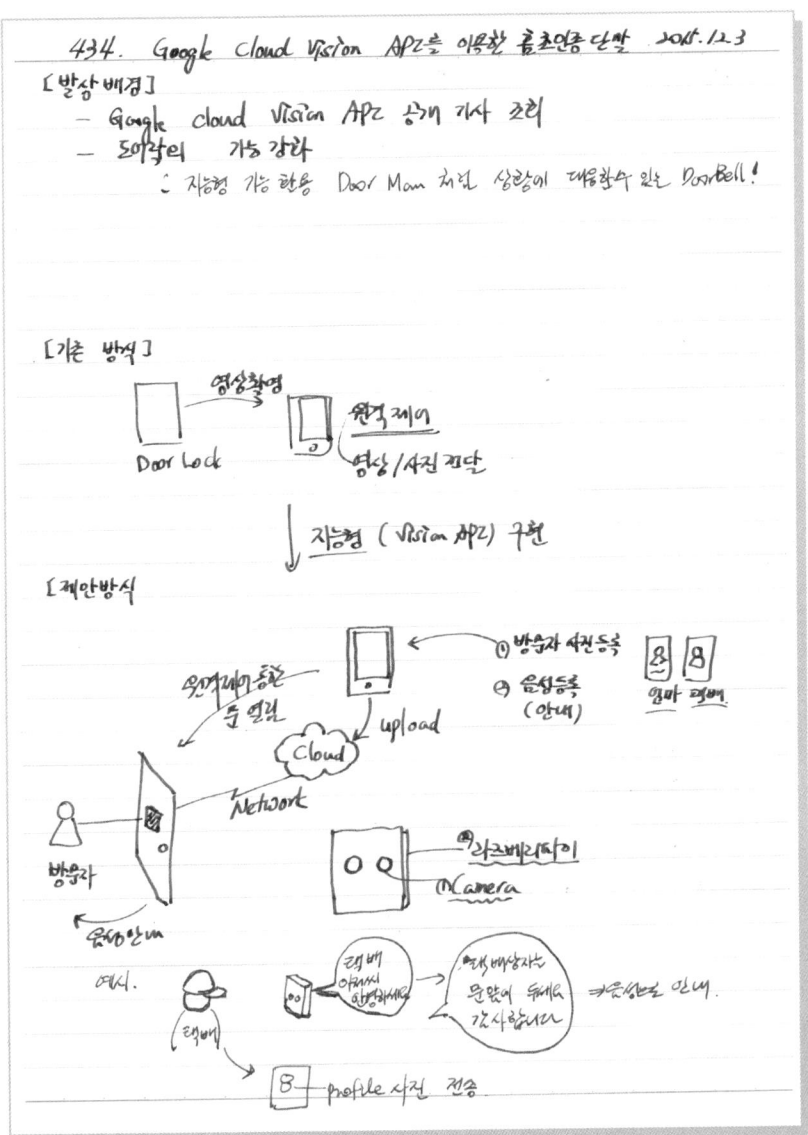

생각이 구체화된 지금의 아이디어 노트

스마트폰 메모 어플로
생각나는 즉시 기록하라

디자이너 커트 행커스는 "아이디어는 흘러가는 생각일 뿐이라서 순식간에 나타났다가 사라진다. 어딘가에 고정시켜 두지 않으면 바람처럼 왔다가 사라져 버린다. 재빨리 언어나 그림으로 기록해야 한다."는 말로 메모의 중요성을 강조했는데요.

그의 말대로 아이디어는 회의 공간만이 아니라, 버스 안에서, 양치질을 하다가, 밥을 먹다가 떠오르기도 합니다. 그래서 갑작스레 떠오른 아이디어를 적어두지 않으면 단지 몇 시간만 흘러가도 기억이 가물가물하게 되죠. 그래서 즉시 메모해 두는 것은 아이디어의 생명력을 유지시키는 중요한 방법입니다.

스마트폰 메모장은 아이디어를 즉시 기록하기에 아주 좋은데요. 저는 구글 'Keep'이라는 앱을 사용합니다. 어썸노트와 같은 어플도 있지만 키워드 중심의 메모를 하기에는 'Keep'이라는 어플이 적합해서 자주 활용합니다.

'Keep' 메모장에는 아이디어에 대해 상세한 내용을 적는 것보다 나중에 내용을 떠올릴 수 있도록 핵심적인 키워드만 적습니다. 예를 들자면 '자동차, 안전띠, 에어백, 자동감지' 등과 같은 것인데요. 이것은 너무 구체적으로 메모하면 시간이 걸릴 뿐만 아니라, 이후 노트에 적을 때 사고의 유연성을 떨어뜨릴 수 있기 때문입니다. 가끔은 노트를 정리하면서 더 좋은 생각이 떠오를 수 있거든요.

그리고, 시간적인 여유가 생길 때 메모 앱을 열고 메모한 시점의 상황을 다시 상기한 후 키워드를 이용하여 아이디어 노트에 구체적인 내용을 정리하는 것이 좋습니다.

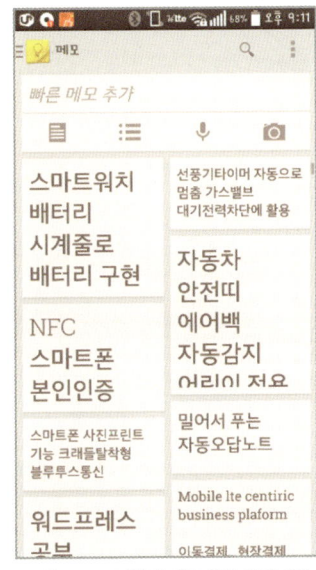

구글 Keep 어플에 메모해둔 아이디어

실행한 내용을 적어라

아이디어는 실행을 통해 생명력을 얻게 됩니다. 생각을 종이에 적어둔다고 해서 아이디어가 현실화되지는 않죠. 회사 업무나 사내 공모전을 통해 아이디어를 제안할 기회가 생긴다면 제안서의 내용을 노트에 함께 첨부해 두는 것이 좋습니다. 마치 이력 관리처럼 아이디어가 어떤 과정을 거치게 되었는지 기록해 두면 유사한 아이디어를 실행할 때 좋은 가이드가 되어 줍니다.

그리고 아이디어 실행 과정에서 부딪치게 되는 이슈를 메모해 두는 것도 좋은 방법입니다. 기술 이슈나 법적 규제 이슈, 그리고 내부 경영진이 제기하는 문제들을 메모해 두면 유사한 아이디어를 실현시킬 때 이슈를 사전에 체크할 수 있습니다.

생활 속에서
아이디어 발상을 훈련하자

일상 속에서 접하는 많은 제품이나 서비스의 방식에 대해 '~이렇게 바꾸면 어떻게 될까?'라는 의문을 가져 보시길 바랍니다. 저 또한 생활 속에서 많은 아이디어를 내기 위해 노력하고 있는데요. 특히 아이를 키울 때 불편한 점이 생기면 그것을 해결하기 위해 아이디어를 고민해 봅니다. 아직 만들지는 못했지만 어린이용 코딱지 제거기도 그런 아이디어 중 하나입니다.

아이를 키우는 부모님들은 한번쯤 경험해 보셨을 텐데요. 환절기에 아이들은 코딱지로 짜증을 많이 냅니다. 특히 유아들은 콧구멍도 작고 코를 푸는 방법을 몰라 아이 전용 집게로 코딱지를 제거해야 하죠. 그러다가 세수를 할 때 수증기로 인해 코딱지가 잘 빠져 나온다는 게 떠올라 따뜻한 수돗물을 아이 코에 여러 번 묻혀 주니 그 수분으로 인해 딱딱했던 코딱지가 녹아 쏙 빠져 나오는 경험을 하게 되었습니다. 그래서 환절기가 되면 큰 아이와 작은 아이의 코딱지를 그런 방식으로 빼내게 되었죠. 저는 그와 같은 경험을 통해 코딱지를 녹이는 수증기가 나오는 분무기 같은 도구를 만들어볼 생각을 했습니다. 지금 생각하면 우습지만 환절기 때에는 심각한 문제였기 때문에 나름대로는 진지했죠. 이처럼 일상 생활에서 접하는 많은 문제들을 풀기 위해 아이디어를 구상하다 보면 어딘가에서 '쾅' 하고 기발한 아이디어가 터져 나오게 됩니다.

일상의 불편함을 해결하기 위해 아이디어를 낸 또 다른 사례로는 요즘

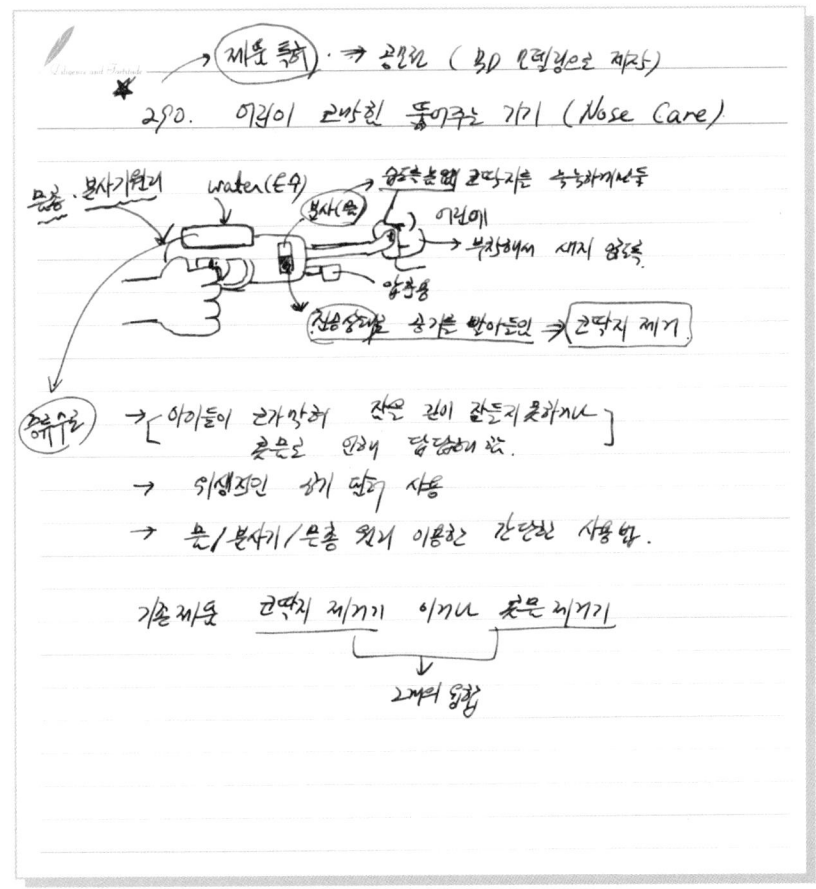

코막힘을 뚫어주는 유아용 기기 아이디어

외풍을 차단하는 난방 제품인 뽁뽁이를 응용한 것입니다. 근처 마트에서 뽁뽁이를 구매해서 달아봤는데 겨울철이 지나면 뽁뽁이를 떼내는 게 보통 일이 아닌 것 같았습니다. 그래서 뽁뽁이를 롤 스크린과 결합시켜서 뽁뽁이형 롤스크린을 생각한 것이죠. 겨울이 되면 뽁뽁이형 롤스크린을 내려 외풍을 차단할 수가 있습니다.

그 다음 아이디어는 늦도록 TV를 보는 습관 때문에 잠든 가족들이 깨

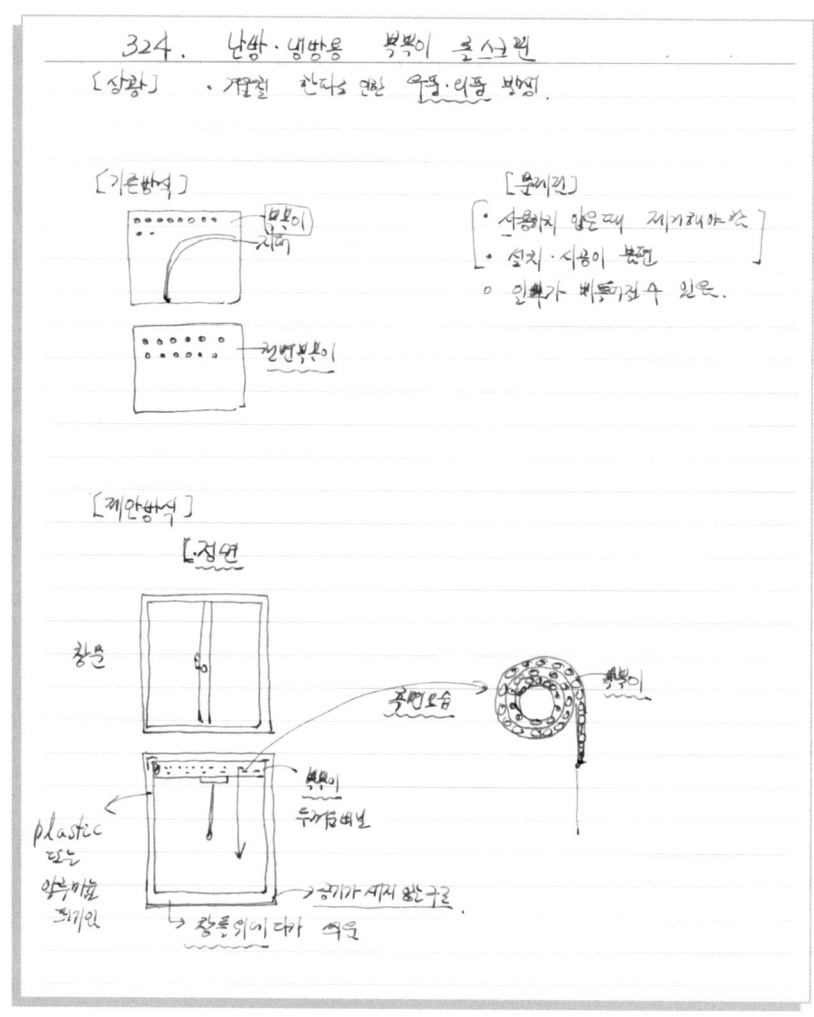

난방용 뽁뽁이를 커튼에 결합한 아이디어

지 않도록 TV소리를 저만 들을 수 있는 방법을 고민해본 것입니다. 스마트폰이나 소형 스피커를 블루투스와 연동되도록 하여 이어폰을 꽂아서 듣는 방법이죠. 최근에 모 통신사에서 리모컨에 이어폰을 꽂아 밤 늦게 혼자 TV를 볼 수 있도록 한 제품 광고를 본 적이 있는데, 많은 이들이 저처럼 밤 늦

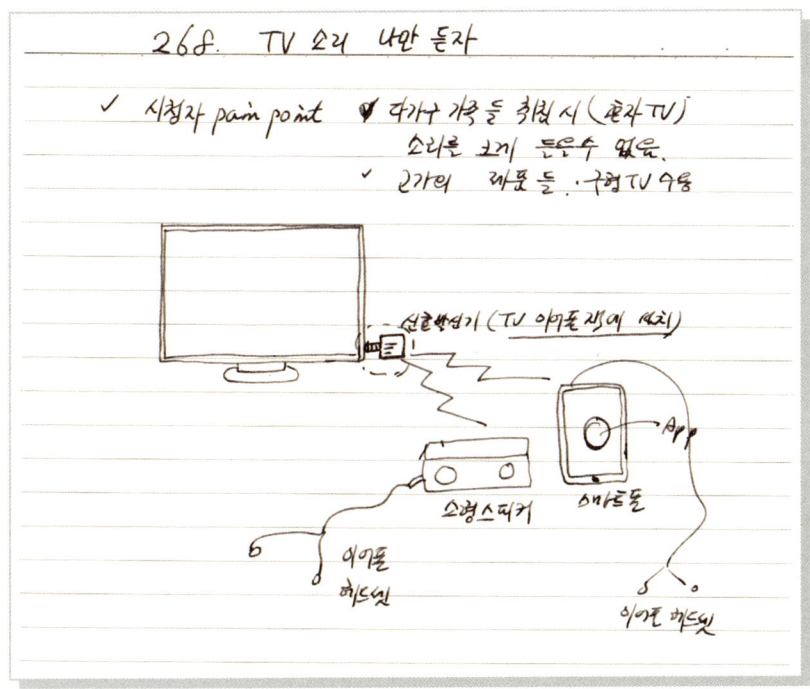

TV 전용 이어폰 아이디어

게 TV를 볼 때 소리 때문에 불편해 한다는 것을 알게 되어 구상해본 아이디어입니다.

06
업무에 활용해서 성과를 내자

일상에서 불편함을 해결하기 위한 아이디어를 내는 것도 좋지만, 그래도 직장인이라면 월급을 주는 회사에서 아이디어로 성과를 내는 것이 좋습니다. 회사에 기여도 하고 자신의 성장도 도울 수 있기 때문이죠. 직무에서 아이디어가 나와야 전문성도 높아지고 승진과 창업의 기회가 주어집니다.

그런데 '아이디어가 정말 필요할 때 그때 가서 아이디어를 내면 되지. 미리 준비할 필요가 있을까?'라고 생각하는 분도 있을 것이고, 누군가는 실제로 그렇게 할 수도 있을 것입니다. 사람마다 창의력에는 차이가 있으니까요. 그렇지만, 아이디어를 발상하고 구체화시키는 데는 절대적인 시간이 필요합니다. 게다가 그 아이디어가 기대했던 것과 다르게 성과를 내지 못한다면 또다시 아이디어를 발굴하는 시간이 필요하죠. 그렇기 때문에 아이디어 발상 습관을 통해 업무에 언제든 활용할 수 있는 아이디어 풀(Pool)을 만들어 두는 것이 좋습니다.

저는 실질적인 업무를 위해 아이디어 노트를 많이 활용합니다. 그 중 업무 활용도가 높은 아이디어를 꼽으라면 단연 톡 주문 서비스의 편의 기능 추가나 활성화를 위한 아이디어인데요. 해당 아이디어를 세부적으로 한번 나누어 보겠습니다.

첫 번째 아이디어는 톡 주문을 쉽게 이용할 수 있는 아이디어인데요. 톡 주문에서 제일 중요한 카카오톡 플러스친구를 쉽게 추가하는 '유선전화 기반 친구 간편 추가'라는 아이디어입니다.

TV홈쇼핑 플러스친구 추가를 쉽게 할 수는 없을까?

카카오톡에서는 휴대폰 번호로 친구를 추가할 수도 있지만, 플러스친구나 옐로아이디와 같이 기업을 친구로 추가할 수도 있습니다. 카카오톡에서 플러스친구 메뉴를 눌러 검색을 하거나 업종별 분류에 따라 추가를 할 수 있죠. 예를 들어 톡 주문 서비스를 이용하려면 먼저 GS SHOP(GS홈쇼핑)을 친구로 추가해야 하는데, 플러스친구를 눌러 'GS SHOP'으로 검색하거나 '쇼핑' 카테고리를 선택하여 쇼핑 업체 목록 중에서 GS SHOP을 찾아야 합니다.

그런데 문제는 검색을 하거나 카테고리를 조회해서 추가하는 게 어렵고 번거롭다는 것입니다. 이 문제는 톡 주문과 관련해서 GS SHOP 방송 담당자들이 TV 시청 고객에게 플러스친구를 어떻게 쉽게 추가하도록 설명해야 하는지 어려워 한다는 것을 듣고 알게 되었는데요. 톡 주문 아이디어를 내고 실제 서비스로 만든 개발자 입장에서는 정말 난감한 상황인 거죠. 그래서 어떻게든 그것을 쉽게 할 수 있는 아이디어를 찾아내야 했습니다.

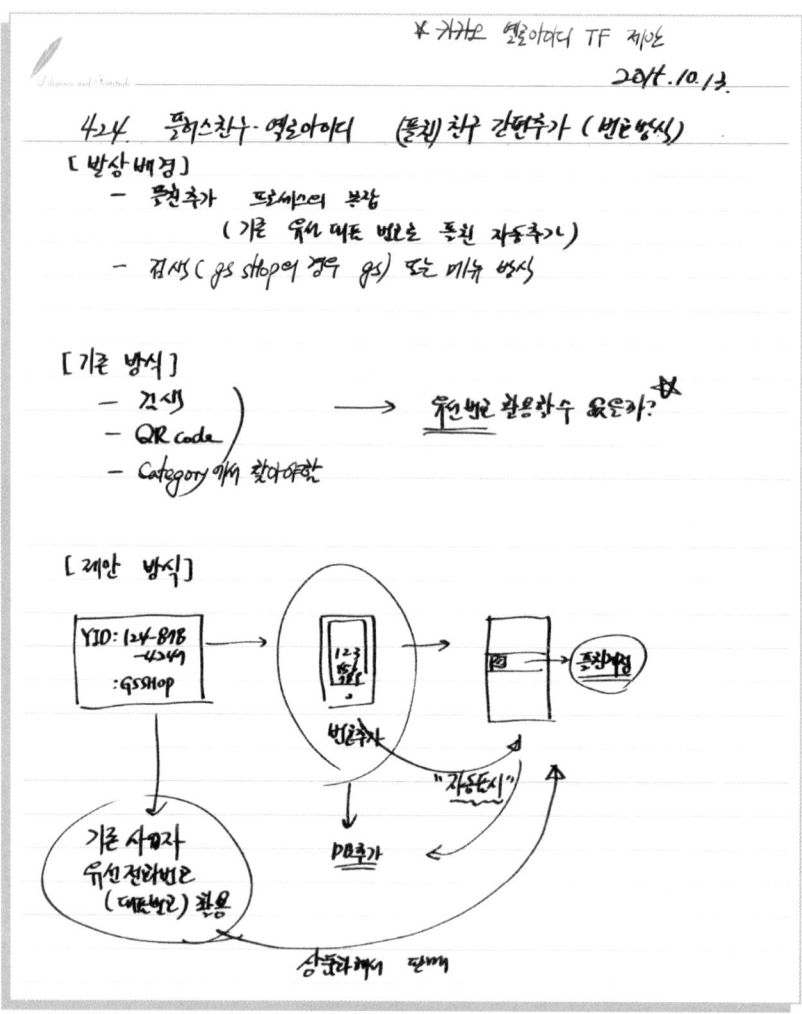

유선 전화번호로 홈쇼핑 플러스친구를 쉽게 추가하는 아이디어

휴대폰 번호로 친구를 추가하듯
유선 전화번호로 플러스친구를 추가하자

휴대폰 주소록에는 휴대폰 번호 기반의 친구뿐만 아니라 가맹점이나 기

업의 유선 전화번호도 있습니다. 그런데 카카오톡을 실행할 때는 휴대폰 번호만 가져와서 친구를 자동 추가하게 되어 있죠. 일반적으로 휴대폰 번호가 주소록에 있는 경우라면 친구를 아이디 기반으로 검색할 필요가 없게 됩니다. 만약 이 원리와 동일하게 기업 유선 전화번호가 있다면 플러스친구나 옐로아이디를 쉽게 추가할 수 없을까요? 예를 들어 저의 휴대폰에 GS SHOP의 자동주문 ARS번호인 080-900-4545라는 번호가 저장되어 있다면 플러스친구 목록에 자동으로 추가되어 있거나 카카오톡 플러스친구 목록에 쉽게 추가하도록 추가 버튼을 제공하는 것입니다. 사용자 휴대폰에 저장된 기업 유선전화는 분명히 자주 사용하는 번호이기 때문에 저장해 두었을 테고, 친구 목록에 표시되어도 거부감이 없을 겁니다.

이 아이디어는 카카오에서만 실현할 수 있겠죠. 저는 실제로 이 아이디어를 카카오 옐로아이디TF에 정식으로 제안을 했습니다. 제 아이디어가 반영되어 플러스친구나 옐로아이디 친구 추가 방식이 바뀌었으면 좋겠네요.

TV홈쇼핑 주문 시 톡 주문을 쉽게 실행할 수는 없을까?

두 번째도 톡 주문을 활성화 하기 위한 아이디어인데요. 톡 주문을 쉽게 실행하는 'NFC 태그 방석'이란 아이디어입니다. 톡 주문을 이용하기 위해서는 아이디어 노트 사례 1에서 설명 드린 것처럼, TV홈쇼핑 플러스친구를 눌러 대화창에 진입해야 합니다. 마치 채팅하기 위해 친구를 찾아 말을 걸듯이 GS SHOP이라는 플러스친구를 찾아 대화 창에 '주문'이라고 말을 걸거나 상담 아이콘을 눌러 '톡 주문하기'라는 메뉴를 눌러야 하죠. 카카오톡이 우리에게 익숙한 어플이긴 하지만 스마트폰을 열어 카카오톡을 실행하고 TV홈쇼핑 플러스친구를 찾아 대화창에 진입하는 데는 약 20초 정도가 소요됩니다. 사용자 입장에서는 번거로운 문제일 수 있죠. 저는 구매 고객 입장에서 좀 더 편리하게 주문 채팅으로 이동할 수 없을까 하는 고민을 하게 되었습니다.

NFC 태그 방석으로
원터치로 실행시키자!

그래서 저는 NFC 태그가 삽입된 방석을 생각해 냈습니다. TV홈쇼핑 방송을 보려면 거실이나 안방에서 보게 될 것이고 거실에는 대부분 리모컨이나 방석이 있을 것입니다. 리모컨 뒷면에 스티커 형태로 NFC 태그를 붙이거나 방석에 NFC 태그를 삽입할 수 있는데요. NFC 태그에는 TV홈쇼핑 톡 주문으로 바로 갈 수 있는 URL이 삽입되어 있습니다.

이렇게 만들어진 NFC 태그 방석을 TV홈쇼핑을 자주 이용하는 고객에게 배송합니다. 고객은 주문이 필요한 경우 방석이나 리모컨 뒤에 붙어 있는 NFC 태그를 스마트폰에 대면 TV홈쇼핑의 톡 주문 대화창으로 바로 이동되어 상품 정보가 뜨게 됩니다. 방석의 경우 카카오톡 이모티콘 중 인기 캐릭터를 디자인해서 넣는다면 더 멋진 방석으로 만들 수 있겠죠. 물론 원가가 제일 중요한 문제겠지만요.

이 아이디어는 제가 생각해낸 아이디어라기보다 톡 주문 프로젝트를 함께 진행한 동료들과 효과적인 마케팅 방법을 두고 같이 고민했던 아이디어인데요. 톡 주문 서비스가 수익을 많이 내면 꼭 시도해보고 싶은 아이디어이기도 합니다.

2015. 9. 25

422. 톡간편주문 initiating 위한 NFC 방식. 거치대

[발상배경]
- 톡간편주문 단계 간소화

[기존 방식]
- 메뉴를 직접눌러서 상품선택
  카카오톡 선택 > 차+선택 > 플러스친구 선택 > 아이콘선택
  └─ 4단계 선택과정 발생

[제안 방식]

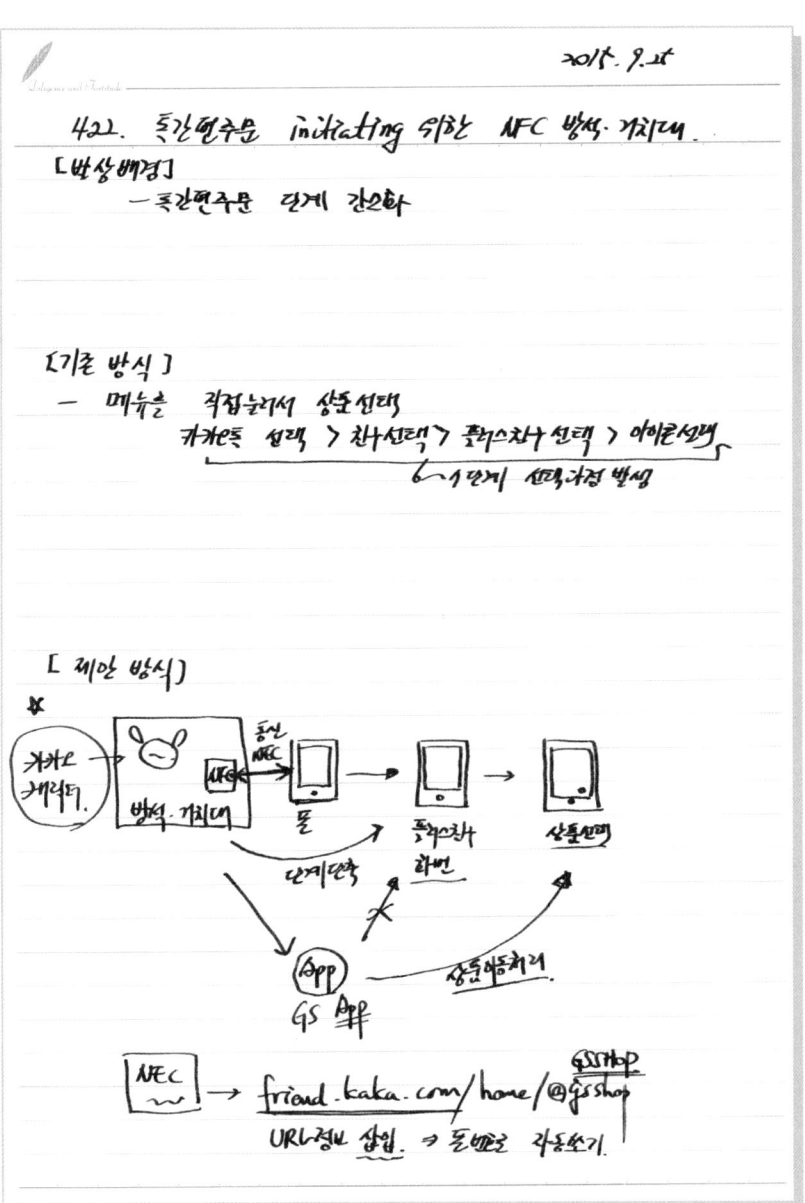

TV홈쇼핑 주문을 쉽게 할 수 있는 NFC 태그 방식 아이디어

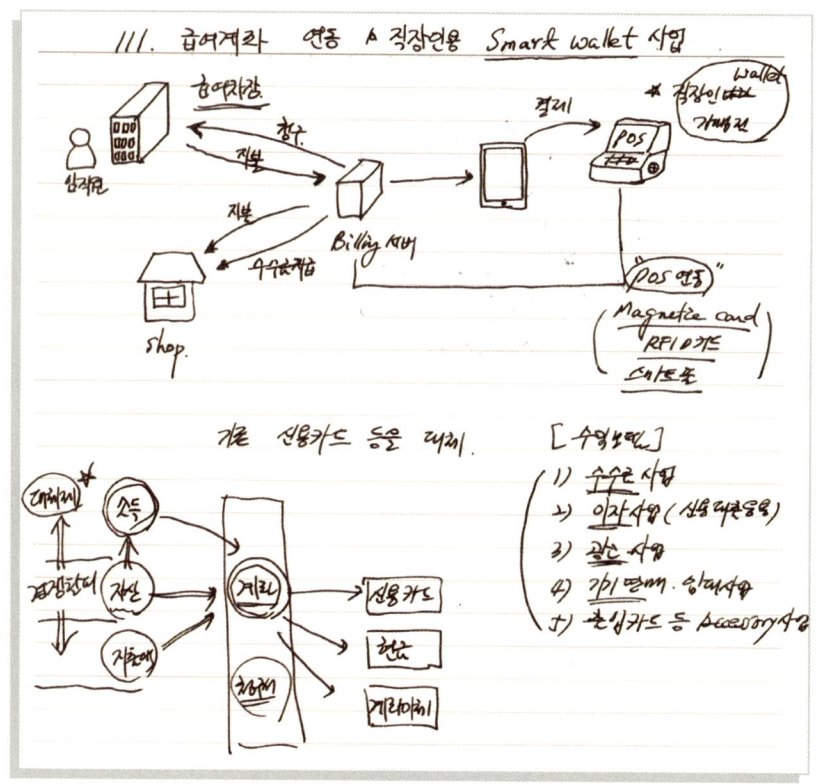

급여로 식비를 결제하는 아이디어

급여로 점심 값이나 커피 값을 계산할 수는 없을까?

　제가 다니는 회사는 사원증에 근거리 통신 칩이 내장되어 있어 게이트 출입뿐만 아니라, 사내 커피숍이나 구내 식당, 그리고 택시비 결제가 가능합니다. 마치 신용카드처럼 쓸 수가 있는 것이죠. 차이점은 다만 사용 금액이 급여에서 공제된다는 것입니다. 직원들 입장에서는 늘 목에 걸고 다니기 때문에 지갑을 꺼낼 필요 없이 사원증을 결제기에 대면 되므로, 훨씬 편하게 쓸 수 있죠. 그리고 별도 통장으로 청구되는 것이 아니라, 월급날에 공제되므로 직장인 입장에서는 매우 편한 결제 수단이라 할 수 있습니다. 아마도 제가 다니는 회사가 IT 회사이다 보니 가능한 모델이겠죠.

이렇게 사내에서 활용되는 결제 서비스를 직장 주변 식당으로 확대해본 것이 111번 아이디어 노트입니다. 회사 주변 식당에서 점심 식사를 할 때 사원증으로 결제를 하면 급여에서 자동 이체되어 식당에 비용이 지불되는 것이죠. 마치 후 정산 식권처럼 사원증을 이용하여 식사비나 술값 등을 지불하는 것입니다. 물론 비즈니스 모델로 변화시키기에는 많은 문제들을 안고 있어 사업화 하지는 못했지만 직장인들에게 꼭 필요한 서비스라는 생각은 여전히 가지고 있습니다.

카카오페이로 점심 값을 더치페이 할 수는 없을까?

또 어떤 아이디어들은 회사가 제공하는 주력 서비스를 이용해서 신규 서비스 모델을 발굴하기 위해 낸 것입니다. LG CNS는 카카오와 제휴를 하여 카카오페이라는 간편결제 서비스를 제공하고 있는데요. 카카오페이를 오프라인 결제 서비스로 확장할 방법이 없을까 하는 고민 끝에 직장인들이 점심 먹을 때 더치페이를 많이 하는 점에 착안하여 카카오 더치페이라는 서비스를 기획해 본 것입니다.

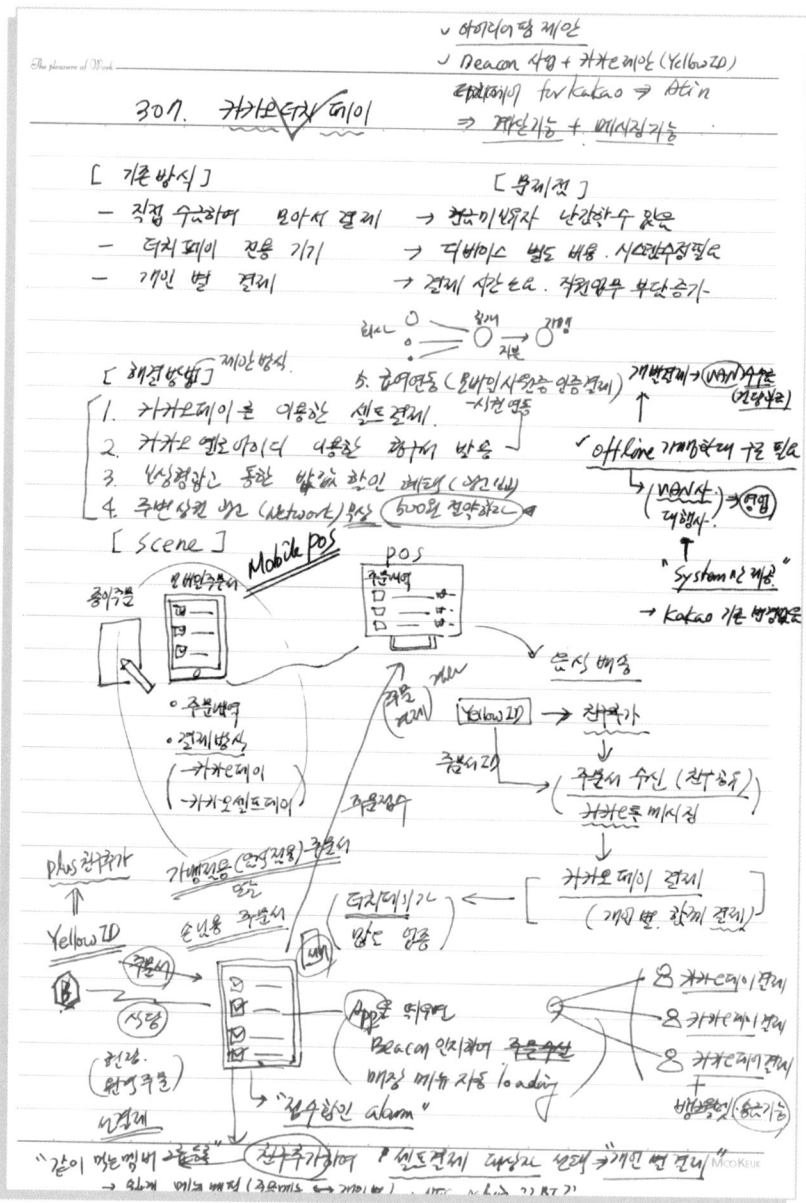

카카오페이를 이용한 더치페이 아이디어

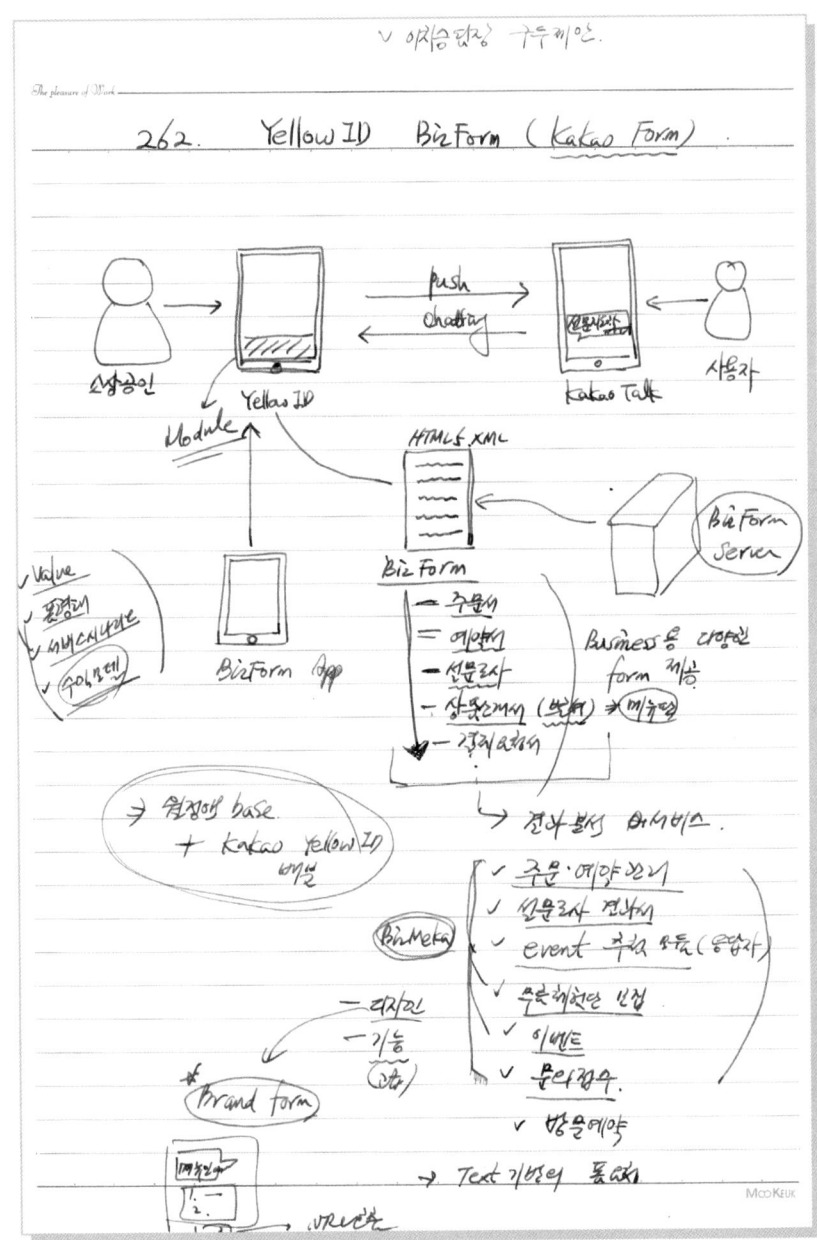

카카오톡 옐로아이디 비즈폼 아이디어

채팅 창에 비즈니스용 폼(form)을
넣을 수는 없을까?

아무래도 카카오페이와 관련해서 카카오와 협업할 수 있는 모델을 많이 고민해서인지 262번 아이디어는 카카오에서 기업 계정 서비스로 제공하는 옐로아이디의 채팅 기능에 주문, 예약, 설문 조사, 상품 소개 등을 쉽게 할 수 있는 폼(Form)을 만들어 소상공인에게 제공해 주자는 아이디어였습니다. 마치 네이버 폼이나 구글 독스(Docs)와 같은 서비스를 카카오톡 플랫폼을 통해 서비스로 제공하자는 것이죠. 예를 들면, 컨퍼런스 주최 측에서 '모바일 컨퍼런스'라는 카카오톡 옐로아이디 계정을 만들고, 이를 홍보하여 관람객이 친구 추가를 하면 메시지가 수신됩니다. 그 메시지에는 참관 신청서가 링크되어 컨퍼런스 신청 및 카카오페이로 결제까지 완료하면 모바일 관람증이 즉석에서 발급되는 것이죠. 또한 컨퍼런스 행사의 내용이나 일정 정보를 제공할 뿐만 아니라 행사에 대한 문의를 채팅으로 할 수가 있는 것입니다.

이 아이디어는 실제로 카카오에서 옐로아이디 사업을 담당하는 옐로아이디TF 파트장에게 제안서 형태로 제작하여 보낸 아이디어이기도 합니다.

동료의 뛰어난 아이디어도
노트에 메모해 두자!

아이디어에 대한 고민을 많이 하다 보면 동료들의 아이디어도 귀담아 듣고 메모하게 되는데요. 본인 동의를 구하고 노트 상단에 누가 아이디어를 냈는지 명확하게 표기를 해 두죠. 443번 아이디어는 카카오페이 마케팅 업무를 담당하는 같은 팀 후배 조은혜 대리가 카카오페이 서비스를 활성화시

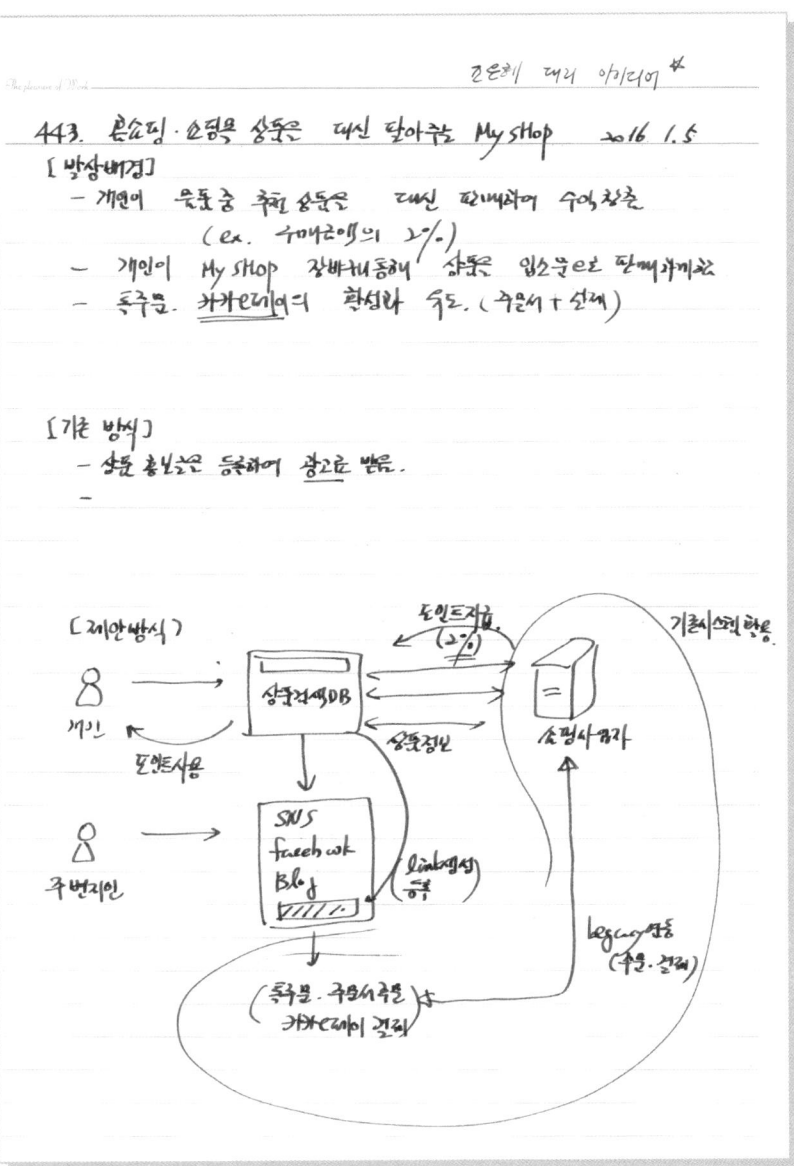

상품을 대신 팔아주는 MyShop 아이디어

키는 아이디어를 낸 것입니다.

　이 아이디어는 블로그 활동을 하는 일반인이 개인 블로그를 통해 좋은 제품을 팔고 판매 대행 수수료를 받는 모델입니다. 즉, 쇼핑몰이나 유통사의 상품 데이터베이스와 직접 연동시켜 관심 상품이나 추천 상품을 검색하여 개인 블로그에 추천 사유를 게시글 형태로 쓰고, 톡 주문과 같은 주문서 연결 링크를 걸어두는 것입니다. 블로그 방문객이나 지인이 해당 상품을 조회한 후 구매를 하게 되면 구매금액의 일정 수수료를 현금 또는 쇼핑 포인트로 지급 받게 됩니다. 블로거 입장에서는 상품을 매입할 필요 없이 기존에 있는 상품을 활용한다는 측면에서 리스크가 없는 모델이고, 많이 판매될 경우 수수료 수익이 발생할 수 있는 모델이죠. 물론 이 아이디어는 아이디어 원작자 동의 하에 별도 표기를 하고 메모해 둔 것입니다.

　이렇게 많은 아이디어들이 모두 회사에서 실현될 수는 없을 것입니다. 아이디어 자체에 문제가 있을 수도 있고, 아이디어를 실행하는데 적합하지 않은 시점이거나 환경이 될 수도 있겠죠. 투자 예산의 문제, 유사 사업의 경험 부재, 해결할 수 없는 기술의 문제, 치열한 경쟁의 문제, 고객 가치의 문제, 비용을 상쇄시킬 만큼 수익을 만들어내지 못하는 문제 등 아이디어가 넘어야 할 문제들은 수도 없이 널려 있습니다.

　그렇지만 '그럼에도 불구하고' 아이디어 노트를 꾸준히 적어 보십시오. 소소한 아이디어들이 만들어내는 결과는 놀라울 것입니다. 그 습관은 탁월한 아이디어를 발상해내는 당신의 차별화된 역량이 될 것이고, 노트의 기록은 당신에게 소중한 자산이 되어 줄 겁니다. 기억하세요. 아이디어는 뮤즈(영감의 여신)가 찾아들 듯 번개처럼 찾아오는 것이 아니라 꾸준한 일상의 습관이 낳는 결과라는 것을요.

아이디어
기획의
정석

PART
4

매력적인 상품
아이디어
개발법

01
아이디어에도 패턴이 있다.
아이디어의 패턴을 파악하라

번뜩이는 영감을 통해 아이디어를 얻는 방법도 있지만, 조사와 분석을 통해 새로운 아이디어를 발상해내는 방법도 있습니다. 제가 창업경진대회에서 국무총리상을 받은 '비라인(Beeline)' 아이디어를 발상했던 것처럼, 일정한 패턴을 찾아내서 다른 유형의 서비스 패턴을 만들어내면 히트상품이 될 수 있는데요. 패턴을 통해 새로운 아이디어를 발상해 낼 수 있는 대표적인 분야가 바로 광고입니다.

당신이 만약 광고 기획자라면, 가장 필요한 능력이 무엇이라고 생각하나요? 대부분의 사람들이 광고하면 '기발함', '독특함' 등을 떠올리며, 가장 필요한 것은 '창의력'이라고 말할 것입니다. 하지만 아무리 창의력이 뛰어난 사람이라 하더라도, 요즘처럼 다양한 매체를 통해 쏟아지는 광고 속에서 기발한 아이디어를 지속적으로 내는 것은 쉽지 않죠. 그래서 저는 광고 기획자에게는 창의력 외에 또 다른 능력이 필요하다고 생각하는데요. 바로 패턴을 발견할 수 있는 관찰력입니다.

어느 날 저는 '기발한 광고'라는 키워드로 광고 사진을 검색하다가 흥미로운 사실을 하나 발견했습니다. 바로 이러한 광고들 속에 유사한 패턴이 있다는 것인데요. 어떤 것들이 있는지 한번 살펴보겠습니다.

광고 패턴 1
제품의 속성과 친숙한 사물을 연결한 경우

좌측 사진은 우리가 잘 알고 있는 건전지 광고입니다. 많은 사람들이 이용하는 무빙워크 입구 바닥에 듀라셀 건전지를 반 정도 노출시켰는데요. 마치 건전지의 힘으로 무빙워크가 움직이는 것 같은 느낌을 받게 합니다. 우리가 흔히 접하는 지형지물과 제품이 강조하고자 하는 핵심 속성이 잘 연결된 광고의 예라고 볼 수 있는데요. 정말 기발하죠? 광고를 보는 순간 소비자들의 기억 속에는 이 건전지 제품은 '강력한 파워'를 가졌을 것이라는 이미지가 남을 것입니다.

이렇듯 지형지물과 제품의 속성을 연결한 광고들은 생각보다 우리 주변에 많습니다. 빨대의 구부러짐을 이용한 요가 센터의 광고 같은 것을 그 예로 들 수 있는데요. 다음에 제시하는 사진들을 한번 보시죠. 이 사진들은 앞서 살펴본 건전

지형지물과 제품의 속성을 연결한 광고 사례

지 광고처럼 지형지물과 제품의 속성을 연결한 다양한 광고의 예입니다. 특히, 옥외 설치형 광고물의 경우 일상생활에서 자주 접하는 사물과 제품의 속성을 연결시키는 광고물이 많은데요. 이러한 광고는 강조하고자 하는 제품의 속성이 명확할 때, 그 효과가 클 것입니다.

에스컬레이터의 구조를 이용한 광고물들도 유사한 패턴이 많은데요. 다음에 제시하는 사진들을 참고하시면 좋을 것 같습니다.

이처럼 광고 기획자라면 새로운 광고 아이디어를 발상해내는 것보다 광고 발상 공식처럼 '제품의 핵심 속성'과 '이에 어울리는 사물이 뭐가 있을

| 에스컬레이터로 무한 출력을 강조하는 프린터기 광고 | 놀이기구를 타고 내려가는 즐거움을 표현한 놀이 공원 광고 | 다양한 헤어스타일을 표현하는 헤어샵 광고 |

에스컬레이터의 구조를 이용한 광고 사례

까?'라는 것을 고민하는 것이 더 빠릅니다. 그를 위해서는 책상에 앉아서 고민하는 것보다 길거리나 지하철 같은 곳을 돌아다니면서 어떤 사물이 적합한지 찾는 게 더 효율적이겠죠?

광고 패턴 2
사람들의 편견을 깨는 사물의 내부 구조를 응용한 경우

주유소 주유기를 활용한 광고 사례

지금부터 살펴볼 광고들은 사물의 내부 구조를 활용한 것인데요. 상상의 조미료를 첨가함으로써 사물의 내부 구조에 대한 고정 관념을 깨는 광고들입니다.

옆에 제시한 사진은 주유기를 활용한 광고인데요. 기름에 찌든 옷을 입고, 고통스러운 표정으로 일하고 있는 노동자 사진이 주유기 벽면에 붙어 있죠. 'Life's too short for the wrong job(잘못된 직업을 가지고 살기엔 우리의 삶이 너무 짧다)'라는 강렬한 문구와 함께 말입

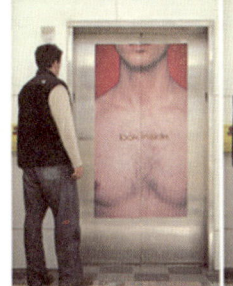

자판기를 활용한 광고 사례　　　　　엘리베이터 문을 활용한 광고 사례

니다. 이 광고는 '취업 중개 사이트' 광고라고 하는데요. 주유기 내부에는 각종 기계 장치가 가득할 것이라는 사람들의 편견을 여지없이 깨뜨리고 있죠. 이 광고는 기름에 찌든 사람이 직접 주유 펌프를 돌리고 있는 처참한 현실을 보여줌으로써, 직업 선택의 중요성을 강조하고 있습니다.

　자판기를 활용한 광고도 있는데요. 사람들이 자판기 버튼을 누르면 좁은 자판기 내부에서 기계가 작동하는 대신, 사람이 직접 커피를 만드는 사진을 벽면에 붙여 놓은 것이죠. 좁은 자판기 내부에서 커피를 만들기 위해 고군분투하는 모습이 주유기 속 남자의 상황과 비슷한데요. 동일한 광고 회사에서 유사한 광고 패턴을 응용한 광고이기 때문입니다. 이 광고들은 모두 구직자들에게 매우 공감이 가는 광고일 것 같습니다.

　이 외에도 엘리베이터나 콘센트의 내부 구조를 활용한 광고들도 있는데요. 위에 제시된 사진들을 보시면, 쉽게 이해할 수 있을 겁니다.

　이 광고들 역시 사람들의 익숙한 사고방식을 벗어난 사물의 내부 구조를 보여 주면서, 호기심이나 경각심 등을 유발하는 광고들입니다.

물론 모든 광고들이 정해진 패턴대로 만들어지는 것은 절대 아닙니다. 또한 몇 가지 광고 패턴이 반복되면, 소비자들은 순식간에 식상한 광고로 여기죠. 그러면 광고 창작자들은 또다시 새로운 광고 패턴을 창조해야 합니다. 광고의 효과를 높이기 위해서 말이죠. 다만, 아무리 기발하고 독창적인 광고도 자세히 들여다보면 유사한 패턴이 존재하므로, 그것을 잘 활용하라는 이야기입니다. 당신이 광고 기획자가 아니더라도 인상에 남는 광고 속에 숨은 패턴을 찾아 규칙성을 발견한다면 아이디어 발상에 큰 도움이 될 것입니다.

광고와 마찬가지로 비즈니스 모델에도 패턴이 있습니다. '비즈니스 모델의 탄생(원제: Business Model Generation)'이라는 책은 비즈니스 모델을 5가지 패턴으로 나눌 수 있다고 정의하고 있는데요. 5가지 패턴은 바로, 롱테일(Long-tail), 멀티사이드 플랫폼(Multi-sided Platform), 무료(Free as a Service), 언번들링(Unbundling), 오픈 플랫폼(Open Platform) 모델입니다.

판매량이 적은 다수의 상품에 집중하는
롱테일 모델(Long-tail Model)

롱테일 모델(Long-tail model)은 온라인 커머스나 콘텐츠 산업에서 찾아볼 수 있는 모델인데요. 판매량이 적은 다수의 상품에 집중하는 비즈니스 모델입니다. 대표적으로 유튜브(Youtube), 넷플릭스(Netflix), 이베이(E-Bay)와 같은 기업들이 여기에 속합니다. 다량 판매를 지향하는 대형 마트나 백화점과 같은 오프라인 유통점의 비즈니스 모델과는 상반된 영역에 초점을 맞추고 있다고 생각하면 됩니다.

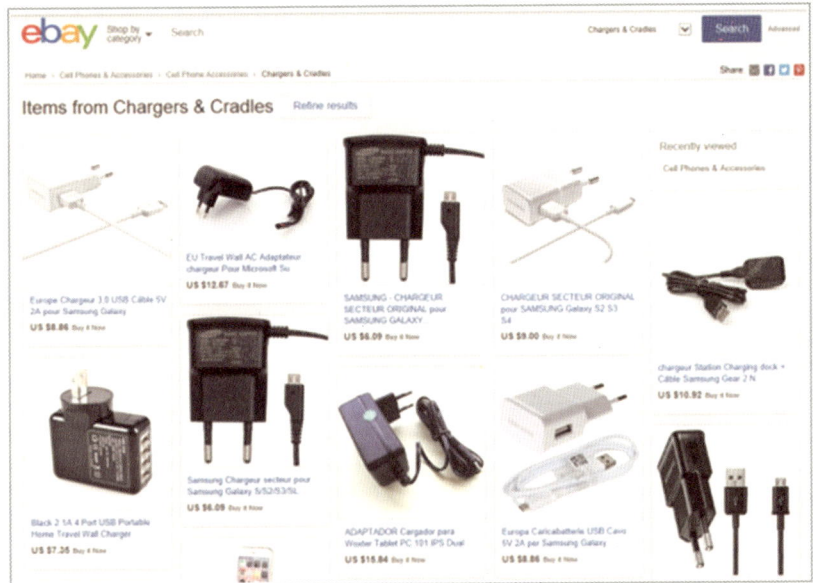

롱테일 모델의 대표격인 이베이

　롱테일 모델이 성공적으로 자리잡을 수 있었던 것은, 우선 웹을 기반으로 한 IT 기술의 발달 때문입니다. 특히 콘텐츠 제작 도구의 보편화가 큰 영향을 주었죠. 예전에는 동영상 캠코더나 프리미어와 같은 SW가 준 전문가 수준의 사용자들에게만 익숙한 기술들이었는데요. 요즘은 스마트폰의 보급, 동영상 편집 어플, 무선 인터넷 속도의 발달로 인해 누구나 쉽게 동영상을 만들고 편집하고 업로드 할 수 있게 되었습니다.

　콘텐츠나 상품이 시장에 쉽게 유통되고, 이동할 수 있게 된 것도 하나의 이유가 될 텐데요. 웹과 앱 기술, 통신 네트워크, 물류의 발달이 이것을 가능하게 해 주었습니다. 미국에 올린 경매 상품을 우리나라에서 쉽게 구매할 수 있게 된 것도 바로 온라인과 물류 기술의 발달 덕입니다.

　마지막으로 수요와 공급을 연결시키는 탐색과 거래 비용의 감소도 이 모델의 성공 이유 중 하나인데요. 상품과 콘텐츠를 보여 주는 웹 기술, 상품을 검색하고 비교하는 검색 기술, 신용 카드와 계좌 이체 등의 지불 결제 기술 등이 롱테일형 상품 거래가 빠르게 성사될 수 있도록 해주고 있습니다.

그룹의 중개 또는 연결 역할을 하는
멀티사이드 플랫폼 모델(Multi-side Platform Model)

차량 운전자와 주차공간을 보유한 그룹을 중개해 주는 '모두의 주차장' 서비스처럼 공공데이터를 활용한 서비스 모델 중 3번째 모델과 동일합니다. 멀티사이드 플랫폼 모델(Multi-side platform model)은 우리에게 가장 익숙한 웹이나 스마트폰을 기반으로 하는 비즈니스 모델인데요. 별개이지만 상호 의존적인 그룹을 중개 또는 연결시켜 주는 플랫폼 기반의 비즈니스입니다.

최근 화두가 되고 있는 '에어비앤비(AirBnB)'의 경우에는 비어 있는 집을 활용하고 싶은 '숙박 시설 보유자 그룹'과 특별한 숙박경험을 원하는 '여행객' 또는 '비즈니스맨'을 연결시켜 주는 기능을 합니다. 위법 논란 속에서 이슈가 되고 있는 '우버(Uber)'나 비즈니스 모델이라는 용어를 탄생시킨 '프라이스라인(Priceline)'도 여기에 속합니다. 또한 우리가 검색을 할 때, 가장 많이 사용하는 구글(Google), 네이버(Naver), 다음(Daum)도 이러한 광고 중개 모델로 볼 수 있습니다.

모바일 산업의 대표적인 중개 모델은 '카카오톡(Kakaotalk)'인데요. 대표적 수익 모델인 '모바일 메신저 무료 사용자'와 '게임 사업자'를 연결해주는 게임 중개 모델을 제공합니다. 그리고 중개의 대가(代價)로 게임 사업자들로부터 플랫폼 사용료라는 수수료를 받고 있죠.

멀티사이드 플랫폼 모델의 가장 큰 특징은 '네트워크 효과(Network effect)'가 존재한다는 것인데요. 별도의 프로모션 없이도 사용자의 폭발적인 증가가 가능합니다. 서비스에 유입된 사용자 또는 그룹으로 인해, 상호

중개형 플랫폼의 카카오톡 게임하기 사례

의존적인 다른 사용자가 저절로 유입될 수 있기 때문이죠. TV 광고 없이 전 국민이 쓰는 서비스로 자리잡은 카카오톡도 네트워크 효과를 누린 대표적인 서비스라고 할 수 있는데요. 네트워크 효과를 발휘한 서비스는 그 자체가 진입 장벽이 되어 경쟁 서비스가 쉽게 따라잡지 못합니다.

유명 걸그룹을 모델로 했던 다음의 '마이피플(Mypeople)', 국내 최고 포털 네이버의 '라인(Line)'이 국내 시장에서 부진을 겪는 이유도 바로 이 강력한 네트워크 효과 때문이라고 말할 수 있습니다. 그런데 한 가지 기억해야 할 사항이 있는데요. 바로, '역네트워크 효과'입니다. 즉 사용자가 이탈하기 시작할 때는 매우 빠른 속도로 이탈이 진행된다는 것인데요. 그것은 사용자나 그룹이 다른 사용자에게 의존적이어서 상대 그룹이 이탈할 경우 함께 이탈하기 때문입니다.

무료 제공을 기반으로 다양한
수익 모델을 만드는 무료 모델(Free as a Service Model)

인터넷 비즈니스의 가장 큰 문제점은 수익 창출의 어려움으로, 그 이유는 대부분의 서비스가 무료로 제공되기 때문입니다. 한때 대규모 가입자를 모았던 '아이러브스쿨(ILoveSchool)'과 유료화 선언 이후 급속한 사용자 이탈로 인해 사라져 버린 '프리챌(Freechal)'도 무료라는 족쇄로 인해 성공하지 못한 케이스죠.

무료 제공을 기반으로 하는 서비스에서도 다양한 수익 모델을 만들기 위해 빈번한 시도가 이루어졌는데요. 이러한 비즈니스 모델을 '무료 모델(Free as a Service Model)' 패턴으로 분류했습니다. 무료 모델은 크게 3가지 유형으로 나눌 수 있으며, 그 내용은 다음과 같습니다.

무료 모델 1 멀티사이드 플랫폼 패턴을 바탕으로 한 무상 제공 모델

이 유형의 대표적인 사례는 광고지만, 네이버(Naver), 구글(Google)과 같은 검색 서비스, 카카오톡(Kakaotalk)과 같은 메신저 서비스도 여기에 속합니다. 또한 몇 년 전, 당신이 지하철에서 많이 보았던 '메트로(Metro)'와 같은 무가지 신문도 광고를 기반으로 하는 무상 제공 모델입니다.

네이버 클라우드 프리미엄 예시

무료 모델 2 프리미엄(Free + Premium) 모델

이 유형은 무료 서비스를 제공하되, 기능이나 자원에 차이를 두어 프리미엄 서비스를 유료로 제공하는 것인데요. 사진 업로드 및 공유 서비스인 '플리커(Flicker)', 네이버 '클라우드'와 같은 개인용 클라우드 서비스를 예로 들 수 있습니다. 또한 게임이나 콘텐츠 앱에서 아이템 구매 시 이용하는 인앱 구매(In-App Purchasing)도 이 모델에 속합니다.

사진 저장 서비스인 플리커의 경우에는 기본 계정과 연회비를 내는 유료 회원으로 구분하여 서비스를 제공하는데요. 사진 업로드 횟수나 사진 저장 공간 등에서 차이가 나타납니다. 따라서 대용량의 사진 업로드 및 보관이 필요한 사용자일 경우에는 유료 회원으로 변경해야 합니다.

네이버 클라우드도 네이버 회원에게는 무료로 서비스를 제공해 주고 있는데요. 30GB 이하만 무료 용량이고, 그 이상의 추가 용량이 필요한 경우에는 비용을 지불해야 합니다. 유료 모델은 월 5천원에 130GB를 쓸 수 있는 골드와 월 1만원에 1,054GB를 쓸 수 있는 프리미엄이 있습니다.

이 모델에서 주의할 점은 무료 사용자에게 서비스를 제공하는 비용이 매우 낮아야 하고, 무료에서 유료로의 전환 비율이 최소 7~10%가 넘어야 수익이 생긴다는 것입니다.

무료 모델 3 미끼 전략(Bait & Hook) 모델

이것은 반복 구매를 유도하여 후속 구매에서 수익을 낼 의도로 보조금을 지원하거나, 손실을 감수하고 무상 혹은 저가로 서비스를 공급하는 전략인데요. 질레트 면도기에 적용된 'Razor & Blade' 모델로도 잘 알려져 있습니다. 1990년대 말, 휴대폰이 도입되면서 국내 시장에 공짜폰이 제공되었던 것도 여기에 속하는데요. 단말기는 낮은 가격에 제공하고, 수익은 통화료로 회수하려는 통신사의 침투 전략이 이 모델의 대표적인 예입니다.

또 하나의 예는 결제 분야의 혁신적인 모델로 평가 받고 있는 스퀘어(Square)입니다. 스마트폰의 이어폰 잭에 작은 결제 단말을 꽂아, 이동 중에도 카드 결제를 가능하게 해 주는데요. 스퀘어 역시 $10 또는 무상으로 단말기를 제공하고, 결제 시 발생하는 결제 수수료로 수익을 확보하는 모델입니다.

미끼 모델의 대표격인 모바일 결제 솔루션 스퀘어

그 외 언번들링(Unbundling), 오픈 플랫폼(Open Platform) 모델은 '비즈니스 모델의 탄생(원제: Business Model Generation)'이라는 책을 참고하시면 되겠습니다. 물론 비즈니스는 광고보다 훨씬 복잡합니다. 그리고 다양한 요인의 영향을 받기 때문에 몇 가지 정형화된 패턴으로 규정하는 것은 무리일 수도 있죠. 그러나 복잡하게 보이는 것을 단순화하면 의외로 많은 통찰력을 얻을 수 있습니다. 뿐만 아니라 필요한 핵심 성공 요소를 파악할 수도 있고, 잠재된 위험 요소를 미리 걸러낼 수도 있죠. 결과적으로는 비즈니스의 성공 확률을 높일 수 있습니다.

02
분해하고, 조합하고, 수시로 바꿔보라

아이디어가 중요해지다 보니 더불어 아이디어 발상 방법론도 인기를 얻고 있습니다. 익히 알려진 '브레인 스토밍(Brain Storming)'이라든지 '브레인 라이팅(Brain Writing) 외에도 트리즈(TRIZ), 스캠퍼(SCAMPER)와 같은 아이디어 발상 방법론도 기업 교육 과정으로 활용되고 있습니다. 최근에는 비즈니스 모델 캔버스와 같이 디자인 씽킹(Design Thinking) 방법론도 많이 알려졌죠.

저 또한 위에서 제시된 다양한 방법론을 배웠습니다. 그리고 업무에 활용하기 위해 노력하고 있죠. 방법론은 상황에 따라 유용할 수도 있고 별반 효과가 크지 않은 경우도 있는데요. 특히 팀이나 조직의 분위기에 영향을 많이 받는 직장인들은 혼자서 그 방법론을 활용하기가 쉽지 않을 것입니다.

발상을 촉진시키는 스캠퍼(SCAMPER) 방법론

저의 경우에는 SCAMPER라는 방법론을 자주 활용합니다. 대체(Substitute), 결합(Combine), 응용(Adapt), 변형(Magnify or Minify), 다른 용도로 활용(Put to other use), 제거(Eliminate), 뒤집기(Reverse or Rearrange)를 뜻하는 SCAMPER 방법은 특정한 사물이나 구성 요소를 변화시켜 아이디어 발상을 촉진시키는 방법론입니다.

예를 들어, 복사기와 스캐너를 결합(Combine)하여 복합기라는 새로운 사무기기 카테고리를 만든 사례나 강력한 접착제를 만들다가 실패한 접착 성분을 다른 용도로 활용(Put to other use)하여 만든 포스트잇이라는 제품 등이 SCAMPER의 대표적인 사례입니다.

스캠퍼는 다른 각도에서 사물을 바라보고 그것을 통해 아이디어 발상을 할 수 있는 가이드 역할을 해줍니다. 그러다 보니 저 또한 아이디어 노트에 스캠퍼 방법론에 따른 아이디어를 메모해 두게 되었는데요. 스캠퍼는 특정한 제품이나 기술을 SCAMPER 키워드에 따라 발상하는 것보다 비즈니스 모델의 구성 요소를 나열하거나 특정 제품의 기술 요소를 나열하여 매트릭스 구조로 팀원들과 함께 아이디어를 발상하는 것이 더 효과가 있습니다. 각자 개인이 보유한 지식을 동원하여 다양한 조합을 해볼 수 있기 때문에 미처 생각하지 못했던 기발한 생각까지 떠올릴 수가 있죠. 아이디어는 포스트잇에 적어서 매트릭스의 교차점에 붙여 놓으면 됩니다.

톡 주문은 상담용으로 활용했던 채팅 솔루션을 홈쇼핑 주문이라는 '다른 용도로 활용(Put to other use)'한다는 생각 속에서 만들어진 모델인데요. 비라인 서비스의 경우에는 상시적으로 화면에 노출되는 날씨, 교통, 대중교통 정보를 불필요한 시점에는 화면에서 제거(Eliminate)하고 필요한 상

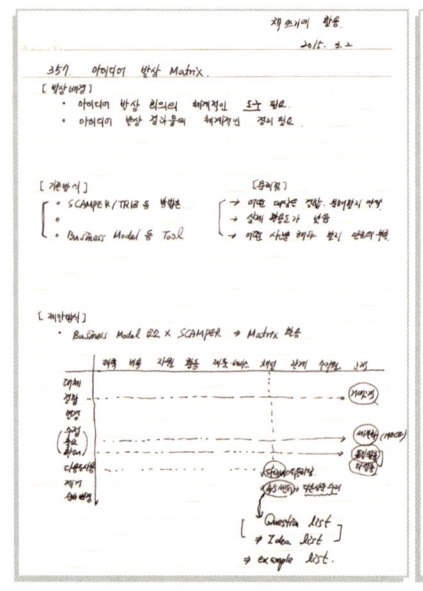
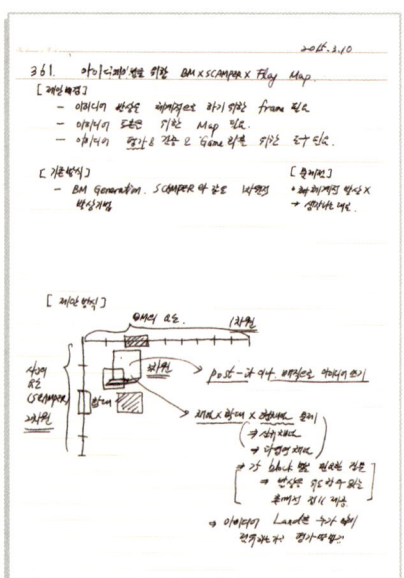

아이디어 발상법을 정리해둔 아이디어 노트

황에서만 제공해 주는 것이죠.

기존 서비스 응용(Adapt) 사례 우버(Uber)를 이용한 외국인 전용 콜택시

스캠퍼(SCAMPER) 방법 중에서 응용(Adapt)한 아이디어 사례를 한번 들어보겠습니다. 국내·외에서 불법 논란이 있지만 기존 택시 시장의 혁신을 불러일으킨 모바일 기반의 차량 예약 서비스인 우버(Uber)라는 서비스가 있습니다. 135번 아이디어는 한국을 방문한 해외 여행객들을 대상으로 한 콜택시 서비스를 응용한 것인데요. 택시 기사들이 택시 요금 체계를 잘 모르는 고객의 약점을 이용하여 바가지 요금을 씌우는 문제를 해결하고자 했습니다.

우버(Uber)는 해외에서 많이 알려진 모델이기 때문에 외국 관광객들이 신뢰하는 서비스인데요. 저는 우버(Uber)가 국내 시장에 안착할 수 있는 모

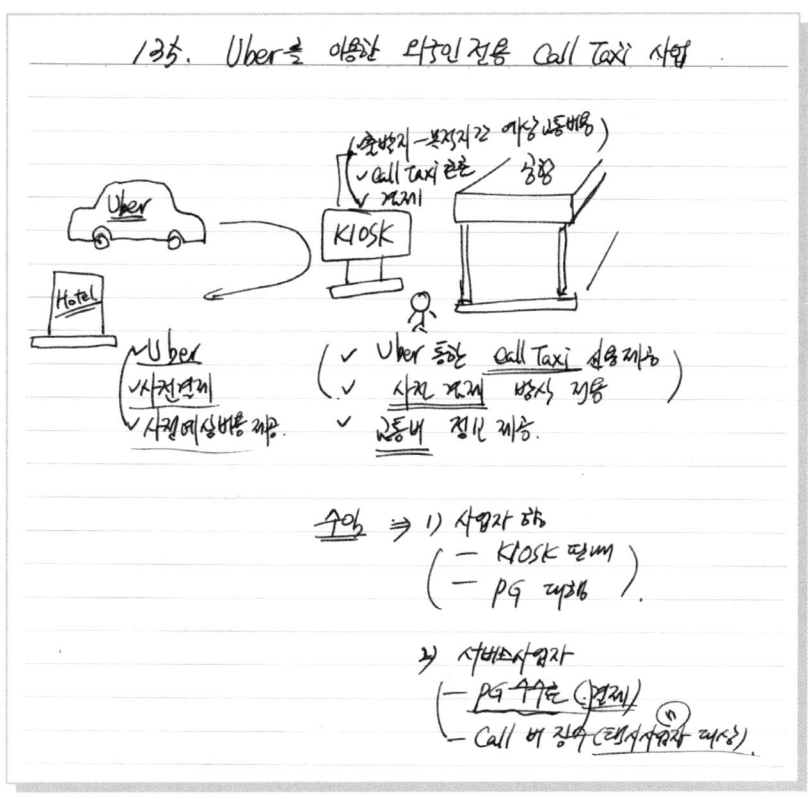

스캠퍼를 활용한 우버 택시 아이디어

델이라고 생각하여 이 아이디어를 구상했습니다.

다음의 아이디어는 우버 택시 아이디어를 좀 더 확장해서 카카오택시 서비스를 외국 관광객들을 대상으로 응용해 본 것입니다. 차이점은 외국어가 가능한 택시 기사를 연결해 주고 미리 결제함으로써 바가지 요금 문제를 해결한다는 것이죠. 물론 외국 관광객이 카카오택시 앱을 설치해야 하는 문제는 있지만, 사회적인 문제를 해결하기 위해서는 틀을 깨는 변화가 필요하다고 생각하고 있습니다.

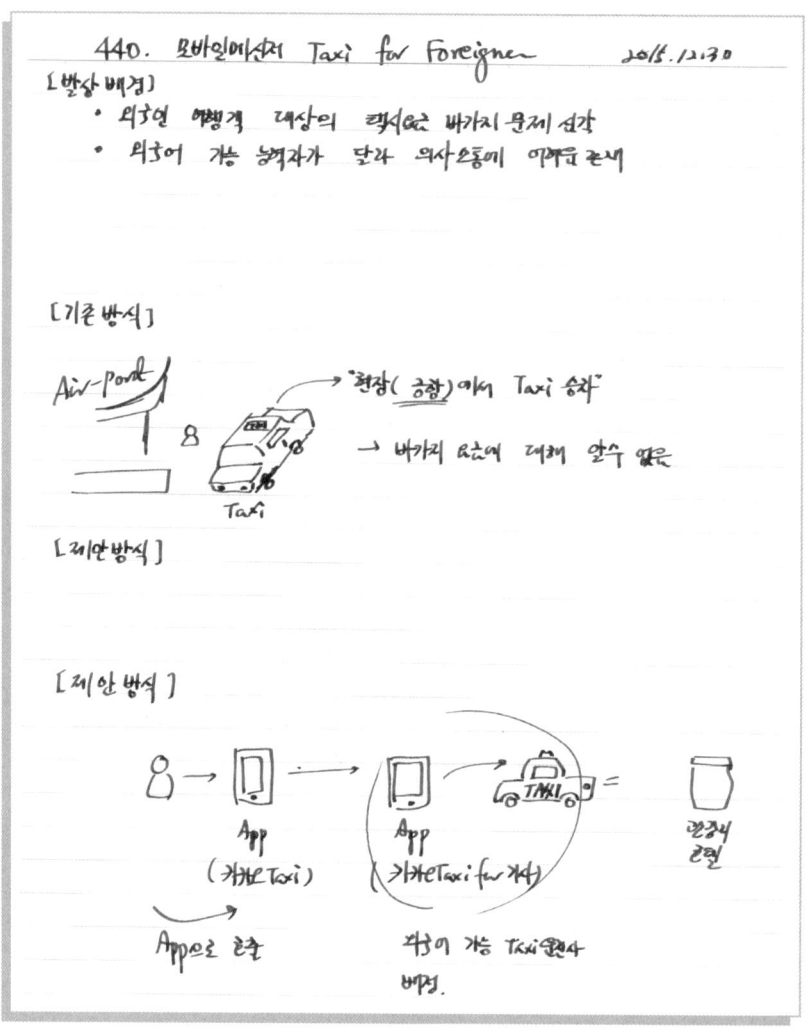

외국인 승객을 위한 카카오택시 아이디어

기존 기술 응용(Adapt) 사례   Vision API를 이용한 홈 초인종 단말

구글과 같은 IT 기업이 새로운 기술이나 Open API를 공개할 때 그것을 어떻게 응용해 볼까 고민하는 경우도 있습니다. 대표적으로 2015년 12월에 발표된 '구글 클라우드 비전(Google Cloud Vision) API'를 초인종에 응용해 본 것입니다.

개발자들은 구글 클라우드 비전 API를 활용해서 이미지 파일을 분석하거나 사진의 상황을 구별하고 사진 속 인물의 감정까지도 파악할 수 있습니다. 이 기술은 현재 구글이 '구글 포토'에 적용하고 있는 기술이기도 하죠. 기술이 놀랍기도 하지만 이것을 공개한다는 것도 역시 구글답다는 생각이 들게 합니다. 저는 이것을 어디에 응용해볼까 고민해 보았죠. 얼굴을 인식해야 하는 상황은 많이 있겠지만 가장 범용적으로 활용할 수 있는 분야는 바로 현관벨(초인종)일 거란 생각이 들었습니다.

현관문에서 초인종을 누르는 사람은 가족일 수도 있고, 택배 아저씨처럼 낯선 사람일 수도 있을 것입니다.

만약 스마트폰으로 가족이나 방문객 사진을 미리 등록해둔다면 초인종에 달린 카메라 센서가 가족이나 손님을 인지하고 문을 자동으로 열어 줄 수 있겠죠. 만약 택배아저씨가 방문했는데 부재중이라면 스마트폰을 통해 택배 상자를 어디에 두면 좋은지 음성으로 전달할 수도 있을 것입니다. 낯선 사람이 현관문에 접근한다면 사진을 자동으로 찍어 집안에 있는 사람에게 경고해 주거나 외부에 있는 가족에게 알려줄 수도 있을 것입니다.

물론 이런 기술이 실제 제품이 되려면 몇 년 더 걸리겠지만, 자물쇠 키가 디지털키로 변화된 것처럼 언젠가는 클라우드 비전

구글 클라우드 비전 API

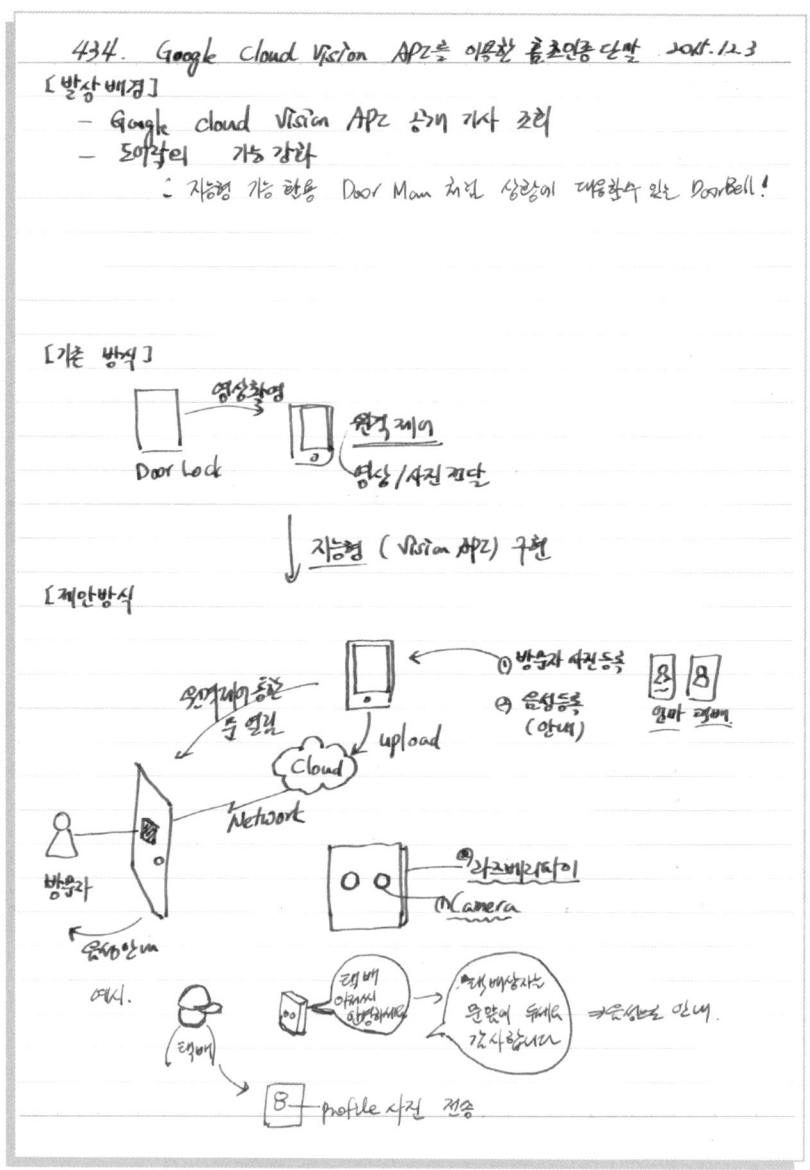

구글 클라우드 비전 API를 활용한 현관벨 아이디어

기술을 이용한 지능형 벨이 모든 구형 벨을 대체할 수도 있을 것입니다.

기존 기술 대체(Substitute) 사례 적립 쿠폰을 찍어주는 타임 스탬프

기존 기술 방식을 대체(Substitute)하여 새로운 경쟁 제품의 아이디어를 발상한 사례는 타임스탬프(Time Stamp)라는 아이디어입니다.

카페에서 커피 값을 결제하고 나면 종이 쿠폰에 스탬프를 찍어 주는 곳이 있습니다. 스탬프에 일정 개수 이상의 도장이 찍히면 커피 한잔이 보너스로 나오기 때문에 여성들의 지갑에는 보통 종이 쿠폰 몇 개쯤은 있기 마련이죠.

그렇지만 종이 쿠폰이라서 잃어버리기도 쉬울 뿐 아니라, 점주 입장에서는 도장을 도용하지 않는지 고민이 될 것입니다. 이런 문제를 해결하기 위해 나온 제품이 페이뱅크 사에서 만든 스탬프백(Stampbag)이라는 제품입니다.

스탬프백은 스마트폰 위에 스탬프를 찍으면 종이쿠폰 UI를 가진 모바일앱이 이를 인식하여 도장을 쿠폰 어플 위에 찍어주는 것이죠. 사용자는 종이 대신 스마트폰만 보여주면 되고 점원은 종이 방식처럼 도장을 찍어주기 때문에 사용자 경험이 그대로 유지될 뿐만 아니라 점주 입장에서는 실시간으로 도장 발급 현황과 사용 현황을 볼 수 있어서 고객 관리에 도움이 되는 솔루션입니다. 이 제품에 대한 기사를 접하고 저는 매우 감탄했습니다.

그래서 이 제품의 기술 요소를 다른 기술 요소로 대체(Substitute)하는 방법을 고민해 보았는데요. 자세한 기술 방식은 알 수 없지만, 기사를 통해 파악해 보면 스마트폰 액정의 감압 방식을 응용한 것으로 보였

스마트폰 쿠폰을 구현한 스탬프백 제품

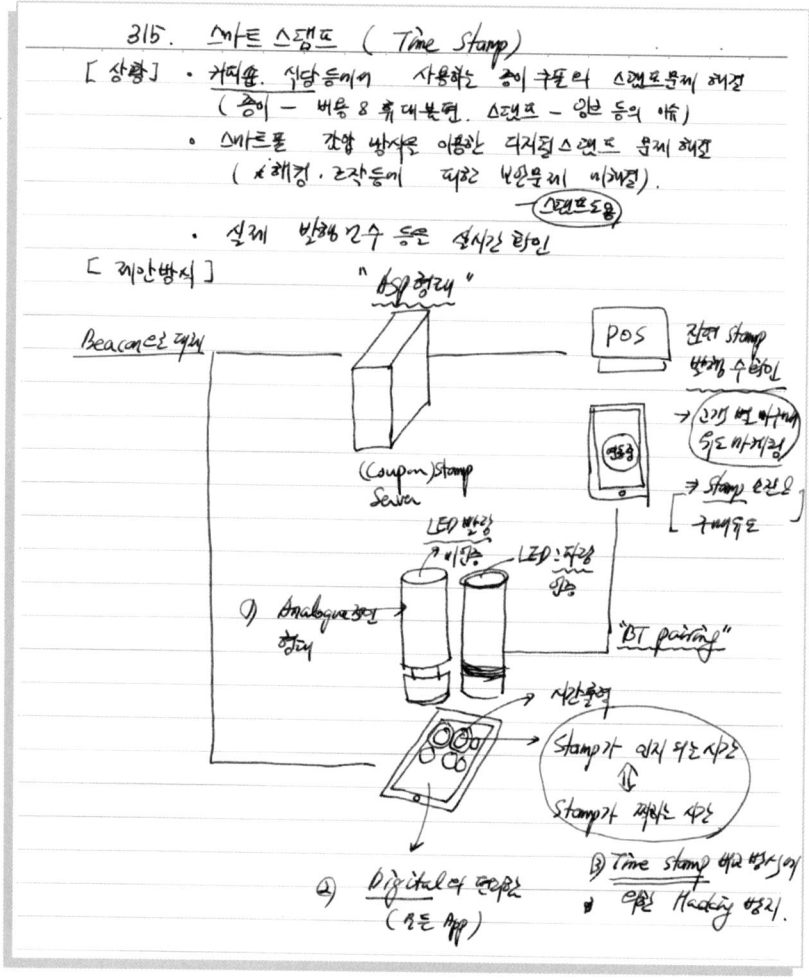

스탬프백을 응용한 타임스탬프 아이디어

습니다.

　사용자가 손으로 터치하듯이 디지털 스탬프가 액정을 누르는 강도나 위치로 도장이 찍히는 것을 인식하는 것 같았는데요. 만약 이 스탬프와 유사한 압력을 가진 도구로 스마트폰을 누른다면 똑같이 도장이 찍히지 않을까

하는 생각이 들었습니다. 만약 그렇다면 도용의 가능성이 있을 수 있기 때문에 이 문제를 해결해 보고 싶었습니다(물론 실제 이 제품이 그렇다는 것이 아니라 저 혼자 상상을 해본 것입니다). 그래서 감압 방식이 아닌 블루투스 저전력(Bluetooth Low Energy)을 이용하여 도장이 찍힌 시간을 비교하는 방식으로 대체해 보았죠. 도장을 찍은 시간을 비교한다는 의미로 타임스탬프(TimeStamp)라는 이름을 지었습니다.

타임스탬프의 아이디어 원리는 이렇습니다. 우선 점원이나 점주의 스마트폰과 타임스탬프는 블루투스 통신으로 페어링 되어 있습니다. 그리고 구매 고객의 스마트폰에는 종이 쿠폰 어플이 설치되어 있어서 타임스탬프에서 발생하는 근접 블루투스 신호를 인식하여 이를 시간으로 기록해 두게 됩니다.

당연히 매장 내에 진입하면 어플이 블루투스 신호를 인식하겠죠. 그리고 계산이 끝난 후에 타임스탬프를 찍으면, 찍는 순간의 시간 정보가 점원의 스마트폰을 통해 서버에 전달되게 됩니다. 이렇게 전달된 타임스탬프에 찍힌 시간과 타임 스탬프 인지 시간을 비교해서 도용 없이 정상적이라는 판단이 되면 종이 쿠폰 어플에서 스탬프가 찍히는 것이죠.

물론 보는 관점에 따라 기존의 방식보다 더 번거로운 방식일 수도 있을 것입니다. 스탬프 자체도 그럴 수 있죠. 요즘은 휴대폰 번호로 적립해 주는 매장도 꽤 많으니까요. 그렇지만 사용자의 경험을 유지하면서 기존의 방식을 개선해 낸 스탬프백 제품은 개인적으로 훌륭한 아이디어라고 생각합니다.

이렇게 SCAMPER를 활용하면 생각을 용이하게 확장하고 새로운 모델을 만들 가능성이 높아집니다. 물론 7가지의 방법을 알게 되었다고 해서 탁월한 아이디어가 떠오르는 것은 아닙니다.

사실 SCAMPER는 기준이 될 뿐이고, 결국은 개개인이 수십 가지의 생각을 떠올리면서 확장해야 합니다. 마찬가지로 디자인 씽킹이나 트리즈 같은 방법론도 수학의 공식과 같은 것입니다. 수학 문제를 잘 풀기 위해 공식만 암기해서는 안 되는 것처럼, 좋은 아이디어를 많이 발상하려면 꾸준히 고민하고 이를 기록하는 습관을 가져야 합니다.

일상에서 접하는 제품이나 서비스의 불편한 점을 인식하고 이를 바꾸는 방법이 무엇일까 고민하거나, 직장인이라면 내가 하고 있는 일이나 회사의 업무를 기존의 방식대로 하지 않고 변화시키는 방법을 고민해 보시기 바랍니다.

03
가지고 있는 것,
잘하는 영역에 집중하라

아이디어는 새롭고 최신이어야 한다고 생각하는 경향이 있습니다. 특히 언론에서 뜨거운 이슈가 되는 기술을 선호하는 경향이 있죠. 핀테크와 같은 산업이 그런 류에 속하는데요. 그래서 금융, 유통, 서비스 업종을 불문하고 대부분의 기업에서 '○○페이'라 이름 붙여진 간편결제 서비스를 내놓고 있습니다. 아이러니하게도 이렇게 주목 받는 시장을 자세히 들여다보면 돈을 벌고 있는 기업이 거의 없습니다. 오히려 경쟁이 너무 치열해져서 레드 오션(Red Ocean)이 되어 버렸거나 수요에 대한 검증이 전혀 되지 않아 시장성이나 수익성이 불투명한 경우도 많습니다.

어느 기업이든 재무 자원과 인적 자원은 한정적일 수밖에 없습니다. 하물며 개인은 말할 필요가 없겠죠. 전혀 경험이 없는 영역이거나 활용할 수 있는 기존 자원이 없는 경우라면 아무리 탁월한 아이디어라 하더라도 이것

을 실현하기가 훨씬 힘들어집니다. 설사 실현했다 하더라도 경쟁자들이 빠르게 치고 들어오면 경쟁력이 약해져서 시장을 잠식 당할 수 있습니다.

　아이디어 노트에 적힌 아이디어 중에서 비즈니스 모델로 충분하다고 생각했던 몇 개의 아이디어를 놓고 저는 투자를 받기 위해 경영진을 설득했던 적이 있습니다. '밴드'라는 서비스가 나오기 1년 전에 '팀플'이라는 동창이나 동호회를 위한 모바일 커뮤니티 서비스를 기획했던 적도 있었고, '키즈밴드'라는 미아 방지와 교육 기능을 결합한 웨어러블 디바이스도 기획을 했습니다.

　특히 6번째 아이디어였던 팀플은 개인적으로 꼭 만들어보고 싶었던 모바일 카페 서비스였는데요. 당시 카카오톡 메신저가 인기를 끌고 있었지만 모바일에서도 동창 모임이나 동호회 같은 모바일 기반의 소규모 커뮤니티가

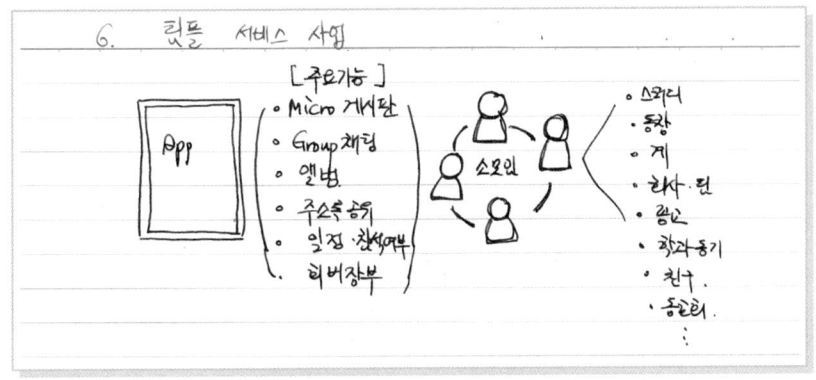

모바일 커뮤니티 '팀플' 서비스 아이디어

필요하다는 생각을 하게 된 것이죠. 당시에는 '밴드(Band)'와 같은 서비스가 없었기 때문에 서비스를 일찍 만들면 시장을 점유할 수 있다는 생각에 경영진을 찾아가 투자를 부탁했을 만큼 열정적으로 뛰어다녔던 기억이 납니다.

그런데 경영진이나 외부 업체로부터 '좋은 아이디어'라는 칭찬을 받았지만, 두 아이디어 모두 현실화되지 못했습니다. 아이디어 실현의 결정적인 열쇠를 쥐고 있었던 경영진으로부터 투자 승인을 받지 못했던 것이죠. 그때 '우리 회사 경영진들은 왜 트렌드를 따라가지 못하는 것일까? 왜 이렇게 좋은 아이디어에 투자하지 않는 것일까?' 하는 답답한 마음이 많이 들었습니다.

그런데 시간이 흐르고 나니 '만약 그 아이디어를 실행했다면 성공할 수 있었을까?' 하는 생각이 들더군요. 왜냐하면 그 아이디어는 B2B 사업 중심의 역량을 보유한 우리 회사가 잘 할 수 있는 분야가 아니었기 때문입니다. 그런 점에서 투자를 하지 않겠다는 경영진의 결정은 올바른 것이었습니다. 아이디어의 가치도 중요하지만 그 아이디어를 어디에서 실행하느냐에 따라 성공 여부가 결정되기 때문이죠.

그와는 반대로 '톡 주문'의 경우 경영진의 투자 결정은 매우 빨랐습니다. 그것은 바로 '톡 주문'이 회사가 가진 자원과 역량을 잘 활용할 수 있는 아이디어였기 때문이죠. 간편결제 서비스인 카카오페이 사업을 카카오와 제휴를 통해 진행하고 있었고, TV홈쇼핑 사업자의 시스템을 구축하고 운영한 경험이 풍부했을 뿐만 아니라, 플랫폼을 구현할 기획자와 개발자가 많았습니다. 네트워크, 기술, 솔루션, 인력 등 모든 측면에서 회사가 보유한 자원을 활용할 수 있다는 점이 '톡 주문' 아이디어가 실행될 수 있었던 가장 큰 이유입니다.

아이디어를 개발할 때 가장 중요한 점은 새롭고 인기 있는 영역을 찾기 전에 기업이나 개인이 가진 장점이나 자원이 무엇인지를 정확히 파악해야 한다는 것입니다. 그리고 작아도 확실한 시장을 찾아야 하는데요. 그래야 아이디어를 빠르게 실행할 수 있습니다. 강점이나 자원 활용 없이 오로지 인기에 병합하는 아이디어만 쫓는다면 아이디어의 실현도 어려울뿐더러 설사 실현해도 비즈니스로서의 성공 가능성은 매우 낮아집니다.

04
응용을 통해 아이디어를 내라

아이디어를 맹신하다 보면 '아이디어는 세상에 없는 새로운 것을 창조한다.'는 착각에 빠지는 경우가 있습니다. 그래서 완전히 새로운 제품이나 서비스가 만들어져야 한다는 생각을 하게 되죠. 전에 없던 새로운 상품이 나올 가능성은 얼마나 될까요? 스마트폰을 한번 예로 들어보죠. 아이폰이 탄생하면서 스마트폰 시장이 급속도로 성장한 것은 사실입니다. 그렇지만 아이폰 이전에 스마트폰이 없었던 것은 아닙니다. 애플이 아이폰이라는 스마트폰을 만들기 전에 글로벌 제조사들은 이미 스마트폰을 만들었는데요. 다만 고객의 욕구를 충족시킬 만한 수준의 제품이 아니어서 성공하지 못했을 뿐입니다. 그리고 스마트폰이 완전히 새로운 시장을 만들었다기보다 피처폰, MP3 플레이어, 네비게이션, 디지털 카메라, GPS 장치 등, 이미 존재하던 시장을 대체한 측면이 강합니다. 스티브잡스가 말한 것처럼 스마트폰은 '전화기(피처폰) + 인터넷 디바이스 + MP3 플레이어'가 조합된 새롭게 개발된 (Reinvent) 휴대폰입니다. 기존 제품이나 서비스를 융합함으로써 디바이스 시장 영역을 재창조해 낸 것이죠.

기존의 기술이나 제품을 고객의 욕구에 맞게 재정의 하는 것으로도 시장을 만들어낼 수 있기 때문에, 아이디어를 새롭게 만들어야 한다는 강박관념에서 벗어나야 합니다.

톡 주문 서비스도 새로운 서비스로 인식되지만 그 기반이 되는 자동화된 채팅 기술은 일부 금융 사업자나 방송 사업자들이 금융상품 상담이나 방송 참여 서비스로 활용하던 기술이었는데요. 저는 그것을 방송이나 상담용에만 국한하지 않고 자동화된 주문 및 결제의 영역으로 응용했을 뿐입니다. 즉 톡 주문을 위해 새로운 기술을 개발한 것이 아니라는 거죠. 마찬가지로 스퀘어(Square)라는 마그네틱 카드 결제 기술도 기존의 이어폰에서 리모컨으로 재생/정지 기능을 제어하는 기술을 응용하여 신용카드 결제기를 만들어낸 것인데요. 스마트폰 강화유리를 만든 고릴라 글라스 또한 자동차 유리를 스마트폰 액정 영역으로 확장한 것입니다.

새로운 아이디어에 대한 강박관념에 빠질수록 아이디어는 떠오르지 않게 됩니다. 사고를 확장할 수 있는 소스 거리가 없으면 머릿속이 깜깜해지는데요. 생각의 소스가 될 수 있는 것이 바로 기존의 기술이나 제품입니다. 따라서 기존의 기술을 조합하거나 응용하는 아이디어 발상을 계속적으로 해본다면 창의적인 아이디어 개발에 큰 도움이 될 겁니다.

물론 기존 제품을 응용한다고 해서 모방 수준으로 변질되면 안 됩니다. 해외 서비스를 그대로 모방하여 국내에 적용해 보려는 카피캣(Copycat) 사례들이 있는데요. 심지어 화면 UI까지 그대로 베낀 경우도 있었습니다. 단순 모방 수준이 아니라 복사 수준에 가깝게 되면 도덕적 비난 외에도 비즈니스로 성공하기 어렵습니다.

카피캣의 대표적 사례로는 스퀘어(Square) 모델을 복사하듯 만든 이동

형 결제 단말기가 있는데요. 만약 스퀘어의 성공 사례만을 보고 이를 국내에 도입하게 되면 비즈니스에 실패할 가능성이 높습니다. 그것은 바로 국내 결제 시장의 특수성 때문입니다. 스퀘어는 결제 사업자로서의 비즈니스 모델을 가지고 있습니다. 즉, 결제기로 수익을 내는 것이 아니라 결제를 할 때 수수료(2% 수준)로 수익을 내는 구조입니다. 그들이 단말기를 무료로 제공할 수 있는 것은 단말기의 비용을 수수료 수익으로 회수할 수 있기 때문입니다.

그런데 국내에는 미국 결제시장과는 다르게 오프라인 결제에 밴(VAN)이라는 중개 사업자가 있고, 온라인 결제의 경우 PG 사업자가 존재합니다. 오프라인 이동 결제의 경우 가맹점들이 대부분 피자나 치킨업체처럼 오프라인 가맹점이기 때문에 밴사를 통해 결제가 이뤄지는데요. 가맹점이 보유한 POS나 카드 결제 단말기를 경유해야 매출 실적이나 주문 실적과 연동할 수 있게 되는 것입니다. 그런데 이런 밴 사업자는 허가 사업자로 진입 장벽이 있는 시장입니다. 그래서 만약 스퀘어 모델을 그대로 차용해서 국내 도입을 한다면 밴사나 PG사처럼 중개 사업자로 비즈니스 모델을 만드는 것이 거의 불가능합니다. 오로지 결제기 단말 판매만으로 수익을 내야 하거나 밴사 대리점으로서 밴 수수료 또는 단말 임대 수익 정도로만 수익을 낼 수 있습니다.

이렇듯 해외 사례를 그대로 모방할 경우 법적 규제, 기존 산업 구조, 고객의 행동 패턴에 대한 이해가 없으면 비즈니스 자체가 실패할 가능성이 높습니다. 그러므로 응용을 통해 아이디어를 낼 경우 시장에 적합한 모델로 변형할 수 있어야 합니다.

05
소비자의 행동과 습관을 고려하라

저는 탁월한 아이디어가 개인이나 기업에 놀라운 성과를 가져다 주지만, 일부의 아이디어는 조직이나 기업을 위험에 빠뜨릴 수도 있다고 봅니다. 특히 권위적인 조직 문화에서 경영진이 아이디어에 대해 맹목적인 믿음을 가질 때, 브레이크 없이 질주하는 자동차처럼 비즈니스를 위기로 몰아갈 수도 있습니다. 그런 맹목적인 믿음 중의 하나가 더 좋은 성능이나 기능, 그리고 더 완벽한 사양이 있으면 고객의 문제는 해결된다고 믿는 것이죠. 즉 PC 시대에 386 컴퓨터를 펜티엄으로 바꾸면 PC 게임도 마음껏 즐기고 인터넷 속도도 빨라진다고 생각하는 것처럼, 기술 지향적인 성향이 강할수록 고객에게 주는 가치에 있어서 '더 나은 쥐덫'이면 된다고 믿는다는 것입니다.

더 나은 쥐덫의
오류(Better Mousetrap Fallacy)

미국의 시인이자 철학자인 랄프 왈도 에머슨은 "만약 어떤 사람이 남들보다 더 나은 글을 쓰거나, 더 나은 설교를 하거나, 혹은 좀 더 개량된 쥐덫 하나라도 만들어낸다면, 사람들은 그의 집이 아무리 울창한 숲 속에 있다고 할지라도 그 문 앞까지 길을 내고 찾아 갈 것이다(Build a better mousetrap, and the world will beat a path to your door)."라는 말을 남겼습니다. 이 말로 인해 비즈니스 세계에서 '더 나은 쥐덫(a better mousetrap)'은 '더 나은 제품'을 의미하게 되었습니다.

미국 울워스(Woolworth)기업의 사장인 체스터 울워스는 기존의 쥐덫보다 더 뛰어난 쥐덫을 실제로 만들었습니다. 쥐를 잡는 것은 기본이고, 새로운 디자인과 함께 세척 후 다시 사용할 수 있는 재사용 기능이 제공될 정도로 좋은 쥐덫이었습니다. 게다가 기존 제품에 비해 가격이 약간 더 높을 뿐이었죠. 그런데 이 '더 나은 쥐덫'은 처음에는 잘 팔리는 듯하다가 금세 매출액이 떨어지더니 결국 실패해 버리고 말았습니다.

왜 실패했을까요? 당시 소비자들의 행동 습관을 한번 살펴보죠. 그들은 그동안 쥐가 잡혀 있는 쥐덫을 처리하기가 어려워 쥐와 함께 쥐덫을 버리는 경우가 많았습니다. 그런데 새롭게 개발된 쥐덫을 구매한 소비자가 쥐덫에 걸린 쥐를 빼내고 쥐덫을 깨끗이 씻은 후에 다시 사용하려고 하면 그 과정이 징그럽고 불쾌해서 재사용을 하지 않게 된 것입니다. 결국 사람들은 그냥 '한번 쓰고 버리고 마는' 구식 쥐덫으로 회귀를 한 것이죠. 당시 미국에는 특허청에 등록된 쥐덫 특허만 4,400건에 달했다고 하니, '더 나은 쥐덫'을 만들려는 기업들의 경쟁이 얼마나 치열했는지를 가늠해 볼 수 있을 것입니다.

이 사례는 제품의 성능과 품질만 좋으면 고객들이 그 가치를 인정해 줄 것이고, 제품은 저절로 잘 팔릴 것이라는 기술 중심 사고의 오류를 보여줍니다. 유사한 예로 범 세계 위성통신 서비스인 이리듐도 대표적인 '더 나은 쥐덫'의 사례로 꼽힙니다. 미국의 모토롤라는 66개의 통신 위성을 띄워 전 세계를 단말기 하나로 통화할 수 있게 하자는 범 세계 위성통신 서비스(이

화이트보드의 스마트화 '스마트 캡' 제품 사례

리듐 프로젝트)를 구상하고 1997년에 서비스를 개시했으나 너무 높은 단말기 가격($3,500)과 통화료($당 5분) 때문에 목표로 했던 가입자 유치에 실패했습니다. 결국 총 투자비 50억 달러 대비 최종 손실액이 94억 달러에 육박하는 참담한 실패를 맛보게 되었죠.

1979년, 로저 칼란톤과 로버트 쿠퍼가 200개 제품을 조사하여 실패한 제품에 대한 연구를 발표했는데, 그 중 가장 압도적인 수치인 28%가 '더 나은 쥐덫'의 제품이었다고 합니다. '더 나은 쥐덫' 제품을 만든 기업들의 문제는 '더 나은 쥐덫' 제품을 만들면 사람들이 구매할 것'이라고 생각했지만, 실제로는 그렇지 않았다는 것이죠. 결국 소비자가 궁극적으로 원하는 것은 '더 나은 쥐덫'이 아니라, '쥐를 잡는 것'에 있다는 것을 알아야 합니다.

직장인이 흔히 접하는 화이트보드를 사례로 들어보겠습니다. 인터넷에서 화두가 된 "스마트 캡(Smart kapp)"이라는 화이트 보드인데요. 보드 위에 작성한 내용들을 간편하게 이미지 파일 등으로 만들고, 팀원들과 작성된 내용을 실시간으로 공유할 수 있습니다.

'스마트 캡' 제품은 기존의 화이트보드에 인터넷 접속 기능을 넣어 회의 내용을 스마트폰에 전달하는 공유 기능을 넣은 것입니다. 스마트 캡에 전원을 넣고, 스마트폰 등에 앱을 설치한 뒤, QR코드나 NFC를 이용해 블루투스로 연결하면 준비가 끝납니다. 이후 마커로 스마트 캡의 하얀 보드 위에 글자나 적거나 그림을 그리면 되는데요. 그러면 그 내용이 연결된 스마트폰이나 노트북 등으로 공유됩니다. 회의록을 따로 작성할 필요도 없고, 메모된 내용을 실시간으로 공유할 수 있으니 얼핏 보면 기업의 생산성을 높여주는 스마트한 화이트보드라 할 수 있습니다. 가격이 899달러(약 98만 원)인 것을 제외한다면 말이죠.

당신이 구매결정자라면 구매하시겠습니까? 질문에 답하기에 앞서서 화이트보드가 우리 일상에서 어떻게 구매되고 활용되는지 살펴볼 필요가 있습니다. 화이트보드는 대부분 회의실 같은 내부 공간에 비치됩니다. 그리고 그 비용 또한 회사의 소모품비나 비품 구매비로 충당하게 되는데요. 개인이 구매하는 경우는 극히 드물 것입니다. 마지막으로 화이트보드는 별도의 관리 책임자가 지정되지는 않더라도 그냥 어딘가 방치해 두어도 별 문제가 되지 않는 공용 자산 형태로 관리됩니다.

그렇다면 구매자 입장에서 저렇게 비싼 스마트 화이트보드가 매력적일까요? 분명히 '더 나은 화이트보드'는 회의 결과를 빠르게 공유하고 정리할 수 있는 강점이 있으므로 생산성이나 커뮤니케이션 향상에 기여해 줄 수 있을 것입니다. 그런데 가격은 둘째 치고라도, 고장이 발생했을 때 A/S를 용이하게 받을 수 있는지, 저 귀중품을 누가 관리를 해야 할지, 배터리 교체와 같은 부수적인 관리 문제들이 발생한다면 구매자 입장에서는 썩 내키지 않는 물품이 될 수도 있다는 것입니다. 그런 고민을 하게 되는 관리자나, 사용법을 별도로 익혀야 하는 사용자들은 "그냥 스마트폰으로 찍으면 안 돼?"라는 본질적인 질문을 던질 수도 있습니다.

구매자의 행동이나 습관을 고려했는가?

제품을 개발하는 기업들은 제품이 고객에게 주는 효용에 집중하는 경향이 있습니다. 예를 들어, 스마트 머그컵의 경우 '물 마시는 습관을 알려주어 건강 관리에 도움'을 주는 가치에 집중을 한 것이고, 스마트 화이트보드의 경우 '화면 공유를 통해 커뮤니케이션 및 생산성 향상'이란 가치에 집중을 한 것이죠. 그렇지만, 사용자가 이 가치를 온전히 받아들이는 데는 부수적인 문제들이 발생하지 않아야 합니다. 소비자가 기존의 방식을 버리고 새로운 방식을 받아들이기 위해서는 시간이나 수고와 같은 노력이 필요하기 때문이죠. 기업의 입장에서는 무시해 버리기 쉬운 보이지 않는 비용이 소비

기존의 기술을 응용한 모바일 결제 솔루션 '스퀘어'

자 입장에서는 무시하지 못할 불편함과 수고가 됩니다.

예를 들면, '설치나 사용법을 배우는 게 어렵지 않은가?', '유지하고 관리하는데 별도의 노력이 필요하지 않은가?', '이전 방식으로 돌아가는데 어렵지 않은가?'와 같은 질문이 던져졌을 때, 사용자 입장에서 '아무런 문제가 되지 않는다.'라는 확신이 있을 때 구매로 이어질 수 있을 것입니다.

NFC와 같은 '더 나은 쥐덫' 기술이 아니더라도 시장에서 성공할 수 있음을 보여주는 사례 중의 하나가 바로 모바일 결제 솔루션인 '스퀘어(Square)'입니다.

기존에 최신 기술로 주목 받았던 RFID 카드 결제 기기는 가격, 가맹점 수수료 등의 문제로 인해 가맹점이 활용하기에는 부담스러웠습니다. 단말기를 휴대하기도 어려워 이동 중에 쉽게 결제하기도 어려웠죠. 이것을 고민한 스퀘어는 이어폰 잭에 꽂는 무료 리더기만 달면 누구나 쉽게 결제를 할 수 있는 솔루션을 내놓게 되었습니다. 새로운 방식을 쉽게 배울 수 있고, 관리하기도 쉬울 뿐더러, 비용조차 저렴했기 때문에 소상공인들의 인기를 독차지할 수밖에 없었죠. 스퀘어는 '더 나은 기술'이 아니더라도 시장을 혁신적으로 바꿀 수 있다는 것을 보여준 좋은 사례입니다.

**아이디어
기획의
정석**

PART
5

구체적인
상품 아이디어
실행법

01
간결하고 설득력 있게
아이디어를 표현하라

아이디어를 혼자서 실행한다면 얼마나 좋을까요? 그런데 대부분의 아이디어는 혼자 실행할 수가 없습니다. 실행을 위해서는 반드시 누군가의 도움이 필요합니다. 가깝게는 함께 일하는 동료를 설득하여 팀 내에서 간단한 프로토타입을 만들 수 있을 것이고, 신사업이라면 내부 투자자인 경영진을 설득해야 하며, 창업이라면 창업투자사 담당자를 설득해야 합니다. 그리고 기업 간 거래가 필요한 B2B 사업이라면 기업 담당자와 핵심적인 의사 결정권자를 설득해야 계약을 체결할 수 있죠. 결국 설득하는 일이 아이디어를 실행하기 위한 첫 단계입니다.

그렇다면 아이디어를 실행하기 위해 어떻게 해야 상대방을 효과적으로 설득할 수 있을까요?

자신이 확신하는 아이디어를 상대방이 잘 받아들이지 않거나 공격적으로 반대할 때 대부분의 사람들은 아이디어의 가치를 강조하기 위해 장황하게 설명하는 경향이 있습니다. 상대방이 아이디어를 잘 이해하지 못하기 때문에 벌어지는 일이라고 생각해서 이것 저것 아이디어를 보강하기 위해 애를 쓰는데요. 그런 노력과는 별개로 아이디어는 점점 더 설득력을 잃어가게 됩니다. 군더더기가 많아지는 것이죠.

좋은 아이디어, 남들을 설득하는 아이디어는 한 문장으로 표현할 수 있어야 합니다. 아이디어를 설명하는 사람이나 듣는 사람 모두의 머리 속에 명쾌하게 정리될 만큼 간결하고 명확해야 하는데요. 예를 들자면, '톡 주문' 서비스는 〈TV홈쇼핑 상품을 카카오톡 채팅으로 주문하고 카카오페이로 결제하는 서비스〉로 정의할 수 있고, '비라인(Beeline)' 서비스의 경우에는 〈직장인의 출근길 상황에 맞게 날씨, 교통, 대중교통 정보를 선별적으로 제공하는 모바일앱 서비스〉로 정의할 수 있습니다. 두 아이디어 모두 한 문장으로 간결하고 명확하게 정의되어 있죠.

물론 대부분의 아이디어는 한 문장으로 표현할 수 있습니다. 그렇지만 그 문장이 간결하고 명확한가는 별개의 문제입니다. 문장 내에 아이디어의 핵심 가치가 누락되지 않아야 하고, 군더더기가 없는 간결한 문장을 만들기 위해서는 몇 번에 걸쳐 수정하는 과정을 거쳐야 합니다. 우선 문장이 이해하기 쉬워야겠죠. 기술적으로 어려운 용어를 쓴다거나 전문 용어를 쓰는 것은 피하는 게 좋습니다. 아이디어를 이해하기는커녕 용어를 이해하느라 에너지를 낭비할 테니까요.

또한 문장을 통해 듣는 사람이 상상할 수 있도록 사용자 경험이 반영된 것이 좋습니다. 상황을 상상할 수 있도록 하는 것이죠. 예를 들어 '카카오톡 채팅하듯'이란 표현은 카카오톡을 쓰는 대부분의 사람들이 이해할 수 있는 상황입니다. '직장인의 출근길'이라는 단어는 직장인이라면 누구나 상상할 수 있죠.

아이디어에 군더더기 같은 부가 설명이 늘어나게 되는 것은 아이디어를 설명하다가 핵심을 벗어나 주변 내용에 집중하기 때문입니다. 특히 아이디어의 검증을 위해 많은 이들의 의견이나 경험을 듣다 보면 아이디어의 본질적 가치가 아닌, 부차적인 문제점에 집중하는 일이 많아지는데요. 이런 경우 문장 내에 모든 것을 표현하는 것보다는 문장의 계층 구조를 통해 부가적인 부분을 설명하기 바랍니다.

톡 주문 서비스 아이디어를 문장으로 한번 정의해 보겠습니다.

'톡 주문' 서비스
TV홈쇼핑 상품을 카카오톡 채팅으로 주문하고 카카오페이로 결제하는 서비스
- 홈쇼핑 플러스친구를 친구로 추가하여 채팅
- 메시지 자동 응답 서버가 상품 주문 메시지를 자동 응답
- 기존 자동주문 ARS 3분 대비 1분 내 주문 및 결제 가능

3가지 하부 항목에는 서비스 방식에 대해 구체적으로 설명했을 뿐만 아니라, 기존 자동주문 ARS 채널에 대비해서 어떤 편리한 점이 있는지를 소요 시간 기준으로 정량적인 가치를 정의했습니다.

문장을 한번에 완성한다고 생각하지 마시고, 아이디어를 구체화시켜 나가면서 문장을 정교화시키는 것이 좋습니다. 아이디어를 한 문장으로 요약한 후 반복적으로 동료들에게 설명하여 문장에 문제가 없는지 점검하세요. 문장을 교정하고, 간결화 하고, 압축하는 과정을 거치면 단 한 문장으로도 사람들이 이해할 수 있게 됩니다.

02
고객이 납득할 수 있도록 정량적 가치를 제시하라

제안서나 기획서의 목차를 보면 기대 효과라는 목차 항목이 항상 존재합니다. 어떤 제안이든 그것을 실행함으로써 어떤 긍정적인 효과가 있는지를 정의해 달라는 것이죠. 그런데 제안서나 기획서를 쓸 때 기대효과를 쓰기가 가장 난감합니다. 기술 방식이나 작동 원리를 자세히 쓰지만 그 기술을 도입했을 때 고객이 체감하게 되는 효과가 무엇이냐라는 질문에는 묵묵 부답인 경우가 많죠. 사실 기대 효과는 제안을 실행함으로써 미래에 발생하는 효과이고, 그것을 정량적으로 예측한다는 것은 매우 어려운 문제인데요. 그래서인지 제안서나 기획서에 '최적의 서비스'라든지 '맞춤형 서비스 제공'이라는 용어처럼 애매모호한 표현이 많이 사용되는 것입니다.

제가 멘토로 참여하고 있는 한이음ICT멘토링의 대학생들 기획서 '만땅 서비스'에도 유사 사례가 있는데요. 서일대학교 컴퓨터응용과 학생들이 팀

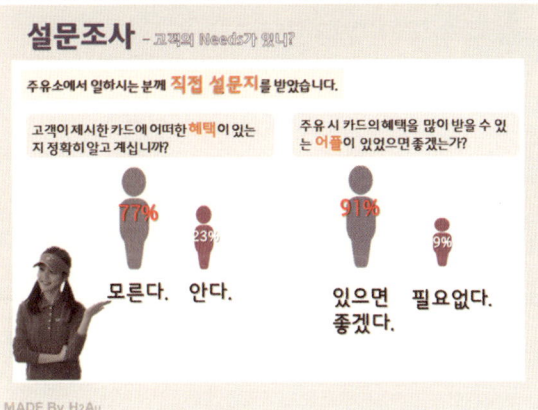

PART 5 구체적인 상품 아이디어 실행법 245

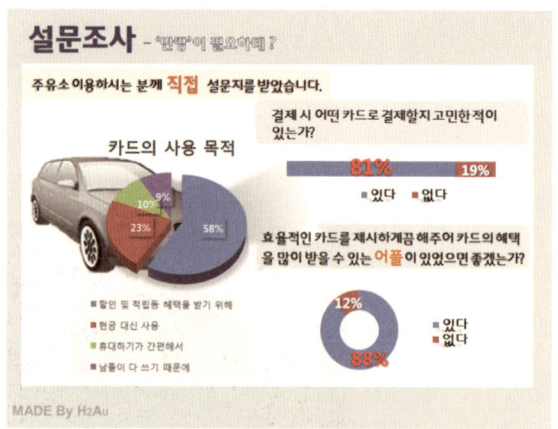

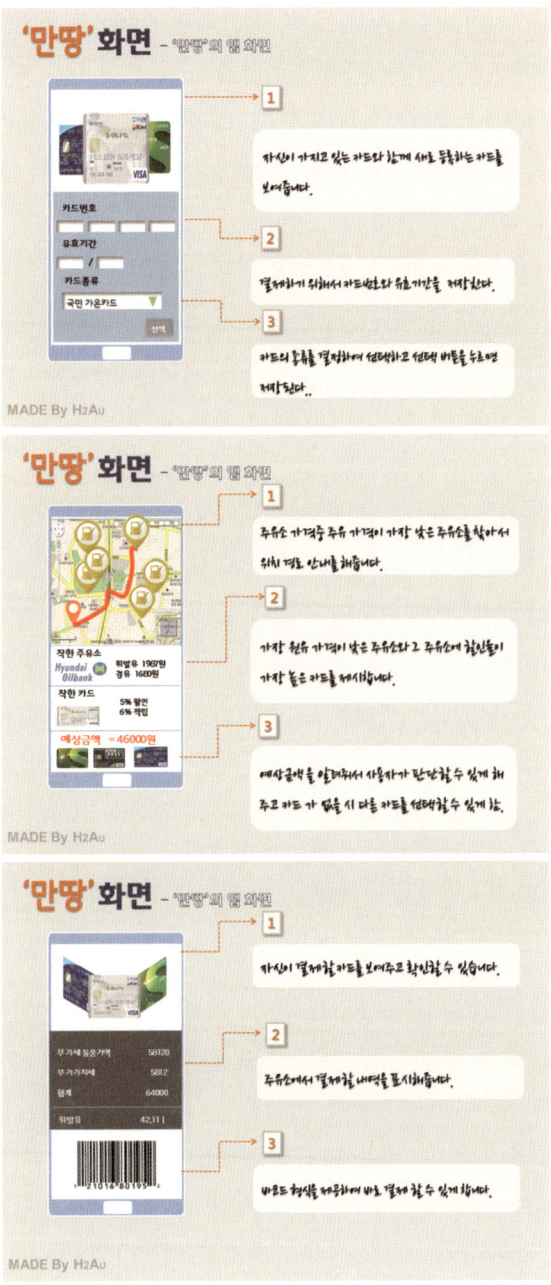

PART 5 구체적인 상품 아이디어 실행법 247

을 이뤄 창업경진대회에 나가게 되어 사업계획서에 대한 검토를 요청해 왔습니다. 아이디어는 '주유 시점에 저렴하게 주유할 수 있는 할인 신용카드를 자동 추천해주는 모바일앱' 서비스였습니다. 기획서를 보면 '만땅'이라는 서비스의 컨셉도 명확했고, 설문조사도 하는 등 나름대로 근거 데이터에 충실해 보였는데요.

학생이라는 신분을 고려할 때 기술 구현 가능성은 배제하는 게 좋을 것 같아 기술 구현 부분에 대한 조언은 하지 않았습니다. 다만 고객 가치에 대한 본질적인 질문을 던졌습니다. 그 질문은 바로 '주유 고객이 이 서비스로 카드 추천을 받았을 때 정말 저렴하게 주유할 수 있는 것인가?'라는 질문이었습니다.

팀원들이 이해가 쉽도록 그림으로 표현하여 설명했습니다. 도로를 따라 진행방향으로 3개의 주유소가 있고, 반대 도로에 2개의 주유소가 있다고 가정해 보겠습니다. 전방 100미터 앞에 있는 A 주유소는 휘발유 리터 당 1,700원, 1km 떨어진 B 주유소는 1,600원, 3km 떨어진 C주유소는 1,400원인 셀프 주유소입니다. 반대쪽 D 주유소는 유턴을 해야 하지만 1,400원이며, 거리상으로 5km 떨어져 있어서 유턴도 해야 하고 가장 먼 E 주유소는 1,350원입니다. 단, A 주유소와 B 주유소는 5만원 이상 결제 시 세차권을 할인해 줍니다. 운전자는 오직 A 주유소에서 2% 적립되는 신용카드를 보유하고 있습니다. 당신이 운전자라면 과연 어느 주유소로 향할까요?

학생들이 검증해야 하는 것은 가장 근본적인 서비스의 가치에 대한 것인데요. 아이디어를 상상하듯 고객 개개인의 서비스 가치를 먼저 상상해 보아야 합니다. 실제 운전 환경에서는 주유소의 휘발유 가격뿐만 아니라, 거리라든지, 세차권과 같은 사은품, 운전자의 급한 용무 상태, 카드의 실질적 혜택, 셀프 주유 여부 등 많은 변수가 영향을 줍니다. 가장 저렴한 할인 혜택을 추천할 것이라는 서비스의 기본 컨셉이 실제 현실에 도입을 하면 전혀 다른 결과로 이어질 수 있는 것이죠. 대부분의 심사위원들은 자신의 운전

경험에 비추어 아이디어의 가치를 판단하게 될 것이고, 그것은 아이디어에 대한 극단적인 평가로 이어집니다. 좋은 평가를 받으려면 심사위원들의 개인 경험에 비춰 가치를 평가 받는 게 아니라, 객관적인 사실과 데이터의 논리적 전개로 납득을 할 수 있어야 합니다. 그것이 바로 고객 가치를 정량적으로 제시해야 하는 이유인 것이죠.

경진 대회 하루 전날 멘토링을 받았던 터라 기획서를 많이 수정하지는 못해서 최종 발표 자료에는 제가 설명했던 단 한 장만이 추가 되었습니다. 실제 고객이 체감하게 되는 가상의 시뮬레이션 자료를 만들어 심사위원을 설득한 것이죠.

이렇게 수정된 자료로 경진대회에 참가하여 그 팀은 경진대회에서 최우수상을 받게 되었습니다.

아이디어의 가치는 고객 가치로 평가 받게 됩니다. 고객은 체감하는 가치만큼 돈이라는 형태로 대가를 지불하게 되죠. 고객이 지불하는 대가보다

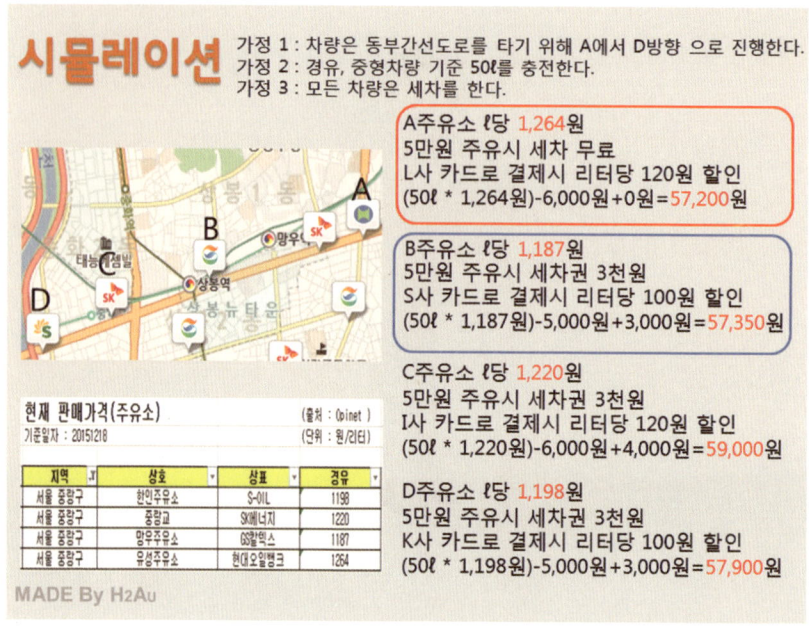

정량적 가치 입증을 위한 시뮬레이션 슬라이드

가치가 낮다면 한번의 구매는 이루어질 수 있어도 또다시 돈을 지불하지는 않을 것입니다. 그래서 고객 가치는 단순히 비용을 절감하거나, 특별한 경험을 제공하거나, 편리해진다거나, 매출이 늘어나게 될 것이라는 추상적인 표현보다 실제 얼마만큼 되는지 정량적으로 입증하도록 노력해야 합니다.

톡 주문이란 서비스에서도 TV홈쇼핑 사업자를 대상으로 사업설명회를 할 때 기존의 자동주문 ARS보다 '편하고 빠르다'라는 추상적인 표현 대신 '기존 자동주문 ARS 3분 대비 1분 내에 주문 및 결제 완료'라는 표현을 씁니다.

3분과 1분이라는 시간을 비교함으로써 빠르다는 것을 강조할 수 있죠. 또한 실제 TV홈쇼핑을 통해 판매되는 상품을 골라 이를 자동주문 ARS로 주문했을 때와 톡 주문으로 주문했을 때 주문 시간에 얼마만큼의 차이가

03 톡 간편주문 시연

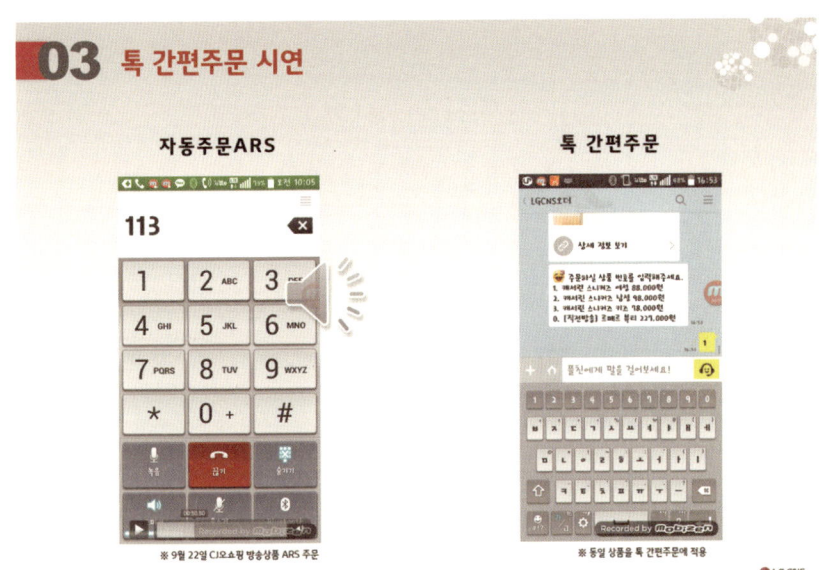

자동주문 방식과 톡 주문 방식의 속도 및 편리성 비교

나는지를 동영상으로 비교함으로써 TV홈쇼핑 담당자들이 스스로 납득할 수 있게 만들었는데요. 담당자들이 개인의 주문 경험으로만 판단할 경우 '편하고 빠르다'라는 설득이 먹히지 않기 때문에, '소요 시간'이라는 객관적이고도 정량적인 자료를 통해 납득할 수 있게 만든 것입니다.

03
아이디어의 비즈니스 모델을 만들어라

친지나 친구들이 '너 어디 취직했어?'라고 물으면 대부분 회사 이름을 묻는 질문일 것입니다. 이때 누구나 아는 회사의 이름을 언급한다면 '좋은 회사 취직했네!'라며 질문은 끝날 것이고, 생소한 회사 이름을 댄다면 '그 회사는 뭐 하는 회사야?'라는 질문이 이어질 것입니다.

만약 게임사, 카드사, 쇼핑몰과 같이 단어만 들어도 대충 어떤 일을 하는 회사인지 짐작이 가는 곳이라면 그것으로 질문에 대한 답이 되는데요. 제가 몸담은 LG CNS처럼 회사 이름만으로는 무슨 회사인지 짐작이 안 되거나, 'IT 서비스', 'SI 업체'라는 업종 관련 단어만 들을 경우 도대체 무엇을 하는 회사인지 짐작이 안 되는 경우도 있습니다.

일반 고객 대상의 비즈니스(B2C, Business to Consumer)가 아닌, 물류나 IT서비스 업체처럼 기업 대상 비즈니스(B2B, Business to Business)를 하는 회사는 어떤 비즈니스를 하는지 일반인들이 이해하기 어려운데요. 그래서 LG CNS 회사 게시판에는 '친지들은 내가 컴퓨터 회사에 다니는 줄 알고 컴퓨터가 고장 나면 연락을 한다.'는 우스개 글도 많이 올라오곤 합니다.

이렇게 대부분의 사람들은 기업이 하는 본질적인 사업 모델보다는 업종을 통해, 또 업종보다는 회사의 브랜드를 통해 기업을 이해하려는 경향이 있는데요. 사실 회사의 브랜드보다는 업종이, 업종보다는 기업의 본질적 사업 모델이 더 많은 기업 이야기를 담고 있죠. 하지만 사람들은 그렇게 깊은 곳까지 이해하려고 하지는 않습니다.

그런데, 취업 준비생이나 이직·전직을 고민하는 분들에게는 기업의 본질적 사업 모델이 매우 중요한 정보일 수 있습니다. 기업은 본질적인 사업 모델에 따라 필요한 직무를 정하고 그 직무에 적합한 인재를 채용하기 때문이죠. 즉, 기업이 하는 사업의 비즈니스 모델을 이해한다면 회사가 어떤 인프라를 갖추고 있고, 어떤 인재를 보유하고 있으며, 돈의 흐름이 어떻게 되는지를 알 수가 있는 것입니다.

비즈니스 모델을 알면 기업이 보인다

모든 기업은 돈을 버는 일을 합니다. 다만 돈을 벌기 위해 어떤 일을 하느냐가 다를 뿐인데요. 어떤 일이라는 것은 곧 기업이 진행하고 있는 한 가지 또는 여러 가지의 사업을 의미합니다. 그 사업을 통해 수익을 창출하고 회사를 유지하죠. 예를 들어 은행은 고객의 예금을 유치해서 기업이나 개인에게 대출을 해주고, 예금 금리와 대출 금리의 차익을 통해 수익을 창출하는 사업을 합니다. 물론 요즘의 은행은 더욱 복잡한 사업 모델을 보유하고 있지만, 은행의 가장 기본적인 사업 모델은 역시 예금 금리와 대출 금리 중심의 사업 모델입니다.

은행은 고객의 예금을 유치하기 위해 유동인구가 높은 지역에 지점을 두어 고객의 접근성을 높이고, 대출을 해줄 때는 대출금 회수가 확실하도록 채무자의 신용이나 담보 등을 꼼꼼히 확인하는데요. 이를 위해 최적화된 인력 구조, 전산 시스템, 은행 지점망을 갖추고 운용을 하는 것입니다.

그런데 왜 사업(Business)이라고 하지 않고, 비즈니스 모델(Business Model)이라는 단어를 쓰게 된 것일까요? 그것은 사업을 어떻게 설계하느냐에 따라 동일 사업 영역 내에서 또 다른 비즈니스 모델을 만들 수 있기 때문입니다. 즉, 하나의 사업 영역 안에 여러 개의 비즈니스 모델이 존재할 수 있다는 것이죠.

예를 들어 정수기 사업 영역에는 전통적인 방식으로 정수기를 판매하는 비즈니스 모델과 함께 코웨이와 같이 정수기를 대여해주는 비즈니스 모델도 존재할 수 있다는 것입니다. 판매 중심의 비즈니스 모델은 판매 유통망을 대표하는 대리점이나 직영점이 중요한 채널이 될 것이고, 대여 중심의 비즈니스 모델은 영업 사원이 중요한 채널이 되는 것이죠. 또 다른 예를 들면 여행 숙박 산업의 경우 전통적인 호텔 체인 비즈니스 모델도 있지만, 에어비앤비(AirBnB)처럼 숙박 중개 플랫폼 기반의 비즈니스 모델도 존재하고, 프라이스라인(Priceline)처럼 역경매 기반의 비즈니스 모델도 존재할 수 있습니다.

비즈니스 모델은 기업이 하고 있는 사업의 속성을 제대로 이해하기 위해서뿐만 아니라 새로운 사업을 시작할 때도 중요하게 사용되는 용어입니다. 어떤 형태의 비즈니스 모델로 접근하느냐에 따라 결과가 달라질 수 있기 때문이죠.

사실, 비즈니스 모델이라는 용어는 인터넷의 등장과 교통·유통망의 발달로 인해 기존 전통산업과 다른 모델이 나타났기 때문에 생긴 용어입니다.

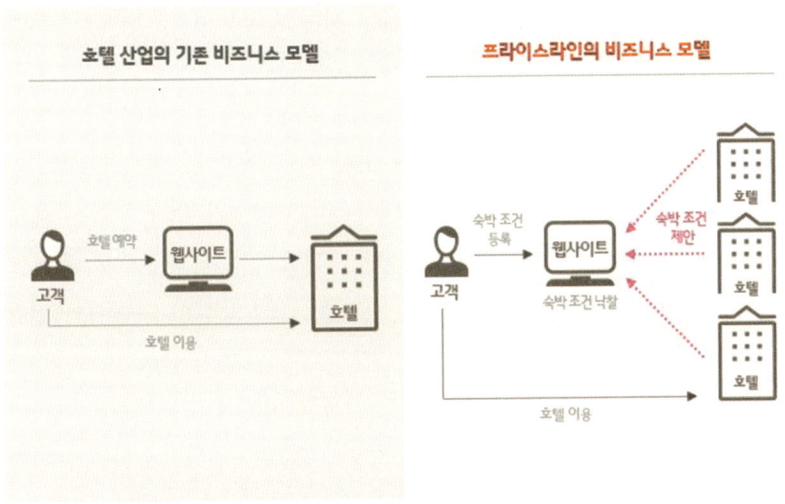

호텔 예약 방식 비즈니스 모델과 프라이스라인의 역경매 방식 비즈니스 모델

기존의 전통산업은 제품을 생산하여 유통망을 통해 공급하고 이를 판매하는 모델이 주류였습니다. 그렇지만 인터넷과 IT 기술의 등장은 웹 기반의 중개 플랫폼 모델을 가능하게 만들었습니다. 대표적인 비즈니스 모델 혁신 사례가 프라이스라인(Priceline)이라는 숙박 중개 사업입니다.

위의 그림은 기존 숙박 업계의 대표격인 호텔 예약 방식 비즈니스 모델과 프라이스라인의 역경매 방식 비즈니스 모델을 나타낸 것입니다. 여행객이라면 좋은 호텔을 좀 더 싸게 이용하고 싶은 욕구가 있죠. 그렇지만 대부분의 호텔은 호텔에서 정한 서비스 이용 가격에 따라 사전에 예약하여 이용할 수밖에 없습니다.

하지만 프라이스라인의 경우 전혀 다른 방법을 취하고 있는데요. 고객은 우선 웹사이트에 자신이 원하는 숙박 조건을 등록하게 됩니다. 예를 들어 체류 기간이나 인원수, 그리고 원하는 요금 범위를 미리 등록하는 것이죠. 빈 객실이 있는 호텔은 고객을 유치하기 위해 요금 조건을 등록하게 되고, 프라이스라인의 중개 시스템은 이 조건들을 매칭하여 알맞은 상대를 연결해 줍니다. 숙박 요금과 조건을 판매자 입장인 호텔이 제안한다고 해서 이를 역경매 모델이라고 부르는데요. 이는 인터넷과 IT 기술의 발달로 인해 가능하게 된 비즈니스 모델이라고 할 수 있습니다.

물론 전통적인 제조나 유통 산업에서도 비즈니스 모델 혁신 사례가 많이 있습니다. 대표적으로 코웨이의 성공을 이끈 정수기 렌탈 모델을 예로 들 수 있겠죠. 사실 정수기는 건강에 대한 관심이 커지고 수돗물에 대한 불신이 확산되면서 시장이 커진 측면도 있지만, 판매 중심의 모델에서 렌탈 중심으로 비즈니스 모델을 변화시킴으로써 성공한 측면이 큽니다.

사실 소비자 입장에서는 고가의 정수기를 구매해야 하는 비용 부담 때문에 판매 중심의 모델로는 단기간에 시장을 확대할 수 없는 한계가 있었습니다. 또한 정수기의 필터 관리라든지 내부 청소 같은 문제는 소비자들에게 생소하고 다루기 힘든 영역이어서, 관리도 편리하고 초기 비용도 적은 렌탈 모델이 더 적합했던 것입니다.

비즈니스 모델은 기존 산업의 패러다임을 변화시킬 뿐만 아니라 게임의 법칙을 바꾸어 버려 전통적인 강자를 무너뜨리고 새로운 강자가 등장하는 계기가 되기도 하는데요. 휴대폰 시장의 최강자였던 노키아(Nokia)는 스마트폰과 소프트웨어 중심으로 비즈니스 모델 변화를 가져온 애플(Apple)에 밀려나게 되고, 오프라인 비디오 대여시장의 대명사였던 블록버스터(Blockbuster)는 넷플릭스(Netflix)의 온라인 대여 비즈니스 모델에 의해 무너지게 되었습니다.

그러므로 비즈니스 모델은 단순히 하나의 사업 성공 여부를 넘어서 기업의 생존을 결정짓는 매우 중요한 전략이라고 할 수 있습니다. 이런 측면에서 기업의 비즈니스 모델을 이해한다는 것은 기업을 이해하고 산업의 변화를 이해하는데 있어서 매우 중요합니다.

아이디어를 비즈니스 모델링하라

아이디어의 종류는 매우 다양할 수 있지만 아이디어의 레벨을 구분하자면 3가지 범주로 구분할 수 있습니다.

아이디어 레벨 1 기능 레벨의 아이디어

기능 레벨의 아이디어는 일상의 제품이나 서비스의 불편한 점 때문에 '이런 게 필요하다.'라고 누구나 생각할 수 있으므로 쉽게 낼 수 있는 수준의 아이디어인데요. 기존 상용화된 제품이나 서비스에 필요한 부가적인 기능을 발상해 내는 것입니다. 예를 들어 정수기에 얼음을 제공해 주는 기능을 넣는 것이라든지, TV 스피커 대신 이어폰을 연결하여 혼자 들을 수 있는 기능을 추가하거나 개선하는 유형과 같은 것들이죠. 이런 아이디어는 경우에 따라서 제품을 획기적으로 차별화시킬 수 있는 방법이 될 수도 있지만, 제품 자체의 본원적인 기능을 넘어서는 경우는 별로 없습니다. 마치 스마트폰이 그 어떤 기능을 다 담는다고 해도 궁극적으로 음성 통화가 되지 않는다면 전화기가 아닌 것과 같은 이치죠.

아이디어 레벨 2 제품/서비스 레벨의 아이디어

제품/서비스 레벨의 아이디어는 기능 레벨의 아이디어보다 상위 레벨에 있는 아이디어 유형으로, 제품이나 서비스의 아이디어입니다. 제품이나 서비스는 사용자의 불편한 점을 개선하거나 해결해 주는 것이기 때문에 실제 사용자와의 접점에 가까운데요. 그래서 대부분의 사람들이 새로운 제품이나 서비스에 대한 아이디어를 발상했을 때 가장 환호하는 아이디어이기도 합니다. 아이디어 제품을 팔 경우 소위 '대박'이 나는 상상까지도 하게 되죠. 당신은 그런 경험 없으신가요? 저는 '톡 (간편)주문'이라는 TV홈쇼핑 주

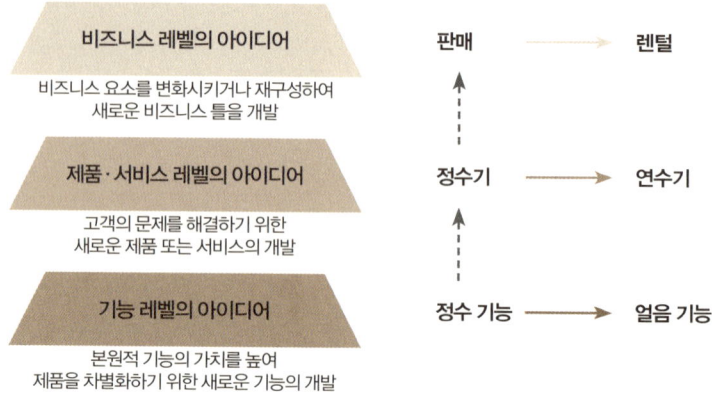

레벨에 따른 아이디어의 분류

문 서비스 아이디어를 떠올렸을 때 그런 기분 좋은 상상(?)을 했습니다.

아이디어 레벨 3 비즈니스 레벨의 아이디어

그런데 문제는 제품이나 서비스를 생각한다고 해서 바로 실행할 수는 없습니다. 아이디어를 실행하는데 필요한 요소를 갖추었는지를 먼저 검토해봐야 하는데요. 실행에 필요한 요소를 갖추고 있다면 아이디어 실행이 용이하지만, 반대의 경우라면 투자 대비 수익성(ROI, Return On Investment)을 따져보는 등 많은 요소를 고려해야 합니다. 단순히 제품이나 서비스를 만드는 수준을 넘어서 훨씬 복잡한 의사결정이 필요하죠. 왜냐하면 아이디어를 제품이나 서비스로 만들어내려면 공장과 같은 인프라, 인력, 유통망 등을 새롭게 갖추어야 하기 때문입니다.

'톡 간편 주문'이라는 서비스 아이디어도 투자를 해서 플랫폼을 개발하고 운영해야 할 뿐만 아니라, TV홈쇼핑을 통해 영업을 하고, TV홈쇼핑 이용 고객이 직접 써볼 수 있도록 홍보도 해야 합니다. 서비스 아이디어로 시작되었지만 궁극적으로 비즈니스 가치사슬(Value Chain)단계까지 사업성을 검토해야 하는 것이죠. 이렇게 제품이나 서비스를 소비자에게 제공하기 위해 필요한 제반 요소와 이를 수익으로 연결하는 방식을 정의한 것이 바로 비즈니스 모델(Business Model)이고, 이를 만들어가는 과정을 비즈니스 모델링(Business Modeling)이라고 합니다.

아이디어에 왜 비즈니스 모델링이 필요한가?

당신의 아이디어가 기능 단위의 아이디어라면 비즈니스 모델은 필요하지 않을 것입니다. 그런데 제품이나 서비스 아이디어가 소속된 기업의 비즈니스 모델과 본질적으로 다를 경우 반드시 아이디어에 대한 비즈니스 모델링을 해보셔야 하는데요. 그 이유는 다음과 같습니다.

이유 1 아이디어는 추상적인 가설일 뿐이다

실행되기 전의 아이디어는 전혀 검증되지 않은 머리 속의 추상적인 가설일 뿐입니다. 아무리 탁월한 아이디어라고 주변에서 칭찬하더라도 개인의 경험이나 필요에 의해 만들어진 가설일 가능성이 높죠. 그래서 아이디어를 스스로 냉정하게 평가하지 못할 가능성이 높은데요. 그러다 보면 아이디어에 대해 맹목적이 되고, 누군가 아이디어를 비판하게 되면 방어적인 태도로 자신의 아이디어를 애지중지 보호하려는 경향을 보입니다.

사실 아이디어는 기술적인 이슈나, 경쟁 관계, 고객 가치, 실패한 사례 등 수많은 이유로 인해 실행하기도 전에 조직 내 반대에 부딪치게 됩니다. 그러다 보면 좋은 아이디어도 주변의 선입관이나 과거 경험을 이유로 구체화 되지 못하거나 꽃을 피우기도 전에 사장될 위험이 있습니다. 주변에서 아이디어를 적극적으로 지지해 주지 않는 이상 아이디어의 생명은 아이디어를 발상한 본인에게 온전히 달려 있는 것이죠. 따라서 아이디어에 대한 구체화 작업이 먼저 이루어져야 주변의 반대를 논리적이고 합리적으로 설득해 낼 수 있는데요. 비즈니스 모델링은 추상적이면서도 관념적인 아이디어를 실제 비즈니스에 가깝게 구체화 시킬 수 있는 방법입니다.

이유 2 회사가 투자하는 자원의 소모량이 달라진다

모든 회사는 본연의 비즈니스 틀을 갖추고 있습니다. 아무리 좋은 신사업 아이디어라 하더라도 기업의 근본이 되는 비즈니스 틀을 바꾸면서 실행하기란 매우 어렵죠. 제조회사가 서비스 회사로, 통신사가 제조회사의 비즈니스 모델로 바꾸는 것은 매우 위험하고도 어려운 일입니다. 그래서 아이디어는 기능 수준이든, 제품 수준이든, 비즈니스 수준이든, 기업이 보유한 비즈니스 모델의 틀을 벗어나는 것인지를 미리 체크할 필요가 있습니다. 만약 아이디어가 기업의 비즈니스 모델이라는 틀과 잘 맞아 떨어진다면 아이디어를 실행하기가 훨씬 쉬운데요. 기존의 유통망이나 브랜드 가치를 그대로 활용할 수 있기 때문에 제품 기획서나 서비스 기획서 수준만 만들어내도 실행할 수 있습니다.

그렇지만 아이디어가 기존 비즈니스 모델과 다르다면 그것을 실행하는데 필요한 요소를 새롭게 갖추어야 합니다. 즉 기존의 자원이나 자산을 활용하지 못하고 투자를 통해 확보해야 하는 것이죠. 예를 들어 통신회사가 아이디어 제품에 대한 제조를 직접 시도한다고 한다면, 제품 기획자, 공장 인프라, 물류 인프라 등을 모두 갖춰야 합니다. 통신사의 강점인 통신 네트워크라든지 대리점 영업망을 활용하지 못하는 것이죠. 또한 그것이 경쟁력 있는 제품이 되기 위해서는 품질이 일정 수준에 달할 때까지 시행착오를 거칠 수밖에 없고, 그 과정에서 비즈니스 실패로 이어질 위험이 따르게 됩니다.

아이디어에 대한 비즈니스 모델링은 현재 기업의 비즈니스 모델과 아이디어 비즈니스 모델링을 비교해 봄으로써 어떤 자원이 필요한 지를 파악해서 기업의 사업성을 개괄적으로 검토해 볼 수 있습니다.

이유 3 실행을 위해 무엇이 필요한지 알 수 있다

씨앗을 심고 키워야 결실을 맺게 되는 것처럼, 아이디어도 실행을 통해서만 결과를 얻을 수 있습니다. 실행하기 전에는 그 어떤 것에서도 아이디어의 가치를 예단할 수 없죠. 먼저 아이디어 실행을 위한 구체적인 활동을 나열하고, 우선해야 할 것들을 선별하는 과정이 필요한데요. 제휴 체결이 우선인지, 기업고객 대상의 영업이 우선인지, 플랫폼을 확보하는 게 우선인지, 진입 장벽을 구축하기 위해 특허를 출원하는 게 우선인지, 수익 모델을 설계하는 게 우선인지 등을 정해야 합니다.

비즈니스 모델링은 아이디어에 대한 전체 비즈니스 요소를 청사진 형태로 보면서 사업화 과정에 필요한 활동이나 요소들이 무엇인지를 도출하는 데 도움을 주는데요. 사업계획서의 추진 계획과 추진 상세 사항 등과 같은 것입니다.

비즈니스 모델에 대한 이해를 돕기 위해 톡 주문 비즈니스 모델을 가지고 설명해 보도록 하죠.

앞서 말씀 드린 대로 아이디어를 처음 떠올릴 때는 대부분 제품이나 서비스에 대한 아이디어입니다. 톡 주문의 경우에도 '카카오톡 채팅 창에서 사용자가 메시지를 입력하면 메시지 자동 응답 서버가 주문에 필요한 시나리오 대로 메시지를 응답하고 배송지까지 선택이 되면 카카오페이로 결제하여 주문하면 되겠구나.'라는 생각이 떠오른 것인데요. 마치 사용자가 어떻게 서비스를 이용하는지에 대한 시나리오 아이디어인 것이죠.

그런데 만약 이것을 회사에서 상용 서비스로 현실화 시키려면 경영진의 투자 승인을 받아야 합니다. 제품이나 서비스를 만드는 데는 자본이 필요하기 때문이죠. 예를 들어 '톡 주문'이라는 아이디어를 실제 상용화 시키려면 영업, 기획자, 개발자, 아키텍처, 테스팅 인력이 필요할뿐 아니라, 개발 서버,

TV홈쇼핑 간편주문 전체 시나리오(3/4)

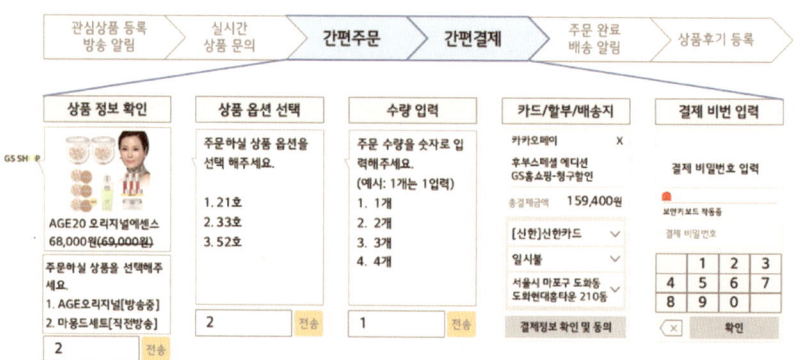

톡 간편 주문 아이디어의 서비스 시나리오

소프트웨어, 보안 솔루션 등 인프라 투자가 따릅니다. 그리고 이것이 상용화되었다 하더라도 TV홈쇼핑 방송이 24시간 방송이 되는 것처럼, 톡 주문 시스템도 24시간 운영되면서 장애에 대응해야 하며, 서비스를 개선하기 위한 운영비가 소요됩니다. 이렇게 아이디어가 서비스로 구현될 경우 자본이 절대적으로 필요하게 되는데요.

문제는 실제 이용 고객에게 어떻게 알리고, 누구와 협업하고, 투자된 자본을 어떻게 회수하는지에 대한 답을 할 수 있어야 합니다. 즉, 처음에는 서비스 아이디어로 시작되었지만, 궁극적으로 비즈니스에 대한 본질적인 질문으로 연결되는데요. 이런 질문들에 답할 수 있도록 디자인하는 것을 비즈니스 모델링이라고 보시면 됩니다.

그렇다면 톡 주문의 비즈니스 모델에 대한 질문은 어떤 것이 있을까요?

- 고객은 누구인가?
  TV홈쇼핑 방송 상품을 구매하는 30~50대 여성층

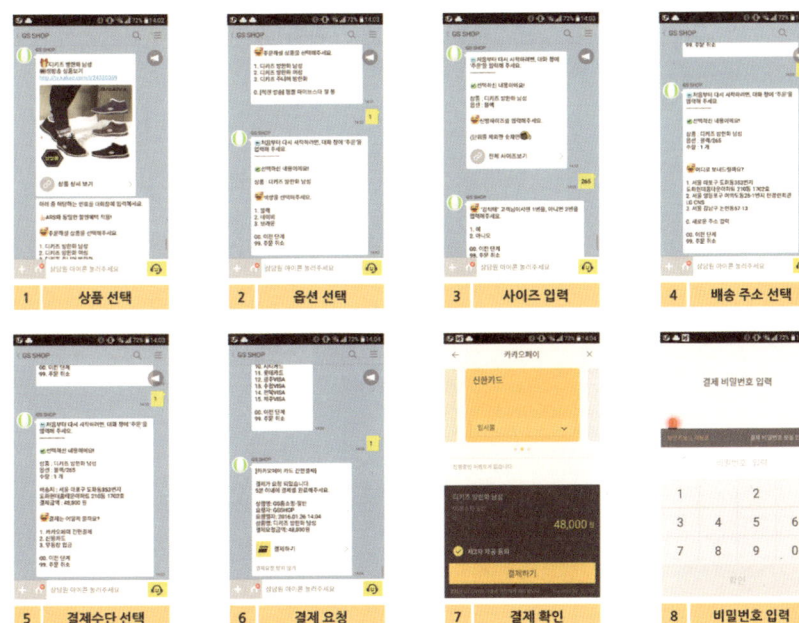

실제 톡 주문이 상용화된 화면 UI 플로우

- 고객은 톡 주문을 어떻게 인지하나?
  TV방송 화면 주문 안내 배너 또는 카카오톡 TV홈쇼핑 플러스친구 메뉴를 통해 인지

- 고객에게 제공하려면 누구와 협업해야 하나?
  톡 주문을 도입하려는 TV홈쇼핑 사업자 및 카카오와 같은 모바일 메신저 사업자

- 고객에게 제공해 주는 가치는 무엇인가?
  자동주문 ARS 대비 빠르고 정확한 주문 가능(1분 이내 결제 완료)

- 고객에게 서비스를 제공하려면 어떤 자원이 필요한가?
  기획자, 시스템 개발자 등의 인력 및 카카오페이 서버 연동

- 고객에게 서비스를 제공하려면 어떤 활동을 해야 하는가?
  TV홈쇼핑 사업자 시스템과 연동할 수 있는 주문 시스템을 구현하고 운영

- 고객에게 서비스를 제공하는데 소요되는 비용은 무엇인가?
  톡 주문 플랫폼을 개발 및 운영하고, 고객이 톡 주문 서비스를 인지하고 체험해볼 수 있도록 유도하는 프로모션 비용

- 수익은 어떻게 창출하는가?
  고객이 톡 주문을 통해 결제할 때 결제 건당 정률 수수료를 TV홈쇼핑 사업자에게 청구

질의 응답의 형태로 비즈니스 모델을 설명하였지만, 이를 문서로 만들면 결국 '톡 주문 플랫폼 사업'이란 이름의 신사업 기획서가 되는 것입니다.

이해를 돕기 위해 그림을 단순화시켰지만 실무에서는 훨씬 더 정교하게 그려지는데요. 이렇게 그려진 비즈니스 모델은 사업계획의 축소판이라 할 수 있습니다. 시장 및 고객 정의, 영업 전략, 주요 추진 과제, 수익 모델, 제휴사 등의 정보가 비즈니스 모델링에 모두 담겨 있기 때문에 이것을 문서로 바꾸면 사업계획서가 됩니다.

톡 간편 주문의 사례에서 보듯이 비즈니스 모델은 고객을 정의하고, 고객에게 제공해주는 가치를 정의하고, 유통 방식이나 고객 관계를 형성하는 방식을 정의하는 등 비즈니스로 나아가기 위한 제반 요소들을 디자인하는 것입니다. 또한 이것은 개개의 요소를 변화시킴으로써 새로운 비즈니스 모

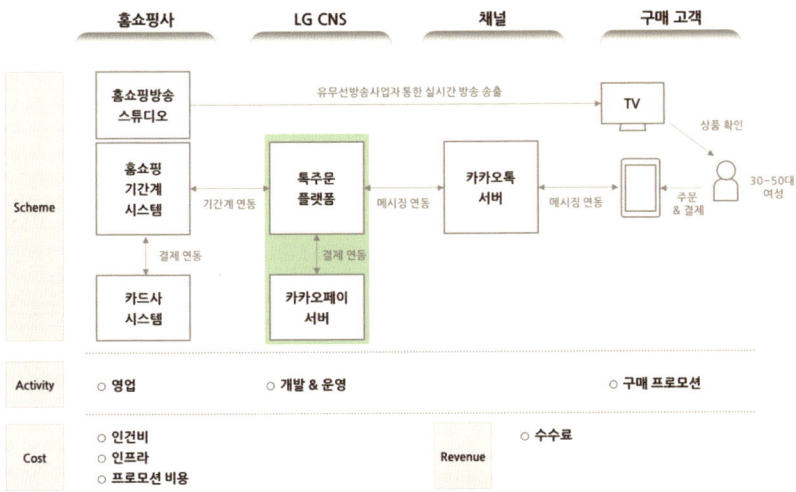

톡 주문 서비스의 비즈니스 모델링 사례

델을 디자인하고 적용해 볼 수 있는 틀이 되죠. 그러므로 비즈니스 모델을 이해하고 이를 적용하는 것은 비즈니스에 대한 깊은 지식을 가져다 주므로, 소속된 회사의 사업이나 아이디어의 비즈니스 모델이 무엇인지 한번 그려 보시길 바랍니다.

04
확신이 있다면 고집을 부려라

아이디어를 발상하는 것만큼이나 아이디어에 대한 동료나 지인들과의 커뮤니케이션이 중요합니다. 아이디어에 맹목적으로 매달리다 보면 타인의 의견에 대해 방어적인 태도를 취하게 되는 경우가 많은데요. 사실 아이디어의 가치를 제대로 전달하기 위해서라도 아이디어에 대한 다양한 평가를 받아들이는 게 좋습니다.

그런데 특정 아이디어에 대해 강한 확신이 들 때는 어떻게 해야 할까요? 아이디어의 실현 가능성이나 가치에 대한 조사가 충분히 이뤄졌는데도 주변 동료나 상사들이 강하게 반대한다면 어떻게 하는 것이 좋을까요? 사실 대부분의 아이디어는 회의실에서 그 가치를 평가할 수 없습니다. 실행을 해 본 후 그 결과로만 알 수 있는 것이죠. 아이디어라는 것이 개인의 경험이나 관찰에 의해 만들어진 추상적 가설이듯, 아이디어에 대한 지적 또한 평가자 개인의 경험이나 지식에서 만들어졌을 뿐입니다. 특히 아이디어가 기존의 기준과 배치될 경우 편향적인 평가를 할 가능성이 높아집니다.

제가 지난 10여년 동안 기획 업무를 하면서 다른 사람들의 의견을 들어보기도 하고, 조직의 아이디어 회의를 주관한 경험에 비춰보면, 누군가가 아이디어를 냈을 때 주로 지적하는 내용은 다음과 같습니다.

① 그건 이미 있잖아요.
② 저라면 안 쓸 거 같아요.
③ 그게 가능하겠어요?
④ 그건 우리가 할 일이 아니잖아요.
⑤ 그걸 할 여유가 있겠어요?
⑥ 그건 돈이 너무 많이 들어가요.
⑦ ○○상품과 비슷해요.
⑧ 우리가 해봤는데 실패했어요.
⑨ 그건 너무 오래 걸려요.
⑩ 당신 아이디어는 무슨 말인지 이해가 안 돼요.
⑪ 그걸 하면 이런 문제들이 생겨요.
⑫ 글쎄, 잘 모르겠네요. 별로 관심이 가질 않아요.
⑬ 그 아이디어는 뭔가 부족해요. 더 고민이 필요하겠어요.
⑭ 별로 돈이 안 되겠어요.
⑮ 그런 아이디어밖에 없나요?

가장 흔한 표현이 "그건 해봤는데 실패했어.", "그건 이미 하고 있잖아.", "저거랑 똑같아."입니다. 또 "난 안 쓸 거 같은데?"와 같이 철저히 개인적인 취향을 말하는 경우도 있죠. 심지어 아이디어의 내용과는 상관 없이 "당신 아이디어는 모두 변변치가 않아."라며 반대하는 경우도 있었습니다.

저도 돌이켜 보면 무의식 중에 다른 사람의 아이디어를 터무니없는 것으로 평가해 버리는 일이 있었는데요. 분명 회의 시작 전에는 상대방의 아이디어를 공격하지 말자고 다짐을 하고서도 시간이 흐르면 "그건 이래서 안 돼!"라는 단언적인 말로 결론을 내버리는 일이 있죠. 하지만 이러한 태도는 부작용을 초래합니다. 회의가 협업이 아닌 경쟁 분위기로 바뀌고, 서로의 아이디어를 공격하는 일이 벌어지기 쉽죠. 게다가 개인의 편협한 생각에 빠져 다른 사람의 아이디어를 공격하기 바쁘다 보니 보석 같은 아이디어의 가치를 몰라 볼 수 있는 것입니다.

어쩌면 우리가 회의에서 사용하는 이러한 표현들은 우리가 속해 있는 조직과 사회의 한 단면을 적나라하게 보여주는 것입니다. '서로의 의견은 다를 수 있다.'라는 다양성을 인정하지 못하는 것이죠. 옳고 그름만을 판단하려는 이분법에 사로잡혀 타인의 생각에 대해 성급하게 결론 내리려는 경향 탓인지, 주입식 교육에 길들여진 탓인지는 모르겠으나, 아이디어 회의를 하다 보면 대부분 소통과 토론이 익숙하지 않음을 알 수 있는데요. 그런 조직 문화에서 진행되는 아이디어 회의는 불편하거나, 무겁거나, 성과 없이 끝나는 경우가 많습니다.

그런데 그런 회의의 결과나 주변인들의 아이디어에 굴하지 않고 아이디어에 대한 확신이 든다면 실행해 보시길 바랍니다. 실행을 하다 보면 반대했던 주변인들도 아이디어가 구체화 될수록 당신의 아이디어를 지지해 주는 후원자가 될 수 있습니다. 제가 기획한 톡 주문도 초기에는 "자동주문 ARS도 편한데 그걸 왜 써?", "돈이 안 될 거 같은데?", "카카오가 직접 하는 거 아냐?"라는 부정적인 의견이 팽배했습니다. 그런 부정적인 의견에 동조되었다면 톡 주문은 세상에 나오지 않았겠죠. 아이디어에 대한 확신이 있었기 때문에 내부 구성원을 한 명씩 설득해 나갔더니 변화가 생기기 시작한 것입니다. 움직이고 행동하다 보니 가능성이 보이게 되고, 어느새 부정적인 의견들은 연기처럼 사라지고 경영진과 동료들이 든든한 지원자가 되어 주었습니다.

그러므로 타인들의 부정적인 의견에 너무 민감하게 반응할 필요가 없습니다. 한 시대를 풍미했던 혁신적인 상품들도 한때 그런 반대에 직면했었으니까요. 당신도 잘 아는 제품 사례를 한번 들어 볼까요? 이 사례는 LG경제연구원에서 발간된 '혁신을 촉진하는 이유 있는 고집(LG Business Insight, 2015년 7월 7일자)' 보고서의 내용을 간략하게 정리한 것입니다.

음악 소비 패턴의 혁신을 불러온 제품은 소니의 워크맨이라 할 수 있을 것입니다. 지금의 스마트폰처럼 80년대에 젊은이들의 필수품이었던 소니 워크맨도 출시 당시 카세트테이프 녹음기의 주 소비자층이었던 기자들로부터 조롱과 비난을 받았죠. 바로 녹음 기능이 빠졌다는 것이 이유였죠. 회사 내부에서조차 '어렵다, 안 될 것이다.'라는 부정적 시각이 팽배했다고 합니다. 소니의 공동창업주인 모리타 아키오와 이부카 마수루는 '음악의 개인화'라는 통찰력과 시각으로 워크맨을 혁신의 대명사로 만들었죠.

라디오는 어땠을까요? 1912년, 미국 마르코니 통신사에서 근무하던 데이비드 사노프는 전파에 대한 연구 중 '모스 부호만이 아니라 목소리나 음악도 전파를 이용해서 멀리 전송하는 게 어떨까?' 하는 아이디어를 떠올립니다. 지금의 라디오 방송이라는 혁신적인 아이디어였죠. 하지만 당시엔 상상하기도 어려운 생각이었기에 주변 사람들로부터 의심과 비난을 샀습니다. 1919년에 미국 전역에 보급된 라디오 수가 5천대에 불과할 정도로 성공을 거두지 못했죠. 다시 사노프는 '스포츠 경기를 라디오로 실시간 중계하면 어떨까?' 하는 아이디어를 떠올렸습니다. 그러나 이 또한 반대와 비난을 들어야 했는데 그 이유는

1979년에 출시된 소니 워크맨 TPS-L2

최초의 컨테이너선 IDEAL-X호

그런 욕구를 가진 고객이 없다는 것이었죠. 사노프는 자신의 신념을 믿고, 1921년, 권투시합 중계를 시작으로 미국 전역에 라디오를 보급하고 실시간 중계를 하는데 성공하게 됩니다.

우리가 고속도로나 도로에서 흔히 보는 컨테이너박스는 열렬한 환호를 받았을까요? 예전에는 화물 선적이나 하역을 인부들이 손으로 하는 방식이었습니다. 모두들 이것을 당연하게 여겼는데, 트럭운송업자였던 말콤 맥클린은 '왜 이렇게 비효율적으로 일하는 것일까?'라는 의문을 가졌고, '트럭에 달린 트레일러를 통째로 선적하거나 하역하면 훨씬 시간을 절약하지 않을까?' 하는 생각을 하게 되었죠. 하지만 현실적으로 불가능하다는 회의적인 생각들과 일자리를 걱정하는 부두 노동자들의 반대에 직면하게 됩니다. 맥클린은 선박회사를 인수한 후 트레일러를 개조하고 컨테이너선을 만들어서 1956년에 최초의 컨테이너선인 IDEAL-X호가 선박용 컨테이너 58개를 싣고 뉴욕에서 휴스턴까지 운송을 했습니다.

컨테이너선은 라디오나 워크맨이 음악시장에서 혁신을 일으킨 것처럼, 20세기 운송의 패러다임을 바꾼 혁신적인 아이디어였는데요. 우리가 주목해야 할 것은 이 세가지 아이디어 모두 주변의 심한 반대와 회의론을 딛고 혁신을 이뤄냈다는 점입니다.

혁신적인 아이디어는 우리가 당연하게 받아들였던 통념을 부정하는 경우가 많습니다. 그러다 보니 통념에 대한 믿음이 강한 조직일수록 내·외부에서 시작된 혁신적인 아이디어를 받아들이기 매우 어렵게 되는 것이죠. 혁신적인 아이디어를 실행하는 데는 비용이 많이 들거나 기존 사업이나 제품을 포기해야 상황이 생길 수도 있기 때문입니다.

디지털카메라를 최초로 만들었지만 디지털카메라 때문에 파산해야 했던 코닥은 디지털 카메라를 팔 경우 주력사업이었던 필름카메라 사업을 포기할 수밖에 없었을 것입니다. 전 세계 피처폰의 지배자였던 노키아도 애플의 아이폰 혁신을 인정할 수 없었을 텐데요. 개인적으로는 그들이 어리석어서 그런 판단을 한 것이라고는 생각하지 않습니다. 다만 그들이 믿고 있던 통념이 강했고, 그 통념을 바꾸기에는 그들이 버려야 하는 것이 너무나 많았을 것입니다. 그래서 아이디어를 받아들이지 못하고 현재 상태를 유지해야 한다는 어쩔 수 없는 선택을 한 것이죠. 두 기업이 겪어야 했던 딜레마는 모든 기업이 가지고 있는 문제이기도 합니다.

그러므로 확신이 드는 당신의 아이디어가 강한 반대에 부딪쳤다면 이렇게 생각해 보세요. "내 아이디어는 어쩌면 한 시대를 뛰어넘을 수 있는 혁신적인 아이디어일 수 있어."라고 말이죠. 그런 신념 속에서 평론가들의 지적질을 뛰어넘어 아이디어를 실행해 보십시오. 실행의 가장 좋은 방법은 바로 프로토타이핑(Prototyping)입니다.

05
프로토타이핑(Prototyping)에 집중하라

직원들이 내는 아이디어가 조직 내에서 모두 수용된다면 얼마나 좋을까요? 출근할 때마다 새로운 아이디어들이 떠오를 테고, 회의 시간에는 새로운 아이디어들이 쏟아져 나오겠죠. 아이디어 회의실은 열정과 의욕으로 가득 찰 것입니다.

그런데 직원들이 내는 모든 아이디어를 실행했다가는 기업이 파산할 수밖에 없습니다. 왜냐하면 아이디어를 실행하는 데는 자본과 인적 자원이 소요되고 궁극적으로 기회 비용이 발생하기 때문이죠. 예를 들어 모바일 어플을 만들려면 기획/디자인/개발 인력과 개발 서버, 소프트웨어가 필요하게 됩니다. 또 이를 운영하려면 마케팅 비용, 운영 인력 비용, 운영 서버, 서버 공간 등이 필요하겠죠. 결국 어떤 형태로든 수억에서 수십억에 이르는 투자가 수반될 수밖에 없습니다.

Prototyping

구글 글라스가 제품이 되기까지의 프로토타이핑 과정

그렇기에 대기업이든 창업 기업이든 성공 가능성이 높은 아이디어를 찾게 되는 것이죠. 기업이 탁월한 아이디어를 놓치는 것도 손실이지만 엉뚱한 아이디어로 인해 더 큰 손실이 나는 것은 기본적으로 피해야 합니다.

아이디어에 대한 몇 마디 말을 가지고 투자를 결정할 수도 없고, 책상에 앉아 웹 서핑으로 만든 사업계획서를 보고 투자를 결정하기도 어려운데요. 모든 아이디어를 제품이나 서비스로 미리 만들어 볼 수 있다면 투자 결정이 한결 쉬워지지 않을까요?

그 어떤 기업도 괜찮아 보이는 아이디어라고 해서 모두 제품이나 서비스로 만들 수는 없습니다. 결국 투자 가능성을 높이는 최고의 방법은 바로 실제 제품이나 서비스에 가장 근접한 형태로 만드는 것입니다. 이것을 프로토타입(Prototype)이라고 하는데요. 프로토타이핑(Prototyping)은 아이디어의 시장성이나 기술 구현 가능성을 미리 점쳐볼 수 있는 방식입니다.

위의 그림은 구글이 만든 구글 글래스의 프로토타입인데요. 프로토타입이 기술적으로 진화하면서 최종 제품으로 완성되는 모습을 보여줍니다.

TED에는 마시멜로와 스파게티 같은 간단한 도구를 이용하여 재미난 집단 실험을 한 'Marshmallow Challenge'라는 영상이 있는데요. 게임의

마시멜로 실험에 관한 TED 영상

규칙은 이렇습니다. 네 명이 한 팀을 이루는데, 각 팀은 팀별로 주어진 한정된 수의 스파게티(20가닥), 테이프(1야드), 실(1야드), 그리고 마시멜로(1개)를 이용해서 18분 이내에 가장 높은 구조물을 만들어야 합니다. 마시멜로는 구조물의 맨 상단에 위치해야 하며, 마시멜로까지의 높이를 재어서 가장 높게 쌓은 팀을 가리게 됩니다.

톰 우젝(Tom Wujec)은 MBA 출신, 유치원생, CEO, 건축가 등으로 이루어진 수십 개의 팀을 대상으로 실험을 해보았는데요. 재미난 결과가 나왔습니다. 당신 생각에는 누가 가장 높이 쌓았을 것 같나요? 옆의 그래프는 각 직업 그룹을 대표하는 팀들의 결과입니다.

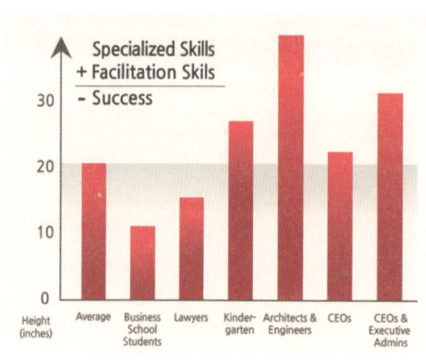

Marshmallow Challenge 결과

우습게도 MBA 졸업생들이 꼴찌를 하고, 유치원생들이 평균보다 더 높은 결과를 가져왔습니다.

실험을 통해 관찰한 결과, 대부분의 팀은 Orient(방향설정) - Plan(계획) - Build(스파게

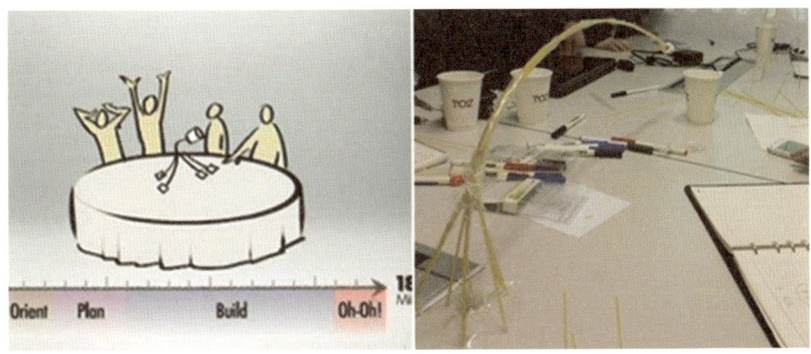

대부분의 Marshmallow Challenge 팀 결과　　　필자가 쌓은 구조물의 결과

티 탑 쌓기)의 과정을 거치면서 안정적인 구조물을 만드는데 집중을 하다가 마지막 단계에서 구조물에 마시멜로를 붙이며 "짜잔(Ta-da)"하고 외칩니다. 하지만 기대와 달리 구조물이 힘없이 기울어지거나 무너지면서 탄식(Oh-Oh)으로 바뀝니다. 저도 이 게임을 해봤는데, 놀랍게도 영상 슬라이드에 있는 구조물과 똑같이 만들고 있었습니다.

　MBA 졸업생 그룹은 완벽한 계획(Single Right Plan)을 수립하고 완벽한 구조물을 만드는데 집중했지만, 유치원생들에게 완벽한 계획이 있을 리 만무하죠. 이들은 '마시멜로'를 이용하면서 지속적인 시행착오를 거쳤죠. 즉, 프로토타이핑(Prototyping)과 재정의 과정을 계속적으로 거치면서 실패를 통해 학습을 한 것입니다. 또한, 탑 구조물이 아닌 공룡 같은 동물 모양으로 만드는 상상력까지 발휘했다고 하는데요. 이 실험은 아이디어의 실현에 있어서 "Prototyping, Facilitation Skill, Incentive가 중요하다."는 3가지 교훈을 알려 줍니다.

　이 실험은 신사업 발굴 활동과 견주었을 때 어떤 의미가 있을까요? 바로 제품, 서비스, 솔루션 사업에 이르기까지 신사업을 어떻게 계획하고 실행할 것인가에 대한 중요한 시사점을 제시해 준다는 것입니다.

　신 성장 사업을 발굴해야 하는 기업은 마시멜로 실험에서 나오는 딜레

마에 봉착하게 됩니다. '완벽한 계획을 수립한 후에 뛰어들 것인가? 아니면 일단 뛰어들어 보고 배우면서 길을 찾을 것인가?'라는 양자택일의 문제 말이죠. 투자 요청 보고서를 보고 투자를 결정해야 하는 임원들은 실무자들이 완벽한 계획을 세우길 원하고, 실무자들은 일단 실행해 보고 부족한 부분은 진행하면서 보강하기를 원합니다. 그렇다면 시장에 뛰어들기 전에 완벽한 계획(Single Right Plan)을 세울 수 있는 것일까요? 몇 가지 사항을 파악해 보면 결코 쉽지 않다는 것을 알게 됩니다.

우선 신사업 속성 자체가 미지의 영역이기 때문인데요. 기존 제품이나 사업의 확장이라면 경험을 통해 고객이나 연관된 비즈니스 요소를 알고 있지만, 신사업은 고객, 제품, 경쟁자 등 대부분의 비즈니스 요소들을 리서치만으로 완벽하게 계획하기가 어렵습니다. 결국, 시장에 뛰어들기 전에는 방대하고 구체적인 계획이라 하더라도 빙산의 일각에 불과할 수 있습니다.

그리고 신사업은 완벽한 계획을 세우고, 검증하고, 실행하는데 있어서 많은 비용과 시간이 소요됩니다. 특히 빠르게 변화하는 IT 시장의 경우에는 완벽한 계획이 수립될 때까지 준비만 한다면 경쟁에서 뒤처질 수밖에 없는데요. 이러한 사례는 글로벌 IT 기업들에게서 흔히 볼 수 있습니다. 또한 완벽하리라 생각했던 계획을 실행해서 잘못된다면 계획을 수정하고 재실행하는데 있어서 더 큰 비용과 시간이 요구됩니다.

마지막으로 기업의 규모가 커질수록 시장에서 성공하기 위한 완벽한 계획이 아니라, 내부 조직 관점에서 요구하는 완벽한(?) 계획으로 변질되기 쉬운데요. 예를 들어, 조직의 규모에 걸맞은 매출 규모나 높은 수익률의 아이템만을 채택하거나 그런 사업처럼 포장해 버리게 됩니다. 게다가 더 큰 규모의 매출과 수익률을 만들기 위해 더 큰 투자를 요구하게 되어 기업의 위기로 이어질 수 있습니다.

그러다 보니 공급 과잉의 무한 경쟁 시장에서는 계획보다 실행에 초점을 맞춘 경영 전략 이론들이 속속 등장하고 있습니다. "통로 밖에서는 통로 안이 보이지 않지만, 일단 통로 속에 들어가면 뜻하지 않았던 새로운 기회를 포착한다."는 통로 원리(The Corridor principle)나, 린 스타트업(Lean startup) 이론도 실행에 초점을 맞추고 실행을 통해 비즈니스를 끊임없이 재정의하라는 메시지를 던집니다. 그렇다고 해서 모든 아이디어나 계획을 실행할 수는 없겠죠. Marshmallow Challenge 게임에서 볼 수 있듯, 마시멜로, 스틱, 실의 숫자에 제약을 둔 것처럼 모든 기업은 재무적 한계를 보유하고 있습니다. 또한, 게임은 지는 것으로 끝나지만, 비즈니스는 실패에 따른 대가를 치르게 됩니다. 검증되지 않는 계획을 실행했다가는 자칫 기업의 재무 위기를 초래할 수 있을 것입니다.

세계 의료 산업에서 '혁신'의 상징으로 불리는 메이요 클리닉의 혁신센터(CFI, Center for Innovation) 모토는 최근 많이 언급되고 있는 'Think Big, Start Small, Move Fast'인데요. 이 모토는 사업의 확장 가능성(Think Big), 고객 대상 가치의 빠른 검증(Start Small), 시장 선점 및 경쟁 우위 유지(Move Fast)라는 관점에서 신사업을 준비하는 조직에 중요한 시사점을 제공해 줍니다. 'Think Big'이 되려면 진입 시장이 확장 가능한 시장이어야 하며, 설사 새로운 제품이나 사업이 실패한다고 하더라도 그것이 다음 사업에 학습 효과를 제공해 줄 수 있는 연관성이 있어야 합니다.

그러므로 정말 확신이 드는 아이디어가 있다면 먼저 프로토타이핑부터 해보시길 바랍니다. 프로토타이핑은 아이디어를 작게 시작(Start Small)하는 방법이며, 빠르게 움직일 수 있는 실행(Move Fast) 방법입니다.

이제 당신의 머릿속에 비즈니스에 대한 큰 그림(Big Picture)이 그려지기 시작했나요?

06
아이디어 도용을 차단하라

비즈니스 용어 중에 진입 장벽이라는 단어가 있습니다. 진입 장벽은 잠재적인 경쟁자가 시장에 진입하는 것을 막을 수 있는 장벽을 의미하는 것으로, 시장 경쟁의 격화로 인한 시장 잠식이나 수익성 악화를 막아주는 전략이죠. 그런데 아이디어가 비즈니스로 실현되기도 전에 아이디어를 도용 당하는 경우가 있습니다. 아이디어 자체에는 진입장벽이 거의 없기 때문이죠. 개인이나 소기업의 경우에는 아이디어를 도용 당하게 되면 치명타를 입기 때문에 좋은 아이디어가 떠올랐을 때 아이디어가 도용되지 않도록 조치를 취할 필요가 있습니다.

특히 대기업과 거래를 할 경우 좋은 제안을 받아도 '우리도 이런 아이디어가 있어서 준비 중입니다.' 라던가, '유사한 제안이 있었어요.'라는 말로 제안을 거부한 후에 뒤에서 몰래 아이디어를 도용하는 경우가 발생합니다. 계약 관계에서 을의 입장에 설 때 주로 그런 피해를 입을 가능성이 높아지는데요. 그러다 보니 저도 아이디어가 떠오를 때는 아이디어를 도용 당하지 않기 위한 최소한의 조치를 항상 취하고 있습니다.

아이디어 도용을 막기 위한 조치는 다양하지만 가장 기본적으로 알아 두어야 할 것으로는 영업비밀표시, NDA, MOU, 특허 등이 있습니다.

문서에 '영업 비밀'이라고 표시하고 스탬프를 찍어 관리하라

이 방법은 기업분쟁 연구소 소장이신 조우성 변호사의 '을(乙)이 갑(甲)에게 아이디어를 공개할 때 주의할 점 5가지' 기고문을 요약한 것입니다. 저도 이 기고문을 읽고 아이디어 제안서에 활용하고 있습니다.

우선 아이디어를 프레젠테이션 할 때 발표 문서 곳곳에 '영업 비밀'이라고 표시를 하세요. 아이디어가 비즈니스 모델에 대한 특허를 갖고 있지 않아도 '영업 비밀'로서 보호받을 수 있습니다. 물론, 영업 비밀로 인정되려면 ① 실제 가치가 있는 정보여야 하고, ② 회사 내부적으로 영업 비밀로서 보호조치가 되어 있어야 합니다. 그러므로 문서 곳곳에 "본 제안서 상의 비즈니스 모델은 당사의 영업 비밀로서 보호되고 있음을 이 제안서를 받아보는 분들은 충분히 인지하시기 바랍니다."라는 문구를 삽입해야 하는데요. 저의 경우 톡 주문 영업을 할 때 유사한 문구를 제안서에 삽입하여 아이디어 도용을 방지했습니다.

그리고 회사 내부적으로 핵심 아이디어를 매뉴얼 형태로 만들어 두고, 'Trade Secret(영업 비밀)'이라는 스탬프를 찍은 후 별도 보관할 것을 권장합니다. 분쟁이 발생했을 때 내부적으로 제대로 관리되고 있어야 법원이 영업 비밀로 인정해 주기 때문입니다. 그러므로 반드시 내부적으로 영업 비밀 형태로 '객관화'해 두는 것이 필요합니다.

NDA 또는
MOU를 체결하라

제안을 하거나 사업 협의를 할 때 가장 먼저 날인하는 문서가 비밀유지각서(NDA, Non-Disclosure Agreement)입니다. NDA는 아이디어 보호라기보다는 기업 기술이나 정보를 외부에 유출하지 않겠다라는 쌍방간의 비밀 보호 측면이 더 강한데, 아이디어 지적재산권에도 활용할 수 있는 문서입니다.

중요한 것은 아이디어를 노출하기 전에 상호 서명을 해야 한다는 것입니다. '나중에 날인하겠지' 하는 안일한 생각에 아이디어를 노출해 버리면 아이디어를 보호하기 힘들게 됩니다. 그러므로 거래처가 갑이라고 할지라도 NDA 날인을 통해 아이디어를 보호하는 조치를 취하시길 바랍니다.

양해각서(MOU, Memorandum of Understanding)는 비즈니스의 진행 단계가 계약 관계에 가까워졌을 때 체결하는 것입니다. 상호 양해 각서라는 의미로 양사 제휴를 통해 마케팅이나 신사업 협업을 같이 하는 것이죠. MOU 내에는 상호 비밀을 유지하는 사항도 대부분 포함이 되기 때문에 아이디어를 보호하는 역할을 해줍니다. 다만 MOU를 체결하는 데는 상호 필요성이라든지 기업 내부 승인 절차가 필요하기 때문에 체결까지는 최소 1주에서 최대 몇 달까지의 시간이 소요될 수 있습니다.

특허를 출원하라

특허를 취득하는 것은 가장 강력한 진입 장벽입니다. 저의 경우 직장 생활을 하면서 약 10여 건의 특허를 취득했습니다. 특허의 경우 출원 후 취득까지 짧게는 6개월에서, 길게는 1년 이상 걸리기 때문에 준비해야 할 사항도 많고 수백만 원에 이르는 비용이 발생하게 됩니다. 특허의 중요성을 아는 기업들은 자체 특허 전담팀을 구성하여 지원하는 경우가 많은데, 제가 소속된 회사도 특허 전담팀과 변리사 업체를 통해 특허 출원 업무가 진행이 됩니다. 실무자들은 대부분 특허 출원을 위한 발명신고서를 작성하고 변리사가 작성한 특허 출원 명세서를 검토하여 특허 내용에 특별한 문제가 없을 경우 변리사가 대리로 출원하게 됩니다.

직접 출원을 할 수도 있지만 사실 특허 영역은 전문적인 영역이어서 변리사를 통해 출원하는 것이 좋습니다. 특허 취득의 승패는 기술의 독창성이나 효과성에 달려 있긴 하지만, 변리사의 역량도 영향을 줍니다. 특허 등록을 목적으로 핵심적인 특허항이 등록되지 않고 엉뚱한 특허 청구항이 등록될 경우 특허가 없는 것만 못하므로 특허 청구항에 대한 내용을 꼭 숙지하셔야 합니다.

공모전을 활용하라

개인 자격으로 아이디어를 보호해야 할 경우 공모전을 통해 입상하는 것도 아이디어를 보호받는 방법입니다. 제가 아이디어를 보호받기 위해 가장 많이 활용하는 방식이며, 학생들에게 권장하고 싶은 방법이기도 합니다.

물론 공모전은 아이디어를 검증해 보는 중요한 무대이기도 합니다.

최근의 트렌드는 아이디어 공모전에서 입상할 경우 입상자에게 아이디어에 대한 지적재산권을 인정해 주는 추세입니다. 특허 정도의 효력은 발휘하지 못하지만 아이디어에 대한 권리를 공식적으로 인정해 주는 것이죠. 예전에는 아이디어 공모전 주최측이 상금을 조건으로 아이디어 권리를 아무런 제한 없이 가져갔지만, 2014년부터는 특허청에서 '아이디어 공모전 모범약관 개정'을 통해 아이디어에 대한 권리를 보장받을 수 있도록 조치를 취하고 있습니다.

아이디어 공모전에 입상할 경우 공개적으로 아이디어 권리를 알리는 역할을 하기 때문에 아이디어를 보호 받기 위한 방안으로 활용할 수 있습니다. 물론 단순히 아이디어 기획서 수준이 아니라, 최소한 프로토타이핑 수준의 개발 결과물로 경진대회에 참여한다면 보다 구체적으로 아이디어를 보호 받을 수 있습니다.

에필로그

성과는 절실함이
만들어낸다

탁월한 아이디어, 충분한 자본과 인력, 특허와 같은 지원 조직 등 제반 환경이 잘 갖추어져 있어도 절대적으로 빠져서는 안 되는 요소가 아이디어를 실행하는 사람의 '절실함'입니다. 특히 아이디어를 낸 사람에게 반드시 필요한 항목이죠.

아이디어 노트에 수백 개의 아이디어를 채우더라도 아이디어를 실행해 보려는 의지가 없다면 아이디어는 추상적인 가설에 지나지 않으며, 아이디어 노트는 가설을 적어둔 메모장에 불과합니다. 아이디어 노트에 생명력을 불어넣는 것은 바로 '실행해 보려는 의지'인데요. '실행해 보려는 의지'는 곧 절실함에서 나오게 됩니다.

또한 아이디어를 실행하는 과정에서도 수많은 난관에 부딪치게 됩니다. 아이디어가 난관에 부딪치는 순간에 절실함이 없다면 대부분의 사람들은 그 난관을 회피하고 싶어 하는데요. 그것이 비즈니스 이슈이든 기술적 이슈이든, 이슈가 생기면 해결하려 하지 않고 누군가가 해결해 주기를 바라거나 저절로 해결될 때까지 아이디어를 방치해 버리는 경우가 많습니다.

제가 '톡 주문'을 비즈니스로 완성하는 단계에서도 어려운 난관을 여러 번 거쳤습니다. '아이디어는 좋은데 다른 채널에 좋지 않은 영향을 준다.'라는 고객의 반응도 있었고, 내부에서는 '돈이 안될 것 같은데'라는 부정적 의견도 팽배했습니다. 그리고 프로젝트가 진행되는 동안 기술적인 이슈들도 계속 불거져 나왔죠. 하지만 그런 난관의 순간을 헤쳐 나가도록 만든 것이 '톡 주문 아이디어를 서비스로 만들어보고 싶다.'라는 저의 간절함이었습니다. 그 간절함이 부정적인 의견을 내는 경영진을 새로운 근거 데이터로 설득하게 만들었고, 기술적 이슈를 해결하기 위해 뛰어다니게 만들었죠.

누구나 머리 속에 맴도는 아이디어가 있지만, 그것을 이루기 위한 간절함을 가지고 있진 않습니다. 아이디어가 우연히 찾아 들었으니 결과도 행운처럼 찾아올 것이란 기대를 가지고 계시진 않나요? 단언하지만 실행하지 않는다면 절대 그런 행운은 결코 찾아 오지 않을 것입니다. 꾸준히 발상하고, 기록하고, 이를 실행해야 합니다. 그래서 마음 속의 간절함이 그것을 이루도록 자극을 주세요.

직장에서든 가정에서든 생활의 변화를 절실히 원한다면 무엇인가를 해야 합니다. 저는 그 변화를 1,000가지 아이디어 노트를 통해 얻었습니다. 당신도 당신만의 노트를 가져 보세요. 노트에 당신의 생각이 차곡차곡 쌓이면 당신의 인생에도 변화가 시작될 겁니다. 지금 당장 당신의 1,000가지 아이디어 노트를 시작해 보세요.

아이디어 기획의 정석

초판 1쇄 발행 2016년 4월 14일
초판 3쇄 발행 2017년 11월 11일

지은이 강석태
펴낸곳 도서출판 타래
펴낸이 이성범
책임편집 정경숙
인쇄 우일프린테크

주소 서울특별시 마포구 성지3길 29 그레이트빌딩 3층
전화 (02)2277-9684~5, 070-7012-4755
팩스 (02)323-9686
전자우편 taraepub@nate.com
출판등록 제2012-000232호

ISBN 978-89-8250-080-0 (13320)

값은 뒤표지에 있습니다.
파본은 구입한 서점에서 교환해 드립니다.